Uni-Taschenbücher 976

UTB

Eine Arbeitsgemeinschaft der Verlage

Birkhäuser Verlag Basel und Stuttgart
Wilhelm Fink Verlag München
Gustav Fischer Verlag Stuttgart
Francke Verlag München
Harper & Row New York
Paul Haupt Verlag Bern und Stuttgart
Dr. Alfred Hüthig Verlag Heidelberg
Leske Verlag + Budrich GmbH Opladen
J. C. B. Mohr (Paul Siebeck) Tübingen
C. F. Müller Juristischer Verlag – R. v. Decker's Verlag Heidelberg
Quelle & Meyer Heidelberg
Ernst Reinhardt Verlag München und Basel
K. G. Saur München · New York · London · Paris
F. K. Schattauer Verlag Stuttgart · New York
Ferdinand Schöningh Verlag Paderborn · München · Wien · Zürich
Eugen Ulmer Verlag Stuttgart
Vandenhoeck & Ruprecht in Göttingen und Zürich

BIRGIT BAUMANN

TEXT UND GESCHICHTE

Modellanalysen zur deutschen Literatur

Herausgegeben von
Gert Sautermeister und Jochen Vogt

Bd. 1: *Albert Meier*
Georg Büchner: Woyzeck

Bd. 2: *Wolfgang Emmerich*
Heinrich Mann: Der Untertan

Bd. 3: *Walter Wehner*
Heinrich Heine: "Die schlesischen Weber" und andere Texte zum Weberelend

Bd. 4: *Hartmut Kokott*
Reynke de Vos

Bd. 5: *Gert Sautermeister*
Thomas Mann: Mario und der Zauberer

Bd. 6: *Burkhardt Lindner*
Bertolt Brecht: Der aufhaltsame Aufstieg des Arturo Ui

Bd. 7: *Dagmar Walach*
Adelbert von Chamisso:
Peter Schlemihls wundersame Geschichte

Bd. 8: *Klaus Siblewski*
J.M.R. Lenz: Der Hofmeister

Bd. 9: *Klaus M. Bogdal*
Heinrich von Kleist: Michael Kohlhaas

Bd. 10: *Jochen Vogt*
Thomas Mann: Buddenbrooks

Weitere Bände in Vorbereitung

Gert Sautermeister

Thomas Mann: »Mario und der Zauberer«

Wilhelm Fink Verlag München

ISBN 3-7705-1886-1

Satz und Druck: Brönner & Daentler KG, Eichstätt
Buchbindearbeiten: Graphischer Betrieb Ferdinand Schöningh, Paderborn
Einbandgestaltung: Alfred Krugmann, Stuttgart

INHALT

I. EINFÜHRUNG. ZUR METHODE

Thomas Manns Novelle "Mario und der Zauberer" ist dem üblichen Schicksal von Kunstwerken ausgesetzt, in denen "Politisches" umgeht, wie der Erzähler einmal bemerkt[1]. Die Leser, zumal die wissenschaftlichen, vernachlässigen entweder die *ästhetische* Dimension des Politischen oder die *politische* Dimension des Ästhetischen. Die nachfolgende Modellanalyse macht es sich daher zur Aufgabe, den Zusammenhang zwischen poetischer Konstruktion und gesellschaftlicher Bedeutung in Manns Erzählung erstmals aufzuschließen. Allzu lange hat sich die Forschung von einer kunstfremden Betrachtungsweise zu Deutungen verleiten lassen, die das Werk frischgemut politisierten – frischgemut und methodisch ungeschützt: im Laufe der Zeit ist hier das trivialste Widerspiegelungsverständnis federführend geworden.

Gegen die Tradition amusischer Deutung sei hier nicht das 'Dichterische als solches' angerufen und die neo-konservative Askese gegenüber seinem historisch-gesellschaftlichen Umfeld beschworen. Solcher Askese mißtrauend, spiegeln wir zunächst sozial- und kulturgeschichtliche Tendenzen der Weimarer Republik im zeitkritischen Bewußtsein Thomas Manns (Kap. II, 1). Dieses Bewußtsein bildet eine Produktivkraft seiner 1930 erscheinenden Erzählung – keine das Werk gänzlich determinierende, sondern am Kunstverständnis und an der ästhetischen Stoffwahl Thomas Manns sich brechende Produktivkraft. Das Erkenntnisinteresse richtet sich auf das Spannungsverhältnis (nicht auf eine vermeintliche Identität) zwischen sozialpolitischer Bewußtwerdung des Autors und ästhetischem Werk (Kap. II, 2).

Formbestimmend für das Werk wurde unter anderem die Tradition novellistischen Erzählens, deren bewußte Reprise wir anhand des planvoll strengen Aufbaus der Erzählung verfolgen (Kap. III, 1); wohlkalkulierte Gliederungen und Steigerungen, etwa im Wechsel der novellistischen Schauplätze, sorgen für einen klassischen Konstruktivismus, der in eine dissonante Beziehung zur explosiven Irrationalität des Geschehens tritt. Die überlieferte Form kann das moderne, zeitgeschichtlich gemeinte Geschehen nicht mehr bannen, das ins künstlerische Gleichnis eines Zauberers und seiner Zauberspiele verkleidet ist. Der formanalytische Blick wird auf

Ambivalenzen und Inkongruenzen aufmerksam, die sich in der Erzähleroptik wiederholen, denn hier geraten die kritisch-aufklärenden Stilmittel des Erzählers, Komik und Groteske, in eine unauflösliche Spannung zu seinem Bewußtseinsprozeß, der an die mystifizierende Magie der Handlung und der Hauptfigur gefesselt bleibt. Die Dissonanzen der textinternen Ästhetik verweisen den Betrachter, der sie auflösen will, auf das textexterne gesellschaftliche Umfeld, das die Novelle ihm fortwährend in Erinnerung ruft. Es wäre indes verlorene Liebesmüh', würde man das gesellschaftliche Umfeld direkt auf dieses oder jenes Novellenmotiv und Handlungsmoment beziehen. Derlei unvermittelt stoffliche Bezugnahme war die Hauptbeschäftigung einer Forschung, die ihre Allerweltsmeinungen über den Faschismus in der Erzählung abgebildet wähnte und das Werk zur simplen Kopie politischer Gewaltverhältnisse glättete. Wir machen statt dessen unsere Einsichten in die *Ästhetik* der Novelle produktiv und zeigen, wie sich die textexterne Realität im textinternen Medium der künstlerischen Schauplätze, Gleichnisse und der Erzähleroptik bricht. (Kap. III, 2) Allein über diese ästhetischen Vermittlungen wird erkennbar, *wie* das Werk auf die allgemeine Situation der Zeit antwortet – auf die Verschärfung der nationalistischen zu einer faschistischen Geistesart, die Ästhetisierung politischer Gewalt, die Entstehung, Seelendynamik und Doppelbödigkeit einer Führer-Masse-Beziehung, die Diskordanz zwischen Massen- und Individualpsyche. Indem die Novelle diese Zeichen der Zeit zu deuten sucht, treten aufklärerische Eindringlichkeit und mystifizierende Lähmung des Erzählerbewußtseins hervor. Angesichts seiner Ambivalenz wird jede Entweder-Oder-Interpretation des Werks fragwürdig. Auch die vom "Mario" intendierte Wirkung oszilliert doppeldeutig zwischen vertrauter Novellentradition und provozierend zeitgeschichtlichem Gehalt, zwischen stilvoller Geschlossenheit und pochender Offenheit zur politischen Gegenwart, zwischen geselliger Plauderkunst und ungeselliger Selbstbezweiflung des erzählenden Ichs, ja Selbstgefährdung der dargestellten modernen Gesellschaft.

Die Beziehungen zwischen Text und Epoche im einzelnen darzulegen, stellt sich als nächste Aufgabe (Kap. IV). Das Werk steht in einem vielgliedrigen Spannungsverhältnis zum sozio-kulturellen Leben seiner Zeit, das wir an einigen ausgewählten Beispielen vergegenwärtigen: dem Film und dem Theater, dem zeitgenössischen literarischen Realismus, den Wissenschaften (Existenzphilosophie und Politische Theorie), der Feierabendkultur von Massen und der damals einsetzenden Warenästhetik. Die dialektische Bewegung verläuft vom Kunstwerk zur Epochenkultur und von der Epochenkultur zum Werk zurück. Obgleich nicht *en vogue*, dürfte diese Methode der 'wechselseitigen Erhellung' erprobenswert sein. Was als das Wesen der Weimarer Republik zu gelten hat, ließe sich schwerlich mit generalisierenden Begriffen auf Anhieb sagen: in fast undurchdringlicher Komplexität baut sich die Epoche zunächst vor dem Betrachter auf. Das Einzelwerk jedoch eröffnet von seinen dominierenden Strukturen aus einen Zugang zu seiner Zeit: Sie sind der Ariadnefaden, der den Betrachter durch die labyrinthische Vielfalt der Epochenerscheinungen führt. Wo die Werkstrukturen mit zeitgeschichtlichen Lebens- und Denkformen zusammentreffen, enthüllt die Epoche charakteristische Züge ihrer sozio-kulturellen Physiognomie. Und umgekehrt gewinnen im Spiegel der Gesamtkultur die schon gedeuteten Strukturen des Einzelwerks eine neue Bestimmtheit, kommen bislang ungedeutete zum Vorschein.

Die gegenwärtige Literaturwissenschaft, auch die soziologisch orientierte, scheint von solch wechselseitiger Erhellung wenig zu halten. Sie übt sich eher in der "Anbindung" eines Textes an politische und ökonomische Daten als darin, ihn in anderen Künsten, in den Wissenschaften und dem kulturellen Leben insgesamt zu spiegeln. Und doch verraten die ästhetische, die wissenschaftliche und die Feierabendkultur mehr über das Selbstverständnis des gesellschaftlichen Subjekts als politische und ökonomische Daten, die ihnen als objektive Bewegungsgesetze zugrunde liegen. Das Kunstwerk als eine Form der Selbstverständigung des gesellschaftlichen Subjekts speist sich, auch unbewußt, aus den ihm unmittelbar benachbarten Kulturformen, es zitiert sie, antwortet auf sie, nimmt Stellung zu ihnen. Daß unter Kultur hier nicht nur die sogenannte 'höhere' zu verstehen ist, haben wir durch die Rede von einer massenhaften Feierabendkultur schon angedeutet. Will ein Epochenbild Kontur und Farbe gewinnen, müßte ergänzend zur Sozialgeschichte, die ökonomische und politische Daten kombiniert, eine Bewußtseins- und Seelengeschichte treten, die zusammen mit der Privilegiertenkultur auch typische Begebenheiten im Alltag und Feierabend der Massen vergegenwärtigt. Sie müßte sich in populäre Erscheinungen des öffentlichen Lebens versenken, um die lebensbestimmenden Triebfedern der Epoche nicht aus "sozio-ökonomischem" und kultur-elitärem Blickwinkel zu verkürzen. Erst auf diesem Weg wird auch der Epochenbezug des künstlerischen Werks unverkürzt sichtbar. Am ausgewählten Beispiel der *Hypnose* als eines Grundelements der Novelle und der Epochenkultur wollen wir dieser These Beweiskraft verleihen.

Nicht darum geht es also, den Gehalt des Werks auf den Begriff zu bringen, sondern darum, einen Begriff von seiner Bedeutungsfülle zu vermitteln. In der Unausschöpfbarkeit dieser Bedeutungsfülle gründet der Rang des Kunstwerks und seine jederzeit mögliche Aktualität für die nachgeborenen Leser. Die Erstleser der Novelle hatten ihr eine heftig umstrittene Aktualität zugemessen und ihre Publikation als ein literarisches Politikum verstanden. Wir beschreiben diese kontroverse journalistische Rezeptionsweise anhand ausgewählter Großstadtfeuilletons und betonen ihre Überlieferungswürdigkeit angesichts einer späteren, nach dem Krieg einsetzenden Rezeptionsphase, deren Wissenschaftlichkeit zu wünschen übrig läßt (Kap. V). Beruht die Bedeutungsfülle der Erzählung Manns unter anderem auf ihren Ambivalenzen und Mehrsinnigkeiten, so übte sich die Wissenschaft vornehmlich darin, der Vieldeutigkeit des Textes eine eindeutige politische Botschaft abzugewinnen. Aktuelle antifaschistische Erkenntnisinteressen und Blickrichtungen verfestigten sich nach dem Widerspiegelungsmuster zum Alp der Sehgewohnheiten, in deren Bann jede neue Deutung geriet. Auch auf den Autor selber wurden von seiner Erzählung her häufig zweifelhafte Schlüsse gezogen. Sie lassen sich durch seine Selbstdeutungen korrigieren, auf die wir abschließend eingehen (V, 3 u. 4). Ihre Wandlungen und Schwankungen verraten, daß die Novelle, wie jedes andere Werk, keine statische und für immer objektivierbare Größe ist. Unter dem wandelbaren Blickwinkel von Betrachtern, deren Erkenntnisinteresse sich mit dem historisch-gesellschaftlichen Prozeß verändert, bietet das Kunstwerk eine wechselnde Gestalt dar. Die Abhängigkeit von der eigenen Zeit wird auch an unserer mehrstufigen Werkanalyse und ihrem doppelten Ziel offenkundig: gegenwärtige Möglichkeiten und Erfordernisse methodischen Interpretierens vorzuführen und den ästhetisch-gesellschaftlichen Rang von “Mario und der Zauberer” neu zu bestimmen.

II. ZEITGESCHICHTE ALS ÄSTHETISCHE PRODUKTIVKRAFT

1. *Politik und Kultur im Denken Thomas Manns (1914–1930)*[1]

Die folgenden Ausführungen verstehen sich nicht als historisch-gesellschaftlicher Grundriß des Zeitraums, in dem Th. Manns "Mario und der Zauberer" entstanden ist. Das Vertrauen, daß ein derartiger Grundriß irgendwie dem künstlerischen Werk Profil verleihen werde, hat sich im vergangenen Jahrzehnt oft genug als naiv erwiesen. Wir zitieren Zeitgeschichte zunächst als Bewußtseinsgeschichte des Autors und weisen diese als eine Produktivkraft für das entstehende Werk nach. Damit wird nicht behauptet, daß nur das gesellschaftliche Zeitbewußtsein des Autors in einem ästhetischen Werk zur Geltung komme – Zeit und Gesellschaft können sich auch gegen seine ausdrücklichen Intentionen und über sein erklärtes Selbstverständnis hinweg im Kunstwerk geltend machen: ein Problem, das wir im zweiten Teil dieses Kapitels klären.

"Gedanken im Kriege" (1914)

Die Anfänge der politischen Reflexionen Thomas Manns sind einem populären Konservativismus verpflichtet. Ihre Originalität erschöpft sich vielerorts darin, daß sie knapp und schlagfertig den bürgerlichen Irrationalismus seit Nietzsche[2] resümieren: "Gedanken im Kriege"[3] heißt ein schmales Pamphlet vom November 1914, worin Thomas Mann die ideologische Kriegsgeißel schwingt. Er hebt an mit der in Deutschland beliebten Antithese von deutscher Kultur und westeuropäischer Zivilisation. Th. Mann, geschworener Feind der Zivilisation und antihumanistischer Anwalt der Kultur, versinnlicht die Antithese in zwei historischen Personen, dem französischen Aufklärer Voltaire und seinem Zeitgenossen Friedrich dem Großen: "Voltaire und der König: Das ist Vernunft und Dämon, Geist und Genie, trockene Helligkeit und umwölktes Schicksal, bürgerliche Sittigung und heroische Pflicht; Voltaire und der König: das ist der große Zivilist und der große Soldat seit jeher und für alle Zeiten." (S. 28)

Der Kulturbegriff mündet in Soldatentum, also in Krieg ein. Manns Interesse besteht darin, als Künstler an den deutschen Militarismus Anschluß zu gewinnen: "Sind es nicht völlig gleichnishafte Beziehungen, welche Kunst und Krieg miteinander verbinden? Mir wenigstens schien von jeher, daß es der schlechteste Künstler nicht sei, der sich im Bilde des Soldaten wiedererkenne. Jenes siegende kriegerische Prinzip von heute: Organisation – es ist ja das erste Prinzip, das Wesen der Kunst. Das Ineinanderwirken von Begeisterung und Ordnung; Systematik; das strategische Grundlagen Schaffen, weiter Bauen und vorwärts Dringen mit 'rückwärtigen Verbindungen'; Solidität, Exaktheit, Umsicht; Tapferkeit, Standhaftigkeit im Ertragen von Strapazen und Niederlagen, im Kampf mit dem zähen Widerstand der Materie; Verachtung dessen, was im bürgerlichen Leben 'Sicherheit' heißt (. . .), die Gewöhnung an ein gefährdetes, achtsames Leben; Schonungslosigkeit gegen sich selbst, moralischer Radikalismus, Hingebung bis aufs Äußerste, Blutzeugenschaft, voller Einsatz aller Grundkräfte des Leibes und der Seele, ohne welchen es lächerlich scheint, irgend etwas zu unternehmen; als ein Ausdruck der Zucht und Ehre endlich Sinn für das Schmucke, das Glänzende: Dies alles ist in der Tat zugleich militärisch und künstlerisch. Mit großem Recht hat man die Kunst einen Krieg genannt, einen aufreibenden Kampf: schöner noch steht ihr das deutsche Wort, das Wort 'Dienst' zu Gesicht, und zwar ist der Dienst des Künstlers dem des Soldaten viel näher verwandt als dem des Priesters." (S. 24 f.)

Die paramilitärische Struktur der Kunst soll für ein Soldatentum erziehen, dessen politischer Sinn und ökonomische Funktion dem Künstler verborgen bleiben – nur deshalb kann Th. Mann mit so schwungvoller Gebärde Analogien zwischen Militarismus und Künstlertum häufen. Weil er es sich versagt, die schnöden wirtschaftlichen Motive und Zwecke des Kriegs auszukundschaften, vermag er ihm ästhetische Faszination zu verleihen. Und indem er das Soldatentum ästhetisiert, es zur künstlerischen Praxis in Parallele setzt, vermag er das für die kulturtragende Intelligenz typische Leiden an der gesellschaftlichen Isolation anscheinend zu besiegen. Den gesellschaftlich isolierten Künstler bezaubert die "phantastische Neuheit der inneren Lage" (S. 26), der "schwärmerische Zusammenschluß der Nation" (S. 27), vornehmlich "das brüderliche Zusammenarbeiten von Sozialdemokratie und Militärbehörde" (S. 26). Solch falsche Brüderlichkeit, unter deren Deckmantel die deutsche Industrie z. B. nach den Kohlenhalden in Nordfrankreich trachtet, ist für den Kulturträger auch ein Appell zur

Überwindung seiner Gesellschaftsferne. Die eigene, hinlänglich ausgelotete Seele wird ihm zur *deutschen* Seele; der eigene Hang zur Metaphysik, geschuldet der politischen Passivität seiner Klasse, mißrät ihm zur metaphysischen Anlage dieses "innerlichsten Volkes" (S. 30); das eigene Desinteresse am "politischen Fortschritt zur Demokratie" (S. 30) erweitert sich ihm zur spezifischen Moral seines Volks; die individuelle Emanzipation des Intellektuellen vor Gott wiegt ihm ganze Revolutionen auf und adelt die Volksseele. Resultat dieser Operationen ist das mystische Abstraktum "deutsche Seele": "ihr eignet etwas Tiefstes und Irrationales (. . .). Es ist ihr 'Militarismus', ihr sittlicher Konservativismus, ihre soldatische Moralität, – ein Element des Dämonischen und Heroischen, das sich sträubt, den zivilen Geist als letztes und menschenwürdigstes Ideal anzuerkennen." (S. 36)

"Von deutscher Republik" (1922)

Thomas Manns "Gedanken im Kriege", Keimzelle seiner "Betrachtungen eines Unpolitischen" (1918), enthalten die Ideologie, die nach dem Weltkrieg ständig an Durchschlagskraft gewann und den Bodensatz der nationalsozialistischen Weltanschauung bildete. Der verlorene Krieg selber, anstatt kritische Selbstreflexion in Gang zu setzen, beschleunigte diesen Prozeß. Verdrängung des nationalen Scheiterns und aggressive Abwehr eigener Schuld traten in der Weimarer Republik als ein Massenphänomen auf. Man denke nur an die "Dolchstoßlegende" – die Suche geschlagener Feldherren nach dem sozialistischen Meuchelmörder in der Heimat; man erinnere sich der wild wuchernden antifranzösischen und chauvinistischen Völkerpsychologie; man vergesse nicht die Verteufelung der dem "Deutschtum" fremden Weimarer Republik – eine angeblich zur Verewigung erlittenen Unrechts geschaffene, durch den westeuropäischen Sieger importierte Staatsform.[4]

Vor derartigen Verdrängungsmechanismen suchte sich Th. Mann zu schützen. Anders als zahllosen Angehörigen des Bildungsbürgertums und des deklassierten Kleinbürgertums der Inflationsjahre wird ihm der verlorene Krieg nicht zum Anlaß maßloser Erbitterung, projiziert er nicht die eigene Schuld aggressiv auf die Sieger, kompensiert er nicht die verlorene deutsche Größe in der Sehnsucht nach einem wiedererstarkten Deutschtum, wie es bald die Nationalsozialisten verheißen werden. Vielmehr unterzieht er sich einer lang anhaltenden Selbstreflexion[5]. Seine Reaktion auf die

Niederlage von 1918, an der er ideologisch mitschuldig geworden war, ist ein Schulfall für selbstkritische Aufarbeitung der Vergangenheit, das Beispiel einer Ich-Stärke, die frühere Positionen in wiederholten Anläufen berichtigt. Gleichgültig gegen die Verehrung, die ihm die Konservativen wegen der "Betrachtungen eines Unpolitischen" entgegenbringen, lebt er seine politische Wandlung mit demokratischem Mut vor.[6] Davon zeugt gleich die erste umfangreiche Rede Manns nach dem Krieg, betitelt "Von deutscher Republik". Der Gegenstand, gegen den Mann zu Felde zieht, ist der Krieg – als der "Triumph aller brutalen und gemeinen, der Kultur und dem Gedanken erzfeindlich gesinnten Volkselemente, als eine Blutorgie von Egoismus, Verderbnis und Schlechtigkeit" (65). Hatte Th. Mann dem Krieg noch einige Jahre zuvor künstlerische "Ordnung" und "Organisation", schmucke, glänzende "Zucht" angedichtet, so enthüllt er sich im Rückblick als stil- und formlos, aller Ästhetik bar. Sein barbarischer Inhalt hat alle künstlerische Form verzehrt. Diese Kritik am Krieg, ihrem Ursprung nach ästhetisch, mündet in die politische Erkenntnis einer nationalen, historisch erklärbaren Eigenart: der für westeuropäische Verhältnisse außergewöhnlichen Spaltung von Staat und Kultur in deutscher Geschichte. Solange der Staat eine Angelegenheit von Monarchie und Adel blieb, konnte das Bürgertum sein politisches Handwerk kaum erlernen und nicht einmal den noch im Vormärz wachen Sinn für demokratische Selbstverwaltung seiner Interessen am Leben erhalten. So ließ es sich den Krieg von Junkertum, Parteien und Großkapital aufdrängen und ist nach dem Zusammenbruch des Kaiserreichs für die Demokratie nicht vorbereitet. Den in parlamentarischer Volksherrschaft Ungeübten kann die typisch "westliche" Staatsform nur "wesensfremd" erscheinen. Und weil das Bürgertum den Krieg nicht durch selbstkritische Analyse bewältigt, die Mitschuld an seiner Entstehung und seinen Resultaten vielmehr aggressiv auf die siegreichen westeuropäischen Demokratien projiziert, gerät die Demokratie prinzipiell ins Zwielicht.

Damit ist das geschichtliche Problem umrissen, auf das Th. Manns Rede "Von deutscher Republik" trifft: Wie einen historisch gewachsenen Widerstand auflösen, der bis zur Realitätsverleugnung geht? Wie für eine neue Staatsform empfänglich machen, gegen die man sich affektisch, unterhalb der Bewußtseinsschwelle, sperrt? Indem der historisch gewachsene Widerstand durch eine historisch gewachsene Sympathie, der aggressive Affekt durch eine libidinös besetzte Tradition gebrochen wird! Thomas Mann klärt auf, indem er ein sozialpsychologisch relevantes Vorurteil von einer sozialpsychologisch relevanten Vorliebe her angeht: der Vorliebe für die deutsche

Romantik. Gegenüber den in antidemokratischer Gesellschaftsferne befangenen Studenten und Akademikern, die seiner Rede zuhören, beruft er sich auf die anscheinend gesellschaftsfernste, konservativste Epoche der deutschen Kultur und entwickelt in ihrem Schutze die Idee der Demokratie. Gewährsmann dieses Aufklärungsversuches ist ausgerechnet Novalis: mythischer Legitimist zwar, wie Thomas Mann einräumt, aber auch, was gewöhnlich beflissen verschwiegen wird, Fürsprecher eines demokratischen Humanismus. Es ist freilich ein demokratischer Humanismus in der Idee, nicht in der bürgerlich parlamentarischen Realität, die dem Frühromantiker Novalis unbekannt war. An seinem ideellen Entwurf anzuknüpfen lag für Thomas Mann nahe, weil seine Erfahrung der noch jungen Weimarer Republik sich erst zu bilden begann, sich noch nicht in die Form praktischer Auskünfte übersetzen ließ. Was an den Gedankengängen des Novalis ihn faszinieren mußte, ist die "Einheit von Staat und Kultur" (S. 73), die er im eigenen Lande am meisten vermißt, wobei er mit dem Romantiker den Staat als die Sphäre der Politik und der Gesellschaft, die Kultur als Sphäre des reich entfalteten Individuums skizziert, so daß er zu der Formel des "staatsbildenden Individualismus" (S. 80) gelangt, bei dem, mit Novalis zu sprechen, "der Staat die Hauptangelegenheit jeder Person ist und jeder sein Dasein und seine Bedürfnisse, seine Tätigkeiten und seine Einsichten mit denen einer weitverbreiteten Gesellschaft verbunden, sein Leben an ein gewaltiges Leben geknüpft fühlt" (S. 82). Hier ist von der idealen Republik die Rede, und die sie konstituierende Idee ist, so Thomas Mann, die "Idee der Verbindung von Freiheit und Gleichheit" (S. 79) – individueller Freiheit auf dem Fundament der Gleichheit aller Gesellschaftsmitglieder. Damit ist die Auffassung der Freiheit als schrankenlos autoritärer oder schrankenlos subjektiver Selbst- und Machtentfaltung sublimiert zur Freiheitsidee als einer gesellschaftsbewußten Selbstvervollkommnung, durch welche die allgemeine Gleichheit ein differenziertes Gepräge erhält. *So gewinnt Thomas Mann im Anschluß an Novalis die philosophische Höhe der bürgerlich revolutionären Ideale und des klassischen deutschen Humanismus.* Er überschreitet diese historische Stufe nicht, was nur möglich gewesen wäre durch den kritischen Vergleich des bürgerlich-humanistischen Anspruchs mit der bürgerlich-ökonomischen Realität, sondern er aktualisiert sie ideengeschichtlich durch eine von Novalis zu Walt Whitman führende Verbindungslinie. Nicht nur soll die überraschende Verknüpfung von Novalis mit dem Dichter der amerikanischen Demokratie den Zuhörer für die typisch "westliche" Staatsform sensibilisieren. Sie soll auch die demokratische Idee einer Verbindung von

Freiheit und Gleichheit in einen der elementarsten menschlichen Triebe einbinden: den zur Erotik sublimierten sexuellen Trieb. Die Brücke, die Th. Mann zum "erotisch allumarmenden Demokratismus" (S. 87) Walt Whitmans schlägt, hat eine doppelte sozialpsychologische Bedeutung. Sie trägt einmal über das asketische Dienst-Ethos des Soldaten hinweg, das ursprünglich von Thomas Mann (und zahllosen Kriegsideologen) zum ästhetischen Instrument imperialistischer Kriegsführung verklärt worden war; und sie soll zweitens zu neuen Formen der Bedürfnisbefriedigung hinführen – der Lust am kollektiven Handeln bei Wahrung differenzierter Individualität. Der demokratisierte Eros würde die Mitte bilden zwischen "ästhetischer Vereinzelung und würdelosem Untergange des Individuums im Allgemeinen" (S. 93). Er würde, mit anderen Worten, den zahllosen Jugendverbänden, studentischen Verbindungen und bündischen Organisationen entgegenwirken, die den vom Weltkrieg Enttäuschten eine regressive Triebbefriedigung in Form hilfloser Fluchtbewegungen, emotional aufgeladener Führerbindung, völkischen Zusammengehörigkeitsgefühls und aggressiver Feindbilder gewähren.[7]

"Kultur und Sozialismus" (1928)[8]

Welche Ferne zwischen der klassisch-humanistischen Idee einer Versöhnung von Individuum und Gesellschaft und der Realität zeitgenössischer bürgerlicher Demokratie herrscht, mag aus einer Bemerkung Thomas Manns zum Parlamentarismus erschlossen werden. "Nicht kommt es darauf an", meint er gut idealistisch in der Rede "Von deutscher Republik", "daß eine Partei gute Fahrt habe, sondern daß der Staat sie habe; und wenn jede Partei klüglich den Wind benutzt, mit dem die andere segelt, so werden sie alle gut segeln, das heißt, die Republik wird gut segeln." (S. 72) Die idealistische These einer parteipolitisch herstellbaren Harmonie der Gesellschaft bildet jedoch nicht den Abschluß der politischen Reflexionen Th. Manns. Deren Dynamik zeigt sich vielmehr darin, daß sie auf relevante Klassengegensätze hinführen. Der aus dem Jahre 1928 stammende Essay "Kultur und Sozialismus" ist ein Zeugnis dafür. Erneut und mit verschärfter Selbstkritik auf den Krieg zurückblickend, schreibt Mann: "[. . .] der Kulturbegriff stand ja wirklich im Mittelpunkt unserer eigenen Kriegsideologie, wie der politisch-demokratische Begriff der 'Zivilisation' im Mittelpunkt der feindlichen stand (. . .). Aber außer dem, was den Krieg im Geiste ermöglicht hatte und uns erlaubte, ihn auch geistig zu führen, gab es ja noch den Krieg als nüchterne Realität, nach seinen höchst ungeistigen Ursprüngen, Interessen und Absichten, und daß seine ideologische Seite den deutschbürgerlichen Menschen so ganz über seine andere, wirkliche und brutale verblenden konnte, hing eben mit dem unpolitischen Idealismus, der kritischen Unschuld seines Kulturbegriffs zusammen, welchen mit den brisanten Erzeugnissen seiner Rüstungsindustrie verteidigen zu müssen er als hehre Not und heilige Heimsuchung empfand." (S. 96 f.) Daß "Kultur" und "Volksseele" nur den ideologischen Vorhang gebildet haben, der über die nüchterne Realität der Kriegsmotive und Kriegszwecke gezogen wurde, ist die Ausgangsthese des Essays. Sie wird mit dem Gedanken verknüpft, daß die realitätsferne Ideologie des deutschen Kulturkonservativismus in Wahrheit geistfeindlich sei. Die Geistfeindlichkeit bestehe darin, daß "Kultur", "Gemeinschaft", "Volk" als metaphysische, unwandelbare Phänomene aufgefaßt würden. (S. 98 ff.) Geistfreundlich dagegen sei es, das Erkenntnisvermögen durch die Beziehung auf die veränderbare Realität lebendig zu erhalten. Daher plädiert Mann für "die Zersetzung der kulturellen und antigesellschaftlichen Volks- und Gemeinschaftsidee durch die der gesellschaftlichen Klasse" (S. 100). Die Idee der gesellschaftlichen Klasse drängt ihm zufolge zur "materiellen Wirklichkeit" hin, die zu verändern das Gebot der Stunde sei, weil sie noch längst nicht dem "bereits erreichten" "Erkenntnisstand" (S. 100), der Idee einer Versöhnung von Freiheit und Gleichheit, Individuum und Gesellschaft entspreche: "Diese beschämende und gefährliche Diskrepanz nach Möglichkeit zu tilgen, legt aber die sozialistische Klasse, die Arbeiterschaft, einen unzweifelhaft besseren und lebendigeren Willen an den Tag als ihr kultureller Widerpart, handle es sich nun um die Gesetzgebung, die Rationalisierung des Staatslebens, die internationale Verfassung Europas oder um was immer. Die sozialistische Klasse ist, in geradem Gegenteil zum kulturellen Volkstum, geistfremd nach ihrer ökonomischen Theorie, aber sie ist geistfreundlich in der Praxis –, und das ist, wie heute alles liegt, das Entscheidende." (S. 101)

Der von Thomas Mann festgehaltene Gegensatz zwischen kulturkonservativem und fortschrittlichem Denken enthüllt sich dergestalt als Ausdruck einer Klassengesellschaft. In ihr ist die praktische Einlösung demokratisch lebendigen Geistes auf die Arbeiterklasse angewiesen. Indem sich Th. Mann ihr zuwendet, gelangt er über die Perspektive seiner Klasse, zumal des Bildungsbürgertums, hinaus, dessen Kulturkonservativismus sich in den

Mystifikationen "Gemeinschaft" und "Volk" ergeht – in einer trügerischen Versöhnung der Klassengesellschaft also, die dem Faschismus nur allzu gelegen kam. Solcher Versöhnung hält Thomas Mann die "gesellschaftliche Klassenidee" entgegen: "Und die Politisierung der Volksidee, die Hinüberleitung des Gemeinschaftsbegriffes ins Gesellschaftlich-Sozialistische würde die wirkliche, innere und geistige 'Demokratisierung' Deutschlands bedeuten." (S. 101)

Th. Mann wirbt an dieser Stelle nicht etwa für die "kommunistische Heilslehre" (102), die er mit entschiedener Skepsis bedenkt. Ihm kommt es vielmehr darauf an, das Bürgertum als den Adressaten seines Aufsatzes empfänglich zu stimmen für "weitgehende zeitgemäße Zugeständnisse an die sozialistische Gesellschaftsidee" (S. 101). Er, der "den sicheren und schon vollendeten Sieg des sozialistischen Gegengedankens vor Augen" (S. 101) hat, empfiehlt den Sozialismus in einer verbürgerlichten Gestalt dem gebildeten Lesepublikum zur wohlwollenden Rezeption. Der anfängliche Gegensatz zwischen Kulturkonservativismus und Sozialismus, den Thomas Mann herausgeschält hatte, weicht einer Verknotung, einem "Pakt der konservativen Kulturidee mit dem revolutionären Gesellschaftsgedanken" (S. 102). Wie aber soll eine antigesellschaftliche und antisoziale Idee mit einer gesellschaftsbezogenen, sozialrevolutionären paktieren? Wie soll der typisch deutsche Kulturkonservativismus mit einem revolutionären Gesellschaftsziel versöhnt werden, das doch gerade die Überwindung dieses Konservativismus voraussetzt? Genötigt, das deutsche Bildungsbürgertum für eine ihm fremde Auffassung empfänglich zu machen, läßt Thomas Mann seine Reflexionen in einen abstrakten, widersprüchlichen Lösungsvorschlag einmünden.

"Die Stellung Freuds in der modernen Geistesgeschichte" (1929)[9]

Es zeugt für die unbeirrbare Anstrengung politischen Denkens, wenn es aus Widersprüchlichkeiten herauszufinden trachtet. Thomas Mann verzichtet bald darauf, den Kulturkonservativismus mit dem Sozialismus abstrakt zu versöhnen. Er läßt vielmehr kulturkonservatives Gemeingut dialektisch in eine progressive Zeitdiagnose umschlagen. Als erhellendes, ermutigendes Beispiel dient ihm Sigmund Freud. Seine Psychoanalyse entwickelt sich nach dem Verständnis Manns nicht aus "dem Rationalismus, Intellektualismus, Klassizismus, mit einem Worte: dem Geistglauben des achtzehnten und etwa auch noch des neunzehnten Jahrhunderts" (S. 260) – sie teilt vielmehr mit kulturkonservativer Tradition diejenigen Tendenzen, die "die Nachtseite der Natur und der Seele als das eigentlich Lebensbestimmende und Lebenschaffende betonen, kultivieren, wirtschaftlich hervorkehren und den Primat alles Erdgöttlich-Vorgeistigen, des 'Willens' der Leidenschaft, des Unbewußten oder, wie Nietzsche sagt, des 'Gefühls' vor der 'Vernunft' revolutionär vertreten" (S. 260 f.). So wäre denn Freud ein Nachfahre der Romantik im Sinne eines kulturkonservativen Irrationalismus? Ein Seelenverwandter jener zeitgenössischen Ideologen, die sich gebärden, "als habe man in der Geistfeindlichkeit von heute, in diesem an Bachofen und die Romantik anknüpfenden Kultus der Naturdynamik und des Instinktiven eine Bewegung echt revolutionären Charakters gegen den Intellektualismus und rationalen Fortschrittsglauben abgelaufener Jahrzehnte zu erblicken; als stünde zum Beispiel wiederum, wie damals, das romantische Zubehör des Nationalismus, die völkische Idee mit vollem revolutionären Recht gegen die 'zurückbleibende Humanität', gegen einen ergreisenden Kosmopolitismus"? (S. 263) Nein – mit alledem, erklärt Th. Mann, was sich heute als eine Renaissance der Romantik und zugleich als politische Ideologie aufspreizt, habe Freud nichts zu tun. Er, der gegenwärtig maßgebliche Tiefenpsychologe, führe nämlich nicht den geistfeindlichen Kultus des Unbewußten und Irrationalen fort, sondern treibe eine aufklärerische, geistfreundliche Seelenkunde. Freud erneuere die beste, die hochbewußte Strömung der Romantik, – jene, die auf die "Erweiterung der Bewußtseinswelt" gerichtet sei (S. 266). Wie schon in seiner Rede "Von deutscher Republik" läßt Thomas Mann an der Romantik unvermutete Seiten sehen, knüpft er an einer deutsch-bürgerlichen Vorliebe an, um die Bürger eines Besseren, eines ideologisch und politisch Besseren zu belehren. Und Freud ist es, der "die revolutionärste und radikalste Bewegung des deutschen Geistes" (S. 266) fortführt, indem er ihr dominierendes Prinzip zur Geltung bringt: "das zu höheren Stufen leitende Prinzip der Bewußtwerdung und der Erkenntnis (. . .). Nur dem durch Bewußtmachung und analytische Auflösung führenden Willen zur Zukunft gebührt der Name der Revolution." (S. 265)

Intensiver denn je fordert die politische Realität, daß auch der moderne Künstler den Maßstäben eines wachen Bewußtseins genüge, erlebt er doch den Siegeszug jener antiaufklärerischen Bewegung, für die es "öder und rückständiger Intellektualismus" ist, "die Wirklichkeit dem Erkenntnisstande anpassen zu wollen, den der Geist schon erreicht hat" (S. 273).

Sarkasmus keimt auf, wenn Thomas Mann im Jahre 1929 die neue Geistfeindlichkeit charakterisiert, die sich schon wenig später, bei den Septemberwahlen 1930, als Vorklang eines machtvollen Faschismus enthüllen sollte. Das Selbstverständnis dieser präfaschistischen Geistfeindlichkeit entblößt Mann scharfsichtig: "Soziale Gutwilligkeit, Anteilnahme an dem Suchen der Zeit nach neuen und gesünderen Wirtschaftsformen ist marxistischer Materialismus von vorgestern, die Unterstützung menschheitlicher Forderungen, das Mitfühlen einer Weltsehnsucht nach geistiger Einheit, politischer Synthese, Völkergemeinschaft ist seichter Internationalismus, pazifistische Vernünftelei, und gegen all dies altmodisch ideologische Gerümpel steht in revolutionärer Jugendfrische das dynamische Prinzip, die geistbefreite Natur, die völkische Seele, der Haß, der Krieg. Das ist die Reaktion als Revolution (. . .)" (S. 273).

Kein Zweifel, daß diese Charakteristik vom Mai 1929 in mancher Hinsicht auf das politische Unwesen anwendbar ist, das Thomas Mann wenig später in seiner italienischen Reisenovelle umgehen läßt. Im Spiegel des faschistischen Italiens enthüllt der deutsche Präfaschismus sein wahres Gesicht. Ob der Erzähler den neuen europäischen Ungeist auf seinen Grund hin durchsichtig zu machen weiß, ob er die unbewußte Seelendynamik, aus der die bewußtseinsarme Scheinrevolution gespeist wird, sich und seinen Lesern ins Bewußtsein zu heben vermag, ist eine der zentralen Fragen, die seine Erzählung provoziert. Daß man der Frage nicht ausweichen sollte, erwartet der Schriftsteller selbst kraft seiner Berufung auf das Musterbeispiel Freud. Weil dessen Forscherinteresse die Individual- und Sozialpsyche gleichermaßen umgreife, gelangt Thomas Mann zu der überraschenden These vom "Sozialismus" Freuds (S. 279). Er wurzle in Freuds Kulturpsychologie als einer Neurosenlehre, die seelische Krankheit als Resultat von Verdrängungen definiert, und zwar auch jene Seelenkrankheit, mit der sich anscheinend leben läßt: "Freud sieht in unserer Kultur eine durchaus ungesicherte, durchaus labile Scheinvollkommenheit und Scheinharmonie, dem Zustande verwandt – und nicht nur verwandt –, in dem ein Neurotiker ohne Genesungswillen sich mit seinen Symptomen einrichtet und abfindet". (S. 279) Daß dies eine Lebensform sei, die der Veränderung bedürfe, daß an ihre Stelle eine "durch Bewußtheit gesicherte, auf Freiheit und Wahrhaftigkeit beruhende Lebensordnung" (S. 280) treten müsse, ist der soziale Anspruch Freuds, dem Thomas Mann den Namen Sozialismus zuerkennt. Über die Triftigkeit des Namens ließe sich streiten, kaum jedoch über die Intentionen, die Thomas Mann an ihn heftet: Dem Erkenntnisinteresse heute, gleichviel ob es wissenschaftlichen oder künstlerischen Charakter hat, obliege es, individuell und sozial Unbewußtes im Namen einer Aufklärung zu erhellen, die sich dem neuen politischen Irrationalismus widersetzt, um der gesellschaftlichen Vernunft und der politischen Freiheit, der sozialen Gerechtigkeit und dem Frieden in der Welt Bahn zu schaffen.

"Die Bäume im Garten. Rede für Pan-Europa" (Mai 1930)
"Deutsche Ansprache – Ein Appell an die Vernunft" (Oktober 1930)

Th. Mann hat seine sozialpolitischen Ideen gleich nach der Veröffentlichung von "Mario und der Zauberer" abermals öffentlich vertreten, und zwar in einer Weise, die als heimlicher Kommentar zu seiner Novelle aufgefaßt werden kann. Zur Zeit ihres Erscheinens arbeitet er an einer "Rede für Pan-Europa", betitelt "Die Bäume im Garten".[10] Der beschwörende Ton seiner Rede, die er vor den Vertretern einer europäischen Friedensunion im Mai 1930 hält, soll das "deutsche Gemüt" verstören (177), das sich zur Stunde dem rationalen Gebot europäischer Koexistenz entziehe. "Deutschland, Volk, Nation" – in dieser irrationalen Trias erblickt Th. Mann eine unzeitgemäße "Gemütssphäre" (178), derjenigen vergleichbar, die er soeben auf dem italienischen Schauplatz seines "Mario" gegeißelt hat. Die "italienische" Erzählung wirft mithin Licht auf drohende Tendenzen in Deutschland, auf den neuen Geist vor allem, den auch die paneuropäische Rede bloßstellt: den die "Idee der Feiheit" unterminierenden Ungeist, den "Sklavensinn" im Dienste des "Nächtig-Unbewußten, des Schicksals, der Notwendigkeit" (177).

Wenn Thomas Mann die "gesellschaftliche und rationale Idee", die er mit europäischer Koexistenz verbindet, mit dem "Geist" gleichsetzt (S. 178) und fast im selben Atemzug Kunst als "Vergeistigung des Lebens" bestimmt (S. 179), so setzt er damit rationale Gesellschaftlichkeit und künstlerischen Geist in einen beziehungsreichen Zusammenhang, betont er die im Freud-Aufsatz entfaltete aufklärerisch-soziale und aufklärerisch-politische Seite des Ästhetischen. Ihn leitet die Sorge, daß "die Adepten und feuilletonistischen Nutznießer der modischen Lebenslehre, – daß diese bübischen Orgiastiker des Dynamischen alles tun, um den nächsten Weltkrieg vorzubereiten". (S. 178) Daß Thomas Mann diese Sorge mit Grund hegte, sollte schon im September des Jahres 1930 offenbar werden, anläßlich des kometenhaften

Aufstiegs der Nationalsozialisten bei den Reichstagswahlen. Mann reagierte darauf mit der "Deutschen Ansprache". Dieser "Appell an die Vernunft", in unmittelbar zeitlicher Nähe zu "Mario und der Zauberer" angesiedelt, dürfte den sozialpolitischen Standort präzisieren, den der Autor bei der Niederschrift seiner Novelle innehatte.

Als Fürsprecher der humanistischen Ideenverbindung von Freiheit und Gleichheit, von hochentfalteten und zugleich solidarisch aufeinanderbezogenen Individuen, wendet sich Mann in der "Deutschen Ansprache" polemisch gegen den faschistischen Ungeist.[11] Was er in einprägsamen Sätzen als "geistige Quellen" der neuen politischen Barbarei bezeichnet, enthält keimhaft die Analyse, die Georg Lukács dem "Weg Deutschlands zu Hitler auf dem Gebiet der Philosophie" widmen wird.[12] Es sind die "geistigen Quellen" des philosophischen Irrationalismus, der "mit dem wirtschaftlichen Niedergang der Mittelklasse" (114) Aktualität gewinnt, weil, so sieht es Thomas Mann, "das durch den Krieg zerschlagene und mit Füßen getretene Wirtschaftssystem der Welt keineswegs geheilt war, noch seiner Heilung entgegensah, sondern in einer Unordnung zurückgeblieben war, die durch eine archaische und blinde Tributpolitik der den Frieden diktierenden Staaten verschärft wurde. Nun geht eine neue Welle wirtschaftlicher Krisis über uns hin und wühlt die politischen Leidenschaften auf; denn man braucht nicht materialistischer Marxist sein, um zu begreifen, daß das politische Fühlen und Denken der Massen weitgehend von ihrem wirtschaftlichen Befinden bestimmt wird, daß sie dieses in politische Kritik umsetzen, wie wenn ein kranker Philosoph seine physiologischen Hemmungen ohne ideelle Korrektur in Lebenskritik umsetzte." (S. 110) – Bedeutsam an dieser Analyse ist, daß ein differenzierter Zusammenhang zwischen "wirtschaftlichem Befinden" und "politische(m) Fühlen und Denken" hergestellt wird: differenziert, weil erkannt ist, daß die Massen auf ein krisenreiches "Wirtschaftssystem"[13] mit politischem Fehlverhalten reagieren: mit der Zuflucht zu einer Partei, "die auf die militanteste und schreiend wirksamste Weise die nationale Idee mit der sozialen zu verbinden scheint" (S. 112). Die *nationalsozialistische* Partei bietet den in wirtschaftlicher Depression dahinkümmernden Massen die Zauberformel "Sozialismus" an – und bemüht gegen den kollektiven Minderwertigkeitskomplex, der nach dem verlorenen Krieg gedeiht, das nationale Hochgefühl herbei. Th. Mann ruft gegen diesen National-Sozialismus die SPD auf den Plan; wenn er dabei den "politischen Platz des deutschen Bürgertums heute an der Seite der Sozialdemokratie" bestimmt (S. 124), also an der Seite einer Partei, die das Kapital nicht mehr zu überwinden, sondern in die parlamentarische Demokratie einzubinden trachtet, so votiert er gleichzeitig für die sozialdemokratische Aufweichung eines radikalen Sozialismus. Das "wirtschaftliche Klasseninteresse" der Arbeiterschaft kennzeichnet er kritisch als ein "Sonderinteresse", das die heutige Sozialdemokratie dankenswerterweise "hinter dem staatspolitischen Interesse der Erhaltung der Demokratie zurückstellt" (S. 119). Diese Argumentationsform zeichnet blind ein reales Verhängnis nach. Als ein "Sonderinteresse" konnte das Allgemeininteresse der Arbeiterschaft dem bürgerlichen Betrachter schon deshalb erscheinen, weil die Sozialdemokratie in der Tat staatspolitischen Prämissen den Vorrang gab und so ihren Gegensatz zur kommunistischen Partei bekräftigte. Die Arbeiterschaft trat nicht als Einheit auf, sondern teilte sich in zwei besondere Parteien mit entsprechenden "Sonderinteressen". In den Worten Th. Manns: "Nun gibt es in Wirklichkeit keinen schärferen und tieferen politisch-parteimäßigen Gegensatz als den zwischen der deutschen Sozialdemokratie und dem orthodoxen Marxismus moskowitisch-kommunistischer Prägung." (S. 119) Auf die Seite der Sozialdemokratie wird der bürgerliche Humanist indirekt durch ihren sozialistischen Gegenspieler, die Kommunistische Partei, gedrängt. Sie bezichtigt die dem Bürger näher stehende Sozialdemokratie umstandslos des "Sozialfaschismus"[14], anstatt gemeinsam mit ihr die antifaschistische Front zu verbreitern und auch den Anhängern des bürgerlichen Parlamentarismus die Perspektive einer sozialistischen Demokratie zu eröffnen. Sozialdemokratische Aufweichung und kommunistische Verhärtung der Sozialismus-Idee konkurrieren miteinander, erschweren sowohl der Arbeiterschaft wie Teilen des Bürgertums die Suche nach einer politischen Identität[14a] und verzögern die Bildung eines widerstandsfähigen, klassenübergreifenden Antifaschismus.

2. *Zeitgeschichtliches Bewußtsein und künstlerische Praxis*

Thomas Manns Entwicklung als politischer Denker von 1914 bis 1930, dem Erscheinungsjahr von "Mario und der Zauberer", legt des Künstlers ästhetische Auffassung der Realität zwar nicht gebieterisch fest, geht aber als Produktivkraft in sie ein und schärft den Blick des Lesers für die Geschichtlichkeit und Gesellschaftlichkeit seiner Kunst. Vor dem Hintergrund des politischen Bewußtseins eines Schriftstellers kann der historisch-gesellschaftliche Verweis- und Zeugnischarakter seiner Ästhetik in präziserem Umriß hervortreten. Politisch-ideologische und poetische Erkenntnis der Realität bilden keinen strikt kausalen Zusammenhang, stehen jedoch in einem beziehungsreichen Spannungsverhältnis zueinander.[15] Diesen Schluß legen auch die Bemerkungen nahe, die Thomas Mann in seinem Freud-Essay und seiner "Rede für Pan-Europa" der Kunst widmete. Zuvor schon, 1926, hatte er in einem Aufsatz über Spengler die These niedergelegt, angesichts "wirtschaftlich-gesellschaftlicher Umschichtungen radikalster Art"[16] könne man nicht als "Ästhet, als 'reiner Künstler'" existieren, "indem man sich um soziale Gewissenssorgen den Teufel etwas kümmert"[17]. Wenige Monate nach dem Erscheinen von "Mario und der Zauberer" entfaltet Mann diese These in eingehender Reflexion unter dem Thema "Die geistige Situation des Schriftstellers in unserer Zeit"[18]. Sein Ausgangspunkt ist die aus der "Rede für Pan-Europa" übernommene Ansicht: "Es ist politische Zeit, die Politik das bestimmende Element der Epoche." (S. 300) Die Aufgabe jedoch, die daraus für den Künstler erwächst, sieht Mann durch zwei Extreme bedroht: den "sozialistischen Aktivismus" einerseits (S. 304) und die "vitalistisch-irrationale" Bewegung andererseits (S. 303). Daß Thomas Mann auch als Künstler den Irrationalismus, seine Geistfeindlichkeit, seine durchtriebene Einfalt und konservative Innerlichkeit geringschätzt, ja als neue politische Gefahr bekämpft, kann nach der Lektüre seiner politischen Schriften niemanden verwundern. Daß er zugleich gegen den "sozialistischen Aktivismus" so entschieden das "Spiel der Form", die "ästhetische Freiheit" ins Feld führt (S. 302), mag weniger selbstverständlich anmuten: "Wir glauben an den Ernst im Spiel und an die Würde im Spiel. Wir glauben noch an Geheimnisse, an das menschliche Geheimnis der Kunst, das der sozialrationalen Versuche, ihr das Gewissen zu vergiften, spottet und ewig spotten wird." (S. 302) Thomas Mann erweist mit der Sympathie für das ästhetische Spiel dem "künstlerischen Idealismus" Schillers ausdrücklich Ehre (S. 300 f.), ohne jedoch auf das politisch-soziale Ethos der Kunst zu verzichten. Seine Anstrengung geht dahin, das Schriftstellertum ebenso gegen eine unverbindliche Kunstautonomie wie gegen operative Zwänge zu feien. Indem er die Kunst kraft des autonomen Spielcharakters vor der zweckrationalen Verkürzung auf den gesellschaftlich-eingreifenden Appell schützt und den autonomen Spielcharakter kraft des Gesellschaftsbezugs vor aller Unverbindlichkeit und Weltferne bewahrt, glaubt er dem Menschen als einem sozialen und zugleich ästhetischen, spielenden und zugleich politischen, zweckgebundenen und zugleich allen Zwecken opponierenden Wesen gerecht zu werden: "Wir sehen im Künstlerischen die Sphäre, in welcher der Gegensatz von Idealismus und Sozialismus sich aufhebt, und wir leben der Hoffnung, die einer Zuversicht gleichkommt, daß jene spielende Vertiefung ins Menschliche, die man Kunst nennt und der eine eigentümliche Leidenschaft und Inständigkeit eignet, in tiefen Beziehungen steht zu den brennenden Problemen der Zeit und die allgemeine Arbeit daran fördert. Ist Kunst etwas unverlierbar Menschliches, so wird, möge sie auch heute noch so humanistisch-veraltet anmuten, auch nie ganz verlierbar sein die Idee einer ästhetischen Erziehung des Menschengeschlechts." (302)

Gewiß lassen sich die zitierten kunstphilosophischen Auskünfte Thomas Manns nicht allesamt in literaturwissenschaftliche Begriffe übersetzen. Manchen haftet etwas Schwebendes an, das sich kategorialer Festlegung entzieht, denkt man etwa an die Rede von den "Geheimnissen" und dem "menschlichen Geheimnis der Kunst". Unverkennbar aber ist der Wille zur Vermittlung des Entgegengesetzten, zur Verschränkung von Polaritäten und zur Erzeugung von Ambivalenzen, wovon Wendungen wie "Ernst im Spiel", "Würde im Spiel", "ästhetische Erziehung" künden. Die Ästhetik als rätselreiches Geheimnis *und* als Widerschein der "brennenden Probleme der Zeit", als zweckfreies Spiel *und* als Arbeit an den Zeitproblemen – der Künstler und Artist Thomas Mann scheint seit dem Weltkrieg für Verbindungen dieser Art durch den schwerwiegenden Wandel seiner politischen Reflexionen und sein wachsendes gesellschaftsbewußtes Ethos prädestiniert. Daß sozialpolitische Zeitgenossenschaft und künstlerische Praxis sich in der Tat produktiv verschränken, wird an "Mario und der Zauberer" offenbar. Daß jedoch beide Pole keineswegs bruchlos, widerspruchsfrei aufeinander verweisen, signalisiert das ihnen eigentümliche Spannungsverhältnis.

Thomas Manns politischer Wandel erfolgt im Zeichen des klassischen Humanismus. In seiner Rückschau auf die frühbürgerlich-revolutionären Ideale der Freiheit und Gleichheit wirbt er für ein Gemeinwesen, das sich aus differenzierten, aber gesellschaftsbewußten und solidarisch handelnden Individuen bildet. Diese urdemokratische Idee wird ihm zum Maßstab einer kritischen Würdigung der Weimarer Republik: der parlamentarische Staat und besonders seine organisierte Arbeiterschaft, repräsentiert durch die Sozialdemokratie, sind für Thomas Mann die geschichtlichen Garanten seines Demokratie-Ideals. Die realitätsverschleiernde Ideologie des "Volks" und der "Gemeinschaft", der er einst selber Reverenz erwiesen hatte, läßt er als geistfeindlichen Kulturkonservativismus hinter sich: Er sieht darin das Einfallstor für einen "Neo-Nationalismus", zu dem zahlreiche Bevölkerungsschichten, vor allem die Mittelklasse, neigen, und zwar auf Grund politischer Minderwertigkeitskomplexe, sozialer Deklassierung, wirtschaftlicher und psychischer Nöte. Dieser Wandel in der Realitätsauffassung Thomas Manns ist politisch und künstlerisch gleichermaßen folgenreich. Als neuen Sachwalter seines früheren Kulturkonservativismus diagnostiziert er den heraufziehenden Faschismus. Der Antidemokratismus dieser Bewegung, faßbar in der Führer-Volk-Ideologie, nährt sich innenpolitisch teilweise aus massenhafter, blinder Unterwerfungsbereitschaft, außenpolitisch aus chauvinistischen Feindbildern. Solchen Erscheinungen gilt auch das Erzählerinteresse in "Mario und der Zauberer". Der Stoff, aus dem die Novelle zu großen Teilen gewoben ist, die Hypnose des Zauberers Cipolla, ist wie geschaffen für die Zurschaustellung von Führertum und Gefolgschaftstreue, für die Vernichtung individueller Freiheit und Herstellung knechtischer, anonymer Gleichheit. Parallel zur Hypnose, die das Publikum zum Sklaven Cipollas erniedrigt, übt der Zauberer eine Kunst der Einfühlung und Selbstentäußerung aus, die das Publikum scheinbar zum Herrn über ihn macht. Zwar handelt es sich letztlich um einen Schein – in Wahrheit fühlt sich das versklavte Publikum in den Allgewaltigen ein. Doch verbannt es im Zuge dieser Einfühlung die einmal aufgestachelte Herrschaftsbegierde nicht wieder, sondern kehrt sie im Bunde mit Cipolla aggressiv gegen die hypnotisierten Angehörigen aus den eigenen Reihen. Im Hinblick auf Führer und Masse macht der Erzähler damit auf eine sadomasochistische Seelenlage aufmerksam, leitet ihn ein dialektischer Sinn für die Zwieschlächtigkeit der zeitgeschichtlichen Massenpsyche – ein bedeutsames Korrektiv zu gewissen Vereinfachungen der Massenpsychologie Freuds (vgl. Exkurs in Kap. III). Auch hier bezeugt sich die geschichtlich gewachsene Sensibilität des Autors gegen unfreie und entstellte menschliche Verhältnisse: sie geht als Produktivkraft in seine Kunst ein und macht diese auf die Realität hin, auch auf die faschistische, transparent.

Dennoch scheint Th. Manns ästhetische Stoffwahl seinem gesellschaftlichen Realitätsbild nicht durchweg angemessen. Die sozialen und politischen Motive, die er als kritischer Zeitgenosse benannt hatte, um massenhafte Anfälligkeit für autoritäre Herrschaft plausibel zu machen – sie können vor allem im künstlerischen Medium der Hypnose nicht transparent werden. Die ein gesamtes Publikum *unterschiedslos* fesselnde Hypnose verstellt den Blick für die *besonderen* Klassen und Schichten, in denen der politische

Denker Th. Mann die Parteigänger bzw. die Gegner des Faschismus zu entdecken begann. Es war gewiß ein zögerndes, tastendes Erkennen, aber die Hypnose unterbindet es eher, als daß sie es fortführt. Ihrer aufklärenden Seite ist eine mystifizierende Tendenz zugesellt. Diese ist zwar nicht schlechthin wirklichkeitsfern – sie zitiert die faschistische Strategie der Irreführung, die stets das ganze Volk als anonymes gleichartiges Wesen im Visier hat. Aber es handelt sich um ein bewußtloses Zitat, dessen Ideologie wie ein undurchdringlicher Schleier vor tiefer liegende Realitätsschichten gezogen ist. Dieser Schleier, gewoben aus der Hypnose, dürfte dem "menschlichen Geheimnis der Kunst" entsprechen, das Thomas Mann gegenüber einer operativen "sozial-rationalen" Anwendung des Ästhetischen ins Spiel bringt. Gerade diese kunstphilosophische und kunstpraktische Hervorhebung des Geheimnisses widerstreitet jedoch der im Freud-Aufsatz entfalteten Einsicht in zeit- und gesellschaftsbewußtes Aufklärertum. Angesichts des drohend heraufziehenden Irrationalismus und seiner geistfeindlichen Operationen mit dem Trieb, dem Unbewußten, der Seele, schien es dem Gesellschaftskritiker Thomas Mann geraten, die Bewußtwerdung des Undurchschauten zu fördern und sowohl individual- wie sozialpsychische Gefährdungen aufzuhellen, damit an die Stelle von Verdrängungen und bewußtlosen Zwängen eine "durch Bewußtheit gesicherte, auf Freiheit und Wahrhaftigkeit beruhende Lebensordnung"[19] treten könne. Gegen dieses therapeutische Aufklärertum Thomas Manns sperrt sich das künstlerische Geheimnis der Hypnose, die eine analytische Durchdringung tiefenwirksamer Antriebe, seien sie sozialpolitischer oder individualpsychischer Herkunft, nicht zuläßt.

Diese Differenz zwischen dem politischen Aufklärer und dem kunstschaffenden Ästheten Thomas Mann scheint zum Nachteil der Kunst auszuschlagen. Man wird jedoch bedenken müssen, daß Thomas Mann das künstlerische Geheimnis absichtlich gegen das operative Verfahren, wie es auch seine politischen Reden leitet, ins Spiel bringt – in des Wortes buchstäblicher Bedeutung: die geheimnisreiche Hypnose vollzieht sich als Spiel, bezaubert als solches die Zuschauer und macht auch den Leser zum rätselnden Mitspieler ihres künstlerischen Ablaufs. Fern von zweckrationalen Zwängen des Alltags, kann er angesichts des geheimnis- und rätselreichen Spiels seine Assoziationskraft und seine kombinatorische Phantasie entzügeln. Die Ironie des Erzählers und seine mehrdeutige Haltung zum Spiel ermöglichen ihm diese Freiheit, die der "sozial-rationale" Aufklärungsgestus der politischen Reden beschneidet. Denn dieser Gestus fordert durch seine Eindeutigkeit und Entschiedenheit den Zuhörer und Leser zur Entscheidung und zum gesellschaftsbewußten Handeln auf. Die operative Aufforderung verfolgt demnach einen Zweck – und es ist diese Zweckrationalität, die den Hörenden oder Lesenden erneut an die Alltagswelt bindet, die ihm versagt, was das freie Spiel der Kunst gewährt: Entfaltung der Phantasie, der Assoziationskraft, der ästhetischen Sinnlichkeit; musische Selbstbestimmung abseits von der Bestimmung durch außerindividuelle Zwecke; souveräne Verfügung über sich selbst in der Distanz zur wirtschaftlich-sozialen und politischen Lebenspraxis.

Man wird sich gegenwärtig halten müssen, daß es sich um eine relative Distanz handelt, die nicht etwa die "brennenden Probleme der Zeit" zum Verschwinden, sondern ästhetisch gebrochen zum Vorschein bringt, wie es der These Manns vom "Ernst und Spiel" entspricht. Realität wird von der Erzählung nicht unmittelbar erhellt, sondern vermittelt im Medium ästhetischer Gleichnisse. Schon der als Feriengast auftretende Erzähler äußert seine Realitätserfahrungen nicht in einer sozialpolitischen Reportage, sondern übersetzt sie in eine kunstvolle, ehrwürdige Gattung: die Novelle (vgl. Kap. III, 1). Und in der Novelle finden sich Schauplätze wie etwa der Theatersaal Cipollas, die nicht als typischer Ort für zeitgeschichtliche Vorgänge, sondern als gleichnishafte Stätten für sie aufzufassen sind (vgl. Kap. III, 2). Gerade die ästhetischen Brechungen und Gleichnisse verbürgen jedoch den Realitätscharakter der Novelle, ja, erst sie erhellen Tiefenstrukturen der zeitgenössischen Wirklichkeit. Cipolla beispielsweise setzt sein Verhältnis zum Publikum in Analogie zur faschistischen Führer-Volk-Beziehung. Verfehlen würde die ästhetische Eigenart dieser Analogie, wer sie zum *Abbild* der realgeschichtlichen Beziehung machte. Cipolla ist kein faschistischer Politiker, sondern ein (Pseudo-)Künstler, und seine hypnotische Soirée spiegelt nicht ungebrochen eine faschistische Veranstaltung wider, sondern ist ein ästhetisches Gleichnis, das die Führer-Volk-Beziehung durch experimentellen Zauber ästhetisiert, durch ein kunstvolles Spiel als "schön" fingiert, durch gestaffelte Überraschungseffekte zum genußreichen Theater umdeutet. Und just damit wird Cipollas Soirée zum Sinnbild einer neuen, der faschistischen Strategie: ihrer Ästhetisierung der Politik, ihrer theatralischen Verschönung barbarischer Inhumanität. Daß die Novelle um 1930 dem Faschismus diese erstaunlich frühe Diagnose zu stellen vermochte, hängt mit Thomas Manns politischer Entwicklung zusammen. Aus einem Kriegsideologen, der den militärischen Kampf in eine Analogie zur künstlerischen Praxis gesetzt, also ästhetisiert hatte, wurde ein bürgerlicher

Humanist, der das menschenfeindliche Unwesen des Kriegs zu durchschauen lernte: ein Humanist, der hochentfaltete Individualität aus gesellschaftsbewußter Solidarität hervorgehen sieht und die Idee der sozialen Reform, des Friedens und des Weltbürgertums mit der Vorstellung selbstbewußter, entwicklungsfähiger Subjektivität verschränkt. Daß die Kunst bei aller Experimentierlust und allen Normenverstößen dieses Sozial- und Individualbild nicht verraten dürfe, galt Thomas Mann als ausgemacht. Eine Ästhetik, die dem Ungeist Glanz verleiht, die Ästhetik des Kriegs also und des anonymen Schicksals, des Nationalismus und der kulturkonservativen Innerlichkeit, der kollektiven Gefolgschaftstreue und des bewußtlosen Triebs, des Massenwahns und Massentaumels: sie kann nicht mehr sein als Vulgärästhetik, die der Gewalt Glanz verleiht. Das theatralische Blendwerk im Dienst des politischen Irrationalismus mußte den Widerstand der ästhetischen, politisch aufgeklärten Innervationen Manns hervorrufen.

3. Zeitgeschichte, Autobiographisches, Geistesgeschichte

Auch private Erfahrungen, literarische und geistesgeschichtliche Reminiszenzen des Autors sind Produktivkräfte des entstehenden Werks. Aber sie sind es im Spannungsfeld der Zeitgeschichte, die auf sie einwirkt und ihnen einen repräsentativen Rang erst verleiht. Im Winter 1922/23 wohnte Thomas Mann einige Male den Séancen eines Frhr. von Schrenck-Notzing bei, der die Erforschung okkulter Phänomene betrieb, jener unterbewußten Energien eines Menschen beispielsweise, die angeblich empirische Gestalt annehmen und mit dem Unterbewußtsein anderer Menschen kommunizieren können. Th. Mann war für derlei Séancen dank einschneidender Bildungserfahrungen empfänglich. Durch Schopenhauer, der in seinem Leben Epoche gemacht hatte,[20] war ihm eine Metaphysik vertraut, die den Willen zum Leben als die geheime Triebfeder allen Handelns, ja aller menschlichen Geschichte erachtete und das Wirkungsfeld des unergründlich-ewigen Willensprinzips unter anderem im Unterbewußtsein der Individuen, im Traum, im Hellsehen, im Magnetismus (Hypnose) und im Somnambulismus sah. Darüber hat Schopenhauer eine ebenso bündige wie lesenswerte Schrift verfaßt: "Animalischer Magnetismus und Magie."[21] Wer die Schrift kennt, wird bemerken, wieviel Gedanken und Formulierungen Th. Mann ihr, bewußt oder ungewollt, entlehnt hat, um seine okkulten Erlebnisse bei Schrenck-Notzing intellektuell zu durchdringen und ins Wort zu fassen.[22] Freilich, Th. Mann hätte, aller Schopenhauer-Sympathie zum Trotz, den selbsterlebten Okkultismus kaum einer Niederschrift und öffentlichen Berichterstattung gewürdigt, wäre er damit nicht auf ein aktuelles, weitverbreitetes Interesse gestoßen (vgl. Kap. IV). So zollte er dem Zeitgeist Tribut und bereiste viele deutsche Städte, ja vieler Herren Länder, um über das attraktive Thema 'Okkultismus' zu reden, mehr noch: er verlieh ihm literarische Dignität im "Zauberberg", wo er mit mancherlei wörtlichen Übernahmen aus der Schrenck-Notzing-Niederschrift nicht geizte, auch nicht mit seiner ironischen Skepsis gegenüber dem Okkulten. Vom Zauberberg-Kapitel "Fragwürdiges" führen unübersehbare Spuren zum "Mario", wo Th. Mann das private und zugleich so zeitadäquate Erlebnis in der Spezialform der Hypnose zum ästhetischen Gleichnis zeitgeschichtlicher Vorgänge machte, inspiriert von einem italienischen Ferienerlebnis ganz ähnlicher Art.[23] Durch das Okkulte noch immer fasziniert, verschärft Th. Mann im "Mario" gleichwohl seine Kritik daran. Schon deshalb ist es nicht ratsam, den Zauberer Cipolla, Organ des Okkulten, zum Erben einer Metaphysik im Geiste Schopenhauers zu erheben und darin die für Th. Mann "stabil bleibenden ideellen Grundorientierungen" zu erblicken.[24] Soweit Schopenhauers Willensmetaphysik im Tun und Treiben Cipollas überhaupt nachklingt, schreibt ihr der Autor keine ungebrochene Geltung zu. Und soweit Cipollas okkulte Willensdämonie das Konzept Schopenhauers sprengt – der für die Erzählung maßgeblichere Vorgang –, wird sie zum ästhetischen Gleichnis historisch-gesellschaftlicher Tiefenbewegungen. Auch wenn die Zeichen der Zeit in jenem Gleichnis nicht durchweg erhellt, ja hier und dort dämonisiert und verdunkelt sind, so geht die erzählerische "Psychologie des Faschismus" doch keineswegs in eine verjährte Metaphysik über, die als die tiefere Bedeutungsebene der Novelle zu gelten hätte[25]. Umgekehrt: die tradierte Metaphysik wird zu einem ästhetischen Produktionselement verwandelt und so einer zeitgeschichtlichen Deutung dienstbar. (Vgl. Kap. III, S. 70 ff.)

III. INTERPRETATION

1. Textimmanente Ästhetik

Novellistisches Erzählen

Die einleitenden Äußerungen zum novellistischen Charakter der Erzählung sind als Arbeitshypothesen zu verstehen. Anhand von Benno von Wieses kurzgefaßter Darstellung der "Novelle" treffen wir einige lapidare Feststellungen, die vor allem die klassisch-novellistischen Anknüpfungspunkte in "Mario und der Zauberer" bezeichnen, verfolgen dabei jedoch das Ziel, den einen und anderen Befund später zu differenzieren bzw. zu korrigieren. Im Spiegel klassischer Gattungskategorien, die freilich nie ungebrochen in einen Text eingingen, dürften sowohl traditionsbedingte wie individuelle Stilelemente der Novelle Thomas Manns klarer faßbar werden.

Die im Sommer 1929 begonnene und im Frühjahr 1930 erschienene Novelle geht auf ein Erlebnis zurück, das der Autor einem italienischen Badeaufenthalt im Jahre 1926 verdankt.[1] Die künstlerische Umformung dieses Erlebnisses beschreibt er in einem Brief aus dem Jahre 1930 wie folgt: "Etwas Kritisch-Ideelles, Moralisch-Politisches ist mir freilich im Lauf der Erzählung aus dem Privaten und zunächst Unbedeutenden erwachsen, was eine bestimmte Abneigung erkennen läßt und der anfangs nur irritierenden Atmosphäre zuletzt den unheimlichen und explosiven Charakter gibt. Da es Sie interessiert: Der 'Zauberkünstler' war da und benahm sich genau, wie ich es geschildert habe. Erfunden ist nur der letale Ausgang: In Wirklichkeit lief Mario nach dem Kuß in komischer Beschämung weg und war am nächsten Tage, als er uns wieder den Thee servierte, höchst vergnügt und voll sachlicher Anerkennung für die Arbeit 'Cipolla's'. Es ging eben im Leben weniger leidenschaftlich zu, als nachher bei mir. Mario liebte nicht wirklich, und der streitbare Junge im Parterre war nicht sein glücklicher Nebenbuhler. Die Schüsse aber sind nicht einmal meine Erfindung: Als ich von dem Abend hier erzählte, sagte meine älteste Tochter: 'Ich hätte mich nicht gewundert, wenn er ihn niedergeschossen hätte.' Erst von diesem Augenblick war das Erlebte eine Novelle (...)."[1a]

Warum wird das Erlebte durch die erdichteten tödlichen Schüsse zu einer Novelle? Der 'erlebte' Mario läuft vom Zauberkünstler nur in komischer Beschämung weg, die er am nächsten Tag offenbar vergessen hat: das Leben geht seinen normalen Gang weiter, geschmückt mit der Erinnerung an einen nicht-alltäglichen Abend. Der *erdichtete* Mario tötet den Zauberkünstler: der nicht-alltägliche Abend endet mit einem gewaltigen Eklat, eben mit jener "unerhörten Begebenheit", die seit Goethe gern als ein Merkmal der Novelle aufgefaßt wird.[2] Wir wollen über die Berechtigung dieser alten Auffassung nicht diskutieren, sondern nur anzeigen, daß Thomas Mann in ihrem Bann steht – und daß er mit ihr ein zweites novellistisches Merkmal zu Ehren bringt: den von A.W. Schlegel und Ludwig Tieck beschriebenen "Wendepunkt", von dem aus sich die Novelle "unerwartet völlig umkehrt".[3] Was Cipolla mit Mario auf offener Bühne anrichtet, konstituiert den Wendepunkt, der den Umschlag des Geschehens in das tödliche Ende, die unerhörte Begebenheit, eröffnet. Das Geschehen selbst, die von Cipolla praktizierte Hypnose, ist weder alltäglich noch ist es gänzlich unbekannt; in den zwanziger Jahren dieses Jahrhunderts waren hypnotische Veranstaltungen eine häufig wiederkehrende Sensation – für die Psychoanalyse bildeten sie seit geraumer Zeit ein bevorzugtes Untersuchungsobjekt.[4] In der Novelle erscheinen sie als so geläufig und gefährlich, daß sie "polizeiliche Bestimmungen" (S. 531) auf sich ziehen – andererseits darf Cipolla insofern Einzigartigkeit für sich beanspruchen, als er der "stärkste Hypnotiseur" (S. 531) ist, der dem Erzähler je in seinem Leben vorgekommen. Abermals genügt "Mario und der Zauberer" einem klassischen Novellenmerkmal: der "objektiven Merkwürdigkeit", dem als wahr erzählten und als wahr anmutenden, einmaligen Einzelfall.[5] Einmaligkeit und Unwiederholbarkeit gewinnt der Einzelfall spätestens dadurch, daß die tödlichen Schüsse dem Leben des Hypnotiseurs ein Ende setzen. Der Tod als Schlußpunkt der Novelle verleiht ihr auch jene formale Geschlossenheit, die dem klassischen novellistischen Erzählen immer schon rühmend nachgesagt wurde.[6] Ihr ist die Notwendigkeit, eine andere traditionsreiche Novellenkategorie, verschwistert: was zu Ende geht, soll dies nicht zufällig, sondern mit innerer Logik tun.[7] So spricht denn auch der Erzähler gleich eingangs von einem "vorgezeichneten und im Wesen der Dinge liegenden Ende" (S. 502). Werden diese "Dinge" in der Erzählung derart miteinander verschränkt, daß sich der Eindruck der Geschlossenheit und Notwendigkeit ergibt, so entsteht zugleich ein kunstvoller Aufbau, ein streng organisiertes Motivgeflecht – abermals eine typisch novellistische Kategorie.[8] Sie kann in "Mario und der Zauberer" besonders auffällig zur Geltung kommen, weil sich in der Person Cipollas das "eigentümlich Bösartige der Stimmung (. . .) zu verkörpern und bedrohlich zusammenzudrängen" scheint (S. 502). Offenbar strebt der Erzähler eine leitmotivische Verdichtung an. Die anekdotischen Details, die er zunächst als eine Art "Ortsdämon" (S. 511) auffaßt, werden entfaltet und wie in einem Brennspiegel durch die "Dämonie" Cipollas vereinigt.

Das auf diese Art erzählte einmalige Geschehen soll nun freilich nicht als irrelevanter Einzelfall aufgefaßt werden können, vielmehr auf eine "gewisse allgemeine Gültigkeit"[9] hin transparent sein: im Besonderen enthält die Novelle Allgemeineres. Nach Friedrich Theodor Vischer, einem der tonangebenden Ästhetiker des Bürgerlichen Realismus, spiegelt sie „nicht das umfassende Bild der Weltzustände, aber einen Ausschnitt daraus, der mit intensiver, momentaner Stärke auf das größere Ganze als Perspective hinweist“[10] – und ähnlich sieht Robert Musil den Novellisten: in dem „einen Erlebnis vertieft sich plötzlich die Welt oder seine Augen kehren sich um; an diesem einen Beispiel glaubt er zu sehen, wie alles in Wahrheit sei: das ist das Erlebnis der Novelle"[11]. Für den Verfasser von "Mario und der Zauberer" erwuchs "aus dem Privaten und zunächst Unbedeutenden" allmählich etwas "Kritisch-Ideelles, Moralisch-Politisches", das im Laufe der Erzählung, gemäß dem Prinzip der leitmotivischen Verdichtung, auf eine immer komplexere und gesellschaftlich allgemeinere Weise zum Vorschein kommt. So erhebt die Erzählung im Sinne der klassischen Novellentheorie neben einem hohen "formalen" auch einen betont gesellschaftsbezogenen Anspruch. Ihm wird sie gerecht, wenn sie nicht nur eine isolierte individuelle Versenkung herausfordert, sondern innerhalb einer Gesellschaft erzählbar bleibt, ja zur "Unterhaltung der Gesellschaft" dient.[12] Auch dieser ursprünglichen Idee des geselligen novellistischen Erzählstils scheint die Geschichte Thomas Manns, die von ihm bereits im engeren Kreis erzählt und beredet wurde, entsprechen zu können.

Kunstvoller Aufbau. Leitmotive

Die klassisch-novellistischen Formprinzipien, an die der Erzähler von "Mario und der Zauberer" anknüpft, sind ihrerseits in ein klassisches Ebenmaß gebannt. Die Novelle hat *vier Akte* von derselben Bauart: jeweils zwei *dramatische Höhepunkte* mit einem vorausdeutenden und Atmosphäre schaffenden *Vorspiel* und einem entspannenden *Ausklang*, wobei die

Aufeinanderfolge der beiden Höhepunkte ebenso dem *Prinzip der Steigerung* gehorcht wie die Aufeinanderfolge der vier Akte insgesamt.[13]

Der *erste Akt* – eine Art Exposition – deutet zunächst vielsagend und Neugier weckend auf das zentrale besondere Ereignis und sein unerhörtes Ende voraus, führt in den lästigen Hochbetrieb des italienischen Badeortes ein (*Vorspiel*) und erklimmt alsbald den *ersten Höhepunkt*. Die Hotelleitung, die dem Erzähler und seiner Familie den Aufenthalt auf der einladenden Veranda verwehrt hatte, will ihm kurz darauf mit hinterhältiger Wortbrüchigkeit neue Hotelzimmer zuweisen: Es ist ein Zusammenstoß "mit dem landläufig Menschlichen, dem naiven Mißbrauch der Macht, der Ungerechtigkeit, der kriecherischen Korruption". (S. 506) Das "irritierte Nachdenken" des Erzählers darüber bleibt fruchtlos wegen "der übergroßen Selbstverständlichkeit und Natürlichkeit dieser Erscheinungen". (S. 506) Der Konflikt macht den Erzähler reizbar, sogar gegen das Wetter,[14] obgleich ihm der Umzug in die Pension Eleonora ein entspannendes Gegengewicht zu bieten scheint: er bleibt gleichsam sensibilisiert für gewisse Widrigkeiten am Strand, die sich alsbald in einem zweiten Zusammenstoß entladen, bei dem nun der "naive Mißbrauch der Macht" zu einem politischen gesteigert wird, das "landläufig Menschliche" sich in nationale Borniertheit verkehrt. (*zweiter Höhepunkt*) Die harmlose Nacktheit der achtjährigen Tochter des Erzählers wird am Badestrand zu einem Angriff auf Italiens Würde umgedeutet. Abermals nützt dem Erzähler sein Wille zur Bereinigung des Konfliktes nichts. Im Gegenteil. Die den Strand beherrschende "inländische Mittelklasse" (S. 507) ruft in Gestalt eines würdevoll aufgeblasenen, zornigen Herrn die strafende Behörde herbei. Der gute Wille kann sich zwar äußern, aber er bleibt folgenlos; dem Wollenden fehlt die Freiheit, ihn durchzusetzen – ein die Novelle leitmotivisch durchziehendes, ständig sich verschärfendes Problem.

Die mit dem Ende der Hochsaison und mit der Abreise jener inländischen Mittelklasse abklingende Erregung des Erzählers (*Ausklang*) versachlicht sich zum Interesse für die "Merkwürdigkeit" des Ortes, den "Ortsdämon" (S. 511), womit zugleich die Personifikation und Verdichtung des Merkwürdigen, der Zauberkünstler Cipolla, vorausdeutend beschworen wird. Der novellistischen Exposition des Geschehens im Hotel und auf dem Badestrand (Akt 1) folgt die Haupthandlung in dem vollbesetzten Dorfsaal (Akt 2–4). Der Umstand, daß dieser Saal mit einer Bühne ausgestattet ist, die zum Ort eines theatralischen Geschehens wird, kann unsere klassifikatorische Gliederung der Novelle in "Akte" rechtfertigen. Das theatralische Geschehen soll das in der Exposition entworfene skizzenhafte Gesellschaftsbild konzentriert zum Ausdruck bringen und plastisch entfalten.

Der nun einsetzende *zweite Akt* präsentiert zunächst Cipollas herrisches Vorgeplänkel mit einem kecken Dorfburschen. Ein ganzer Kerl, spottet der Unterhaltungskünstler, tut, was er will, um alsbald den wohlgestalteten Dorfjüngling etwas tun zu lassen, was dieser nicht wollte.

Nach diesem vom Publikum nur halb begriffenen *Vorspiel* liefert der fahrende Virtuose mit arithmetischen Zaubereien und Kartenkunststückchen einen ersten, allseits bewunderten Beweis für seine Gabe der hypnotischen Publikumslenkung, indem er die Zuschauer zu gehorsamen Vollstreckern seiner Einfälle macht. Diesmal kann der Hypnotiseur in Reinkultur vorführen, was es seiner Ansicht nach mit dem Willen und der Freiheit des Menschen auf sich hat: ein stolzer Herr mit "klarem Eigenwillen", der partout nicht eine von Cipolla vorherbestimmte, sondern eine selbstbestimmte Karte ziehen will, scheint ein geeignetes Demonstrationsobjekt für seine Philosophie des Willens und der Freiheit *(erster Höhepunkt)*. Indem Cipolla den Willen lähmt, ihn hypnotisch bindet, also die Freiheit des Willens aus der Welt schafft, kann er das Phänomen der Freiheit überhaupt aus dem Bewußtsein drängen und sein Publikum in die Knechtschaft einüben.

Diesem ersten Höhepunkt des zweiten Aktes folgt eine noch erstaunlichere Umkehrung *(zweiter Höhepunkt)*: die Demonstration einer Einfühlungskraft, die es Cipolla gestattet, geheime Gedanken und gemeinschaftliche Vorhaben des Publikums zu erraten, seinen kühnsten Versteckspielen und verschwiegenen Absprachen auf die Spur zu kommen, durch "Vorwärtstasten, Fehltappen" und hündischen Spürsinn den "in der Luft liegenden Gemeinschaftswillen" zu vollziehen (S. 527) – ein ins Groteske spielender Vorgang, der nicht so recht zu der "Würde" passen will, auf die Cipolla so angelegentlich pocht. Mit dem Pathos eines patriotischen Ästheten setzt der Zauberkünstler sein Verhalten zum Publikum in *Analogie zu dem politischen Verhältnis zwischen Führer und Volk*, das er als ein dialektisches zu inszenieren versucht. Nur weil er zunächst seinen Individualwillen autoritär durchgesetzt habe, wobei eine Reitpeitsche mit klauenartiger Krücke den sadistischen Einschlag seiner autoritären Absichten unterstrich, könne er sich nunmehr dem Gemeinschaftswillen so vollkommen dienstbar machen: "Die Fähigkeit, sagte er, sich seiner selbst zu entäußern, zum Werkzeug zu werden, im unbedingtesten und vollkommensten Sinne zu gehorchen, sei nur die Kehrseite jener anderen, zu wollen und zu befehlen; es sei ein und dieselbe Fähigkeit; Befehlen und Gehorchen, sie bildeten zusammen nur ein Prinzip, eine unauflösliche Einheit; wer zu gehorchen wisse, der wisse auch zu befehlen, und ebenso umgekehrt; der eine Gedanke sei in dem anderen einbegriffen, wie Volk und Führer ineinander einbegriffen seien, aber die Leistung, die äußerst strenge und aufreibende Leistung, sei jedenfalls seine, des Führers und Veranstalters, in welchem der Wille Gehorsam, der Gehorsam Wille werde, dessen Person die Geburtsstätte beider sei (. . .)." (S. 527) Die feine heuchlerische Pointe, die sich in Cipollas belehrender Rede verbirgt, liegt darin, daß der "Gemeinschaftswille" kalkulierbar für ihn ist, daß für ihn auch die geheimsten Schlupfwinkel des Gedankens ausforschbar sind. Dem "frei" sich betätigenden Gemeinschaftswillen ist die Kette der absoluten Berechenbarkeit geschmiedet: die selbstlose Einfühlung des Führers enthüllt sich als narzißtischer Triumph unfehlbaren Bescheidwissens. Sollte im übrigen der "Gemeinschaftswille" einmal wider den Führer löcken, so kann er ihn ja hypnotisch brechen. Die Reglementierung des Volks durch den Führer scheint total – der Applaus, den Cipolla ob seiner Einfühlungsgabe in die Gemeinschaft einheimst, gleicht nach des Erzählers Worten einer "nationalen Kundgebung" (S. 529). Der Theatersaal wird in eine Analogie zu politischer Öffentlichkeit gesetzt.

Ist damit auch der Höhepunkt des Einverständnisses zwischen Publikum und Hypnotiseur erreicht, oder ist gar "eine Steigerung der Effekte" (S. 530) zu erwarten? Ist die Pause, die der unheimliche Cipolla einlegt, ein Grund, um den Saal zu verlassen, der in typisch novellistischem Verdichtungsverfahren "den Sammelpunkt aller Merkwürdigkeit, Nichtgeheuerlichkeit und Gespanntheit" bildet, womit "die Atmosphäre des Aufenthaltes geladen" scheint? (S. 530) Die Fragen, die sich der Erzähler stellt, sind abermals ein entspannender *Ausklang* zu den voraufgegangenen Höhepunkten und leiten zum *dritten Akt* über, der "ausschließlich auf den Spezialversuch, die Demonstration der Willensentziehung und -aufnötigung" (S. 531) gestellt ist. Das *Vorspiel* dazu bilden ein in Tiefschlaf gebannter, zum Brett erstarrter Jüngling, eine ältere, sich nach Indien fantasierende Dame und ein "schnurrbärtig stattlicher Colonello" (S. 533), der die Verfügungsfreiheit über seinen Arm einbüßt – allesamt nur Einübungen in die "rührende und geisterhafte Komik" (S. 533), die den Auftritt Frau Angiolieris[15] umspielt, der kultivierten und "sehr sympathischen" Besitzerin der Pension Eleonora, ehemals zwar "Gesellschafterin, Reisebegleiterin, Garderobiere, ja Freundin" der weltberühmten Duse (S. 505), jetzt aber dem "bösen Zauber" des "fingernden Buckligen" (S. 533 f.) verfallen (*erster Höhepunkt*). Frau

Angiolieris lebendig klingende "Erzählungen von der leidenden Güte, dem Herzensgenie und dem tiefen Zartsinn" (S. 506) einer unvergeßlichen Künstlerin – und im Gegensatz dazu ihre mondsüchtige Hingabe an den "Unhold im Salonrock", (S. 532) den arroganten Halbkünstler, bilden den bislang heftigsten Kontrast zwischen der Alltagserscheinung einer Person und ihrer hypnotischen Verwandlung. Ist eine in der Erinnerung gepflegte Humanität wehrlos gegenüber der inhumanen Gegenwart? Läßt sich kultivierte Innerlichkeit so bereitwillig von öffentlicher Unkultur in Beschlag nehmen, weil Cipolla den Namen der Duse mit dem Ruhm des Vaterlandes verbunden hat? Sind die Grenzen zwischen Starkult und Führerkult fließend, weil Ich-Schwäche zu beiden Kultformen gleichermaßen disponiert? Weil der Kultbeflissene im Lichte irgendeiner öffentlichen Person sein Selbstwertgefühl aufpolieren will, sei es auch im Zwielicht eines quasipolitischen Halbkünstlers? Oder bleibt der stille und kahle Signor Angiolieri seiner "zierlichen und schwarzäugigen", etwa 30jährigen Gemahlin so viel schuldig, daß diese ihrer Sehnsucht nach einem "Verführer" in der harmlosen Form eines "künstlerischen" Experiments Ausdruck verleiht?

Der Erzähler läßt Raum für solche Fragen, ohne sie selber zwingend, eindeutig und expressis verbis zu stellen, so daß sich ein ebenso breites wie unverbindliches Deutungsspektrum eröffnet. Eindeutig ist nur der erotisch durchwirkte Sieg, den die "dämonischen Mächte" (S. 534) hier über die menschliche Würde der Signora Angiolieri feiern. Der selber von Komik umwitterte Hypnotiseur macht sein gesamtes Publikum komödienreif, genauer: reif für eine auf Herrschaft gegründete Komödie, die mithin zur Tragikomödie wird. Das schlagendste Exempel hierfür ist der *zweite Höhepunkt im dritten Akt*, der "Fall" des römischen Herrn, der zusammen mit dem "Fall" der Signora Angiolieri den Triumph des Hypnotiseurs über das Publikum vollendet. Der Sieg über den Römer wiegt schwerer noch als der über die Signora, weil es ein Sieg über einen ausdrücklichen Gegenwillen, einen "entschiedenen Widerstand" (S. 535) ist. Der Kommentar des Erzählers, der oft genug paraphrasiert worden ist, scheint mir dem Vorgang gegenüber vereinfacht – er ist außerdem mißverständlich. Denn der römische Herr unterliegt nicht schlichtweg der "Negativität seiner Kampfposition" (S. 535): wenn er "die Ehre des Menschengeschlechtes heraushauen" will (S. 535), so ist das eine positive Position, deren Humanismus freilich – und dies ist wesentlich – so vage, abstrakt und defensiv ist, daß sie von der gezielten, wortgesättigten Offensive des Hypnotiseurs durchbrochen werden kann. Die diffuse Willensethik des fruchtlosen Kämpfers aus dem Volk ist nichts weiter als eine Hülse, in die der Gegenwille des Führers eindringen kann. Die "Selbstbestimmung" (S. 534) wird in Fremdbestimmung verkehrt. Diese Verkehrung hatte Cipolla in etwas harmloserer Form schon im *zweiten Akt* an demselben römischen Herrn und an dem kecken Dorfburschen praktiziert. Im Vergleich dazu ist die Szene im *dritten Akt* nicht nur eine Steigerung aufgrund des entschiedeneren Widerstands, sondern auch ihres Resultates wegen: Dem seiner Selbstbestimmung beraubten Widerstandskämpfer ist in der Fremdbestimmung als würdelos tanzender Hampelmann wohler als zuvor. Zur Vollendung autoritärer Herrschaft gehört, daß der Kerker, in den sie die Menschen sperrt, als Freiheit empfunden wird. Wird der eigene Wille total vergewaltigt und die Vergewaltigung als Leiden erfahren, so erscheint die Ergebung in den fremden Willen als wohltuende Befreiung vom Leiden, mag man auch in Wahrheit nur zum tanzenden Hampelmann befreit worden sein. Hier werden Leitmotive der Novelle in extremer Perversion ineinandergeschlungen: das seines Willens beraubte Individuum empfindet den Zustand der Würdelosigkeit als Freiheit. Aus der spiegelbildlichen Verkehrung in der Novelle wird das wahre Verhältnis von Wille, Freiheit und Würde ablesbar: die Würde des Individuums ist davon abhängig, daß es seinen Willen in Freiheit gebrauchen, ihn mittels der Freiheit zur Tat werden lassen kann. Drohte die hartnäckige "Willensfeste" des Römers ein der Herrschaft Cipollas "gefährliches öffentliches Beispiel abzugeben", (S. 534) so ermöglicht seine totale, als Freiheit empfundene Ergebenheit es dem Führer jetzt, das Volk nach dem Takt seiner Peitsche tanzen zu lassen. Der halbverrückte Taumel einer ihn willenlos umkreisenden Masse, die allgemeine Ausgelassenheit und Beweglichkeit im Saale muten wie der entspannende Kehraus zu den beiden Gipfelereignissen des *dritten Aktes* an. Aber der fröhliche Reigen trügt: in Wahrheit sind Wille und Freiheit als Bedingungen individueller Würde und Selbstbehauptung ebenso wie der Gemeinschaftswille in einem Sklavenrausch untergegangen.

Warum hält Cipolla auf dem Höhepunkt seiner Machtausübung nicht inne? Der Erzähler vermerkt, daß "in sein ganzes Gehaben und auch in den Tonfall seiner Worte etwas Sattes und Paschahaftes, etwas von Räkelei und Übermut eingetreten" (S. 538) ist. Bereitet ihm der gegenwärtige Zeitpunkt deshalb besonderen Genuß, weil er endlich der permanenten Selbstdisziplin und Publikumskontrolle überhoben ist? War er bis zu diesem Zeitpunkt bei jeder Hypnose nicht nur sadistischer Täter, sondern auch leidendes Opfer, wie er einmal behauptet? ein von der Natur Benachteiligter[16], der Anspruch auf "Mitgefühl" (S. 532) erheben darf, aber gelernt hat, seine Unterlegenheit in eine Reihe mühevoller Siege zu verwandeln, bis schließlich der Gesamtsieg ihn sein Gebrechen vergessen läßt und ihm die erholsame Zurschaustellung seiner hypnotischen Ernte gestattet? Dann könnte er ja befriedigt abtreten! Läßt er sich zu einer letzten Hypnose verführen, weil der Triumph über die Masse eine eigene unstillbare Dynamik hat, die gewisse Zurückhaltung Marios ihn reizt? Oder vermutet er in der "primitiven Schwermut" (S. 537) des Kellnerburschen einen Unglücklichen, heimlich Leidenden, Wahlverwandten? Der Erzähler drängt solche Fragen dem Leser auf, versagt sich jedoch erneut eine eindeutige Erklärung. Seine Beschreibung Marios, die den *vierten Akt* eröffnet, geht in ein Frage- und Antwortspiel zwischen dem Zauberer und dem Kellnerburschen über, das, wenn nicht Wahlverwandtschaft, so doch ein verräterisches Interesse auf Seiten Cipollas dokumentiert (*Vorspiel*). Mit unfehlbarem Instinkt spürt er Marios Liebeskummer auf, scheinbar, um ihm zu helfen, in Wahrheit, um dem Minderwertigkeitsgefühl über seinen "Leibesschaden" (S. 541) Ersatz zu verschaffen und seine angeblich "umfassende und eindringliche" Vertrautheit (S. 541) mit Liebesdingen auf dem Rücken Marios auszuspielen. Die Ersatzlust, die sich der Gaukler verschafft, bildet den *ersten Höhepunkt* des Aktes: Mario, der die heimliche Geliebte vor sich zu sehen wähnt, küßt hingebungsvoll den Hypnotiseur, der unter schauderhaften Verrenkungen die kokett Schmachtende spielt. Die Verführung eines unglücklich Liebenden zur "Preisgabe des Innigsten", zur "öffentlichen Ausstellung verzagter und wahnhaft beseligter Leidenschaft" (S. 541): diese Demütigung zum Zweck der Selbstbefriedigung stellt die äußerste Kehrseite der angemaßten Würde Cipollas dar. Alle vorausgegangenen Höhepunkte werden von dieser Szene übertroffen. Ihre *neue Qualität* besteht u. a. darin, daß hier ein Zuschauer dem Hypnotiseur sein eigenes, wirkliches Leben vorspielt und vom "Führer" mißbrauchen lassen muß. Nirgends sonst wird das reale Individuum so sehr in Mitleidenschaft gezogen und in seinem wirklichen Wesen geschändet. Die Mario-Szene darf daher zu Recht als der Wendepunkt der Novelle bezeichnet werden, von dem aus sich alles umkehrt: Mario rächt sich für die Schmach, indem er den Triumphator tödlich trifft (*zweiter Höhepunkt*). Die unerhörte Begebenheit stellt seine beleidigte individuelle Würde wieder her, was allerdings nicht im Interesse der Öffentlichkeit zu sein scheint: Der Wendepunkt, dramaturgisch gesprochen: die Peripetie, erzeugt, um abermals einen dramaturgischen Begriff zu verwenden, die Katastrophe, in der Mario dem "Volk" nicht als Befreier, sondern eher als der Exekutor seines "Führers" erscheint – ein wildgewordener Störenfried. Zumindest läßt die

Reaktion des Publikums den Schluß zu, daß ihm eher der Sinn danach stand, den dämonischen Diktator vor dem uneitlen Träumer als den Träumer vor dem eitlen Diktator zu schützen.

Das Publikum

Diese Massenreaktion bedarf einer Erklärung. Geht man ihrer Entstehung nach, so schält sich jenes künstlerische Prinzip heraus, dem die Aufeinanderfolge der *vier Akte* und ihrer jeweiligen *Höhepunkte* gehorcht – das Prinzip der negativen Steigerung, Verschärfung, Zuspitzung des Geschehens. Parallel zu den sich überbietenden Hypnoseversuchen Cipollas kommt den Zuschauern Distanz, Kritik, Freiheit und Würde abhanden. Nehmen sie am Anfang des *zweiten Aktes* eine abwartende Haltung gegenüber dem Gaukler ein, zeugt ihr "zivilisiertes Feingefühl" (S. 519) gegenüber dem Verwachsenen von wahrhaft humaner Würde, so löst seine anmaßend-abstoßende Selbstsicherheit doch rasch eine "gewisse Abneigung und Aufsässigkeit" (S. 525) aus, die lediglich durch anerzogene "Höflichkeit" (S. 525) und Respekt vor seinem "Können" (S. 525) in Schach gehalten werden. Das Publikum scheint in eine unauflösliche Ambivalenz verstrickt: es muß den "Genuß einer phänomenalen Unterhaltung" (S. 526) mit der inhumanen Herrschaftsgebärde eines peitschenschwingenden Provokateurs erkaufen. Die "Revolte" gegen ihn bleibt den *zweiten Akt* hindurch im "Unterirdischen" (S. 525): die "Anerkennung einer Berufstüchtigkeit", die niemand leugnen kann, trägt zum "Sieg sachlicher Gerechtigkeit über Antipathie und stille Empörung" (S. 526) bei, ohne daß letztere verdrängt würden. Die "Gefühle" des Publikums, so das vorläufige Erzähler-Resümee, sind "gemischter Natur" (S. 530), drücken Distanz und Anerkennung zugleich aus.

Formulierungen wie "Anerkennung einer Berufstüchtigkeit" und "sachliche Gerechtigkeit" enthalten allerdings trotz ihres freundlichen Klangs eine fatale Tendenz. "Parla benissimo" (S. 518) stellt man respektvoll nach der ersten Rede Cipollas vor dem Publikum fest, und der Erzähler fügt erläuternd hinzu, unter Südländern gelte es "als Maßstab für den persönlichen Rang, wie einer spricht; Nachlässigkeit, Stümperei erregen Verachtung. Eleganz und Meisterschaft verschaffen menschliches Ansehen (. . .)." (S. 518) Bedenklich ist die Würdigung der Sprachkunst Cipollas deshalb, weil gerade seine erste Publikumsansprache eine Mischung aus "Eigenliebe" und "echter Gehässigkeit" (S. 518) darstellt. Im Verhalten der Zuhörer konkurriert die ästhetische Bewunderung für die Darstellungsweise mit der moralischen Ablehnung des Inhalts. "Lavora bene" (S. 526) – er verrichtet gute Arbeit – lautet der Publikumskommentar wenig später, als Cipolla den römischen Freiheitskämpfer jene Karte ziehen läßt, die das Nichtvorhandensein menschlicher "Willensfreiheit" beweisen soll – und in diesem Urteil wird nur noch die gelungene Demonstrationsform berücksichtigt. Diese ästhetisierende, moralisch-politisch indifferente Betrachtungsart tritt ihren Siegeszug im *dritten Akt* unaufhaltsam an. Zwar registriert der Erzähler noch ein "widerspenstiges Gefühl für das eigentümlich Entehrende", "das für den einzelnen und für alle in Cipollas Triumphen lag", (S. 531) aber die ästhetisierende Anerkennung entwickelt sich gleichzeitig zur Faszination: Man steht "im Bann einer Persönlichkeit von strenger Selbstsicherheit". (S. 531) Obgleich der Führer mehr denn je die Reitpeitsche als "beleidigendes Symbol seiner Herrschaft" (S. 532) schwingt, verwandelt sich der Rest aktiver moralisch-politischer Negation in eine passiv-duldende "verwunderte und vertrotzte Unterwerfung" (S. 532). Genauer, d. h. psychologischer formuliert: gerade weil Cipolla die Peitsche anhaltend schwingt, läßt er eine *latente* Unterwerfungslust des Publikums *manifest* werden. Das sachlich-ästhetische und moralische Urteilsvermögen der Zuschauer verengt sich zu blinder Faszination. Nach der Verzauberung Frau Angiolieris verschwinden auch die letzten Vorbehalte im staunenden Publikum: Sie bringt "eine gewisse Ausartung, ein gewisses spätnächtliches Drunter und Drüber der Gemüter, eine trunkene Auflösung der kritischen Widerstände mit sich, die so lange dem Wirken des unangenehmen Mannes entgegengestanden waren." (S. 534) Der menschlich anrüchige Cipolla ist kraft seines Ästhetentums, auf das sich das Publikum hat einschwören lassen, zum gefeierten Sieger über Moral, Kritik, Vernunft geworden – der Triumph des Ästhetizismus scheint vollkommen. In der "allgemeinen Fahrlässigkeit" (S. 536) genießen die zur chaotischen Masse verwandelten Individuen die Lust an der Selbstunterwerfung – kein Wunder, daß sie die hypnotische Vergewaltigung des Römers, der diesem Taumel zu widerstehen droht, mit einem Einschlag von "grausamer Genugtuung" (S. 535) verfolgen. Gewiß ist auch "Bedauern" (S. 535) im Spiel, aber zu hilfreicher Solidarität läßt sich dieser Rest zivilisierten Feingefühls nicht entwickeln, wenn zum masochistischen Vergnügen an der Selbstversklavung sich das sadistische Interesse an der Unterwerfung aller gesellt. Was die Exposition der Novelle als "Mißbrauch der Macht" vorführte, hat der Führer auf die Spitze getrieben, was sie als “kriecherische Korruption” schilderte, hat das gesamte “Volk” befallen – und auf beiden Seiten haben angemaßte “Würde” und “Ehrliebe” (S. 508), angeblicher “Ernst” und angebliche “Haltung” (S. 508), vorgespielte “Zucht und Sitte” (S. 509) ihr wahres Gesicht enthüllt: Unter rauschendem Beifall begleiten die zu Hampelmännern degradierten Zuschauer Marios Abgang von der Bühne, ein Beifall, der Cipollas schamloser Veröffentlichung privaten Seelenlebens und seiner widerlichen Selbstbefriedigung gilt. Abermals entschleiert sich die Szene als Wendepunkt: der Ästhetizismus schlägt auf seinem Höhepunkt in die Verachtung der Form um, der barbarische Inhalt zehrt die formale Würde auf. Auch sie gilt nicht mehr als Maßstab für die Beurteilung Cipollas: seine Herrschaft wird in barbarischer Form erst recht gutgeheißen. In Marios hypnotischer Erniedrigung feiert das “Volk” die Verachtung seiner selbst, den Urheber der Selbstverachtung und die Verachtung der Form. Daher stellen Marios tödliche Schüsse einen ästhetisch reinigenden Akt dar, wenn auch nicht aus der Sicht des Publikums. Daß es sich bei dem “Ende mit Schrecken” um ein “vorgezeichnetes und im Wesen der Dinge liegendes Ende” handle, wie der Erzähler vorausgesagt hatte, läßt sich so schlankweg nicht behaupten: mag es im Namen und im Wesen Marios[17] begründet sein, so doch nicht im Wesen und Verhalten des Publikums. Der anfangs zitierte Brief Thomas Manns über die Entstehung seiner Novelle bekräftigt das nur. Gewiß hat der Zauberer den Bogen seiner hynotischen Künste überspannt, zum Zerreißen gespannt – aber gerissen wäre er weder von allein noch durch die (absolut gelähmte) Tatkraft des Publikums. Er riß nur durch die Konfrontation Marios mit dem Zauberer. Die vom Erzähler fingierte, befreiend-katastrophale Notwendigkeit des Endes kann zumindest in den Augen des hochvergnügten Publikums als Willkürakt erscheinen. Die klassische Novellenkategorie der “Notwendigkeit” wird hier problematisch – welche Bedeutung aber hat diese Problematik?

Der Erzähler. Stil- und Bewußtseinsformen

Es läge nahe, das Verhältnis zwischen Publikum und Cipolla, das der Zauberer in eine Analogie zur Politik gesetzt hat, an dieser Stelle zeitgeschichtlich präzise zu bestimmen. Die “trunkene Auflösung der kritischen Widerstände”, die sich in Cipollas Theatersaal ereignet – sie mutet wie ein spielerisch-experimentelles Gleichnis für die zeitgeschichtliche Situation an, die in Thomas Manns politischen Schriften mit dem Prädikat "Irrationalismus" versehen ist. Wenn der als "Führer" gleichnishaft agierende Zauberer hypnotische Vergewaltigungen inszeniert, die das als "Volk" angeredete Publikum mit "grausamer Genugtuung" verfolgt, wenn dasselbe Volk, zur chaotischen Masse verwandelt, Moral, Kritik und Vernunft an die blinde Lust der Selbstunterwerfung verrät und der barbarischen Herrschaft des "Führers" rauschenden Beifall spendet, wenn der Erzähler derartige Vorgänge in provozierender Weise in Analogie zu einer "nationalen Kundgebung" setzt, dann scheint in der Tat ein Vergleich mit der zeitpolitischen Realität unausweichlich. Lädt der Erzähler dazu nicht geradewegs ein? Und doch kann der Vergleich nicht umstandslos, hic et nunc, erfolgen – vielmehr muß zuvor der Vergleichende selbst und die ästhetische Art seines Vergleichs erfaßt werden: Was ist das für ein Erzähler, der nicht ein Abbild der gesellschaftlichen Wirklichkeit erzeugt, sondern Gleichnisse für sie ersinnt, ästhetische Analogien schafft? Die Optik des Erzählers und seine Gleichnissprache sind ästhetische Medien, in denen sich die in die Novelle eingehende Realität bricht. Voreilig wäre es daher, den textübergreifenden Vergleich zwischen Novelle und Zeitgeschichte ohne die Bestimmung des Erzählers, seines Standorts und seiner Formensprache, zu beginnen.

Komik und Groteske

Optik und Standort des Erzählers scheinen mühelos bestimmbar, wenn wir hervorstechende Stilformen seiner Novelle ins Spiel bringen: Komik und Groteske.[18] Beide Stilformen greifen im Verlauf der Handlung nach zwei Seiten aus. Auf der einen Seite ist ein Menschentypus angesiedelt, der durch aggressive Tätigkeit auffällt: im ersten Erzählteil die Hoteldirektion und die inländische Mittelklasse, vertreten durch die patriotischen Kinder und den Herrn im Schniepel, im zweiten Erzählteil Cipolla. Auf der anderen Seite halten sich die Opfer der 'Täter' auf: die Erzählerfamilie im ersten Teil, das Publikum Cipollas im zweiten. Der Erzähler bekundet seine Fähigkeit zu kritischer Ironie darin, daß er von Anfang an die 'Täter' ins Licht der Komik und der Groteske rückt. Beide Stilformen beruhen auf dem Phänomen des Mißverhältnisses – und in einem wahrhaft komischen Mißverhältnis zwischen Ursache und Wirkung ergeht sich die Hoteldirektion, wenn sie einen harmlosen Keuchhusten zum Anlaß nehmen will, die Familie des Erzählers umzuquartieren. Die Komik spitzt sich im Umkreis des Herrn im Schniepel zu, der auf unschuldige Nacktheit mit verletztem Nationalstolz reagiert: die tönerne Redseligkeit seiner Moralpredigt und die Aufgeblasenheit seiner Würde treiben das Mißverhältnis zwischen geringfügigem Anlaß und schwergewichtiger Reaktion eklatant hervor. Die Opfer dagegen, in diesem Fall die Erzählerfamilie, bleiben im ersten Erzählteil vor jeglicher Komik bewahrt. Im gemessenen Verhalten des Erzählers offenbart sich eine Selbstbeherrschung, die hier zu den Voraussetzungen einer kritischen Darstellung der Umwelt gehört: die erzählerische Bloßstellung diverser Mißverhältnisse bezeugt ironische Urteilsfähigkeit. Diese Opposition zwischen 'Täter' und 'Opfer' ändert sich im zweiten Erzählteil: nun geraten die Opfer selbst ins Licht der Komik und der Groteske. Das Prinzip der Steigerung, das wir als novellistisches Kompositionsmittel dingfest machten, bezeugt sich damit auch im vermehrten und verschärften Einsatz kritischer Charakterisierungsmittel. Den hypnotischen Verführungen der Frau Angiolieri und des römischen Herrn ist eine Komik immanent, die das Groteske streift, ohne freilich darin aufzugehen; die Verführung Marios hingegen ist eine Groteske schlechthin, die sich dem Absurden und Ungeheuerlichen öffnet. Der Erzähler läßt an dieser Verschärfung keinen Zweifel. Im Hinblick auf die Hypnotisierung der Signora Angiolieri redet er von einer "geisterhaften Komik" (S. 533) und betont damit den gespenstischen Charakter des zutage tretenden Mißverhältnisses: der schönen, kultivierten Signora drängt sich ein fingernder Buckliger als unwiderstehlicher Verführer auf. Dieser entstellenden Inanspruchnahme einer Frau, die bis dahin allen Anspruch auf die ungeteilte Sympathie des Erzählers und des Lesers hatte, liegt jedoch eine verborgene Wahrheit zugrunde: der Zauberer hat kurze Zeit zuvor verschiedene Saiten einer weiblichen Seele zum Klingen gebracht, die Frau Angiolieris Ich-Schwäche und ihre Verführbarkeit anzeigen: Erinnerungsträchtigkeit, Vergangenheitsbeschwörung, selbstvergessene Anfälligkeit für den Starkult, Selbstbespiegelung in öffentlicher Rolle. Das komische Mißverhältnis hält sich in den Grenzen eines unbewußten Einverständnisses, das auch die Verführungsszene vor der Entgrenzung in die entstellende Groteske bewahrt. Dagegen ist die Verführung Marios ein schlechthin entstellender Betrug: nichts in dem Verführer entspricht dem Bilde Marios von der Geliebten. Cipolla fördert die Wahrheit Marios, seine unglückliche Verliebtheit, nur zutage, um dessen Würde zu verletzen. Aus dem Mißverhältnis zwischen der Einbildung Marios, der die Geliebte vor sich wähnt, und der abstoßenden Schreckgestalt Cipollas, aus der Unvereinbarkeit zwischen Vertrauen und Verrat, zwischen rückhaltloser Hingabe und schamlos-öffentlichem Mißbrauch, entspringt die Groteske. Sie entstellt und verzerrt die Realität in einem bislang ungekannten Maß. Selbst die Hypnose des römischen Herrn hielt sich, verglichen damit, in den erträglichen Grenzen eines Spiels. Sie nur als komisch zu bezeichnen, wäre freilich unpräzise. Wenn der entschlossene Römer zu zucken beginnt, wenn das lächerliche Zucken allmählich seine heroische Männlichkeit überwältigt, so kippt die Situation ins Tragi-Komische um: die Komik des Zappelns kann die entschlossene moralische Gegenwehr des Römers nicht vergessen machen – in seiner heroischen Vergeblichkeit hat er Anspruch auf jene Anteilnahme, die weder Erzähler noch Leser gegenüber rein komischen Szenen empfinden könnten. Die Tragi-Komik streift schließlich die Groteske, wenn der Römer sich in die vollständigste Fremdbestimmung fügt und der Gruppe der tanzenden Hampelmänner sich beigesellt: das Mißverhältnis zu seinem ursprünglichen Selbstbestimmungswillen springt auf entstellende Weise hervor. In der Optik des Erzählers jedoch ist die Entstellung durch den Umstand gemildert, daß der Römer sich in der Fremdbestimmtheit wohler fühlt als in seiner anfänglichen Selbstbehauptung. Von solcher Milderung weiß die Mario-Szene nichts. Der Ernst des Lebens, der in das Spiel eindringt, bezeugt sich darin, daß der Kellnerbursche sich selbst als geschändetes Opfer sieht. Allerdings macht sich der Spielcharakter in reduzierter Form noch geltend, wenn der Erzähler von der "traurigen und skurrilen Vereinigung" (S. 541) Marios mit dem Zauberer redet. Eine reine Tragödie würde nie als "skurril" empfunden werden: sie wäre nicht länger die Groteske, als welche der Erzähler die Mario-Szene dank des Rollenspiels Cipollas stets noch darstellt.

Wenn der Wechsel vom ersten zum zweiten Erzählteil auf der Seite der 'Opfer' zunehmend das Komische und Groteske zum Vorschein bringt, so macht er ihre wachsende Knechtschaft und Entwürdigung sichtbar. Die 'Täter' ihrerseits geraten mit wachsender Herrschaft zusehends vom Komischen in die Groteske, die im Rollenspiel Cipollas als Marios Geliebte ihren Höhepunkt erreicht: die männliche Schreckgestalt transvestiert sich zur weiblichen Kokette und sprengt in dieser barbarischen Abgeschmacktheit die ästhetische Form und den würdevollen Schein, worin sie bislang ihre inhumane Gewalt verkleidet hatte.

So scheint der Erzähler seine kritische Urteilskraft in ständiger Steigerung zu bewähren: als ironischer Darsteller des Figurenverhaltens in den Formen der distanzschaffenden Komik und der entlarvenden Groteske. Von der überlegenen Charakteristik der Figuren unterscheidet sich jedoch auffällig die weit weniger souveräne Darstellung des Handlungverlaufs.

Eine "gewisse Ansteckung durch die allgemeine Fahrlässigkeit" (S. 536) kann am Ende auch der Erzähler nicht abstreiten. Das ist auf den ersten Blick erstaunlich. Einer, der die Ereignisse geradezu klassisch zu gliedern vermag, soll außerstande sein, eine maßvolle Distanz zu ihnen zu wahren? Ein zweiter Blick belehrt jedoch darüber, daß sich das Dahinschwinden der Distanz in der erzählten Vergangenheit zugetragen hat – die klassisch souveräne Gliederung des Erzählten dagegen im Nachhinein, aus gehörigem Abstand, vor sich gegangen ist. Rückblickend kann das erzählende Ich ja leicht die Verwirrung des erzählten Ich in einer übersichtlichen Form darstellen, zumal dann, wenn diese vorgegeben scheint: die formbewußte Gliederung des Abends und die rhythmische Aufeinanderfolge der Ereignisse gehen angeblich auf das Konto Cipollas, zumindest stellt es der Erzähler so dar. Er betont gar einmal, daß ihm die "intimere Reihenfolge seiner Leistungen" (S. 526), Cipollas Leistungen, nicht mehr ganz gegenwärtig sei, so, als wäre Cipollas Planung noch feinmaschiger, kalkulierter gewesen. Das ist natürlich ebenso ein Zeugnis erzählerischer Koketterie wie die Behauptung, sein Kopf sei "noch heute voll von Erinnerungen an des Cavaliere Duldertaten", nur wisse er "nicht mehr Ordnung darin zu halten". (S. 532) Die Fähigkeit des Ich-Erzählers zum klassischen Ordnen ist im Gegenteil geradezu frappierend – schließlich ist er es, der Cipollas Darbietung der Akte zwei bis vier durch den ersten Akt vorbereitet, durch jene Exposition also, die mit Bedacht die Themen anklingen läßt, die sich dann leitmotivisch durch die folgenden Akte schlingen, eine Exposition überdies, die jenes Bauprinzip verrät, das auch Cipolla bevorzugt: Atmosphäre und Spannung erzeugendes Vorspiel; dramatisch sich überbietende Gipfelpunkte; leicht entspannendes Einhalten, Zögern, Nachspiel. So wäre denn der Ich-Erzähler ein Komplice Cipollas in Angelegenheiten der Form und teilte mit diesem den klassischen Konstruktivismus, das leitmotivische Verfahren, die klassisch organische Geschlossenheit? Hätte er, der humane Künstler, sich einer Ästhetik bedient, die aufgrund ihrer Indienstnahme durch einen inhumanen Halbkünstler tendenziell diskreditiert wäre? Freilich, die ästhetische Parallele stößt spätestens am Erzählende auf eine Grenze: die unerhörte Begebenheit. Der Ich-Erzähler empfindet sie als ein zwar fatales, aber befreiendes Ende – für Cipolla kann es nur ein fatales, weil tödliches sein. Die Unvorhersehbarkeit und Tödlichkeit dieses Endes dementieren Cipollas klassische Durchformung des Schauspiels. Die unerhörte Begebenheit ist hier die sarkastische Antwort auf die Indienstnahme der überlieferten Ästhetik durch den Antihumanismus: ein einziger kontroverser Impuls, die Reaktion Marios, durchschlägt die durchdachte, mit klassischer Strenge entwickelte Intention des Zauberers. Ihr war das Publikum bereits hörig – und auch das erzählte (vergangene) Ich hatte sich ihr nicht ganz zu entziehen vermocht. Indem aber das erzählende (schreibende) Ich von der verhängnisvollen Wirkung Cipollas Rechenschaft ablegt, wird auch ein fundamentaler Unterschied deutlich: für Cipolla war die klassische Form ein Instrument zur Unterwerfung des Publikums – für das erzählende Ich wird sie zum Medium einer reflektierenden Aneignung des Vergangenen, einer kritischen Aufklärung über Cipolla, das Publikum und sich selbst. Das Maß, die Tragweite und die Grenzen solcher Aufklärung sind mit Blick auf das vergangene (erzählte) und das schreibende (erzählende) Ich zu bestimmen.

Vor der Begegnung mit Cipolla ist die Differenz zwischen erzähltem und erzählendem Ich relativ gering, auch wenn ein kolloquialer Erzählstil zunächst auf überlegene Distanz zur Vergangenheit schließen lassen könnte. Plaudernd, gesprächig wendet der Erzähler sich an den Leser, wirbt um Verständnis für das Unbehagen, das ihm die Hotelszene damals verursacht hat, sinnt dem Zögern nach, von dem er nach der Strandszene befallen war, seiner unentschiedenen Haltung gegenüber dem allgegenwärtigen "Ortsdämon": "Hätten wir nicht abreisen sollen? Hätten wir es nur getan! Wir hätten dann diesen fatalen Cipolla vermieden (. . .). Nein doch, man soll bleiben, soll sich das ansehen und sich dem aussetzen, gerade dabei gibt es vielleicht etwas zu lernen." (S. 510 f.) Die Entschlossenheit, mit der er sich damals der "Merkwürdigkeit" (S. 510) des Lebens, diesem klassischen Novellenthema, ausgesetzt hat, heißt der Erzähler heute noch gut, wiewohl das, was er dabei lernte, sich einer eindeutigen Wertschätzung zu entziehen scheint: "Wir blieben also und erlebten als schrecklichen Lohn unserer Standhaftigkeit die eindrucksvoll-unselige Erscheinung Cipolla's." (S. 511)

Die vielsagend diffuse Wendung vom "schrecklichen Lohn" kann Ausdruck dafür sein, daß das erzählende Ich noch kein souveränes Fazit aus den Erlebnissen des erzählten Ich zu ziehen vermag; vielleicht soll sie auch den Leser durch bewußte Undeutlichkeit neugierig machen oder ihn die Quintessenz der Geschichte selbst finden lassen. Jedenfalls sind Anzeichen für erzählerische Souveränität in der Exposition nicht mit Sicherheit auszumachen: umgangssprachliche und emotionsgeladene Charakterisierungen der Cipolla-Gestalt ("fatal", "schrecklich", "eindrucksvoll-unselig") zeigen weniger reflektierte Distanz zu ihr als vielmehr eine betroffene Nähe an.

Eine gewisse Distanz gewinnt der Erzähler erst in den folgenden Akten, wenn er die "seelische Verwirrung" (S. 526) kritisiert, die Cipolla mit seinen Worten angerichtet hatte, wenn er den "Eindruck reklamehafter und phantastischer Narretei" (S. 514) in Erinnerung ruft, den Cipollas Erscheinung erweckte, wenn er auf dem Hüft- und Gesäßbuckel insistiert, der Cipollas Gang grotesk und sonderbar ausladend aussehen ließ und seiner Würde einen Zug ins Komische verlieh, wie ja auch jener zornige Herr am Strande in seiner aufgeblasenen Würde etwas Lächerliches hatte. Die kritische Überlegenheit des erzählenden Ich scheint sich in der Erinnerung daran zu entfalten, daß die vorgespielte individuell-künstlerische und nationale Würde mit einem Leibes- oder Seelenschaden einherging. Aber diese Überlegenheit schwindet wieder, wenn das erzählende Ich zum Ausklang des zweiten Akts begründen soll, warum es damals, in der ersten Pause, nicht die Veranstaltung verlassen habe: "Ich verstehe es nicht und weiß mich tatsächlich nicht zu verantworten." (S. 529) Die Kinder waren ein Argument sowohl für das Bleiben wie für das Weggehen; die "Gefühle für Cavaliere Cipolla waren höchst gemischter Natur", wurden aber möglicherweise durch eine undefinierbare "Faszination" oder "bloße Neugier" (S. 530) oder die Verheißung noch größerer Demonstrationseffekte neutralisiert. Wahrscheinlicher noch dünkt dem schreibenden Erzähler die Erklärung, er sei gerade durch jene "Merkwürdigkeit, Nichtgeheuerlichkeit und Gespanntheit" (S. 530) zum Bleiben genötigt worden, die ihn schon einmal an der Abreise gehindert hätten und die hier im Saale und in der Person Cipollas gesteigerten Ausdruck fänden. Offenbar waren es also die um Cipollas Tun und Lassen spielenden Rätsel, die das erzählte Ich zum Sitzenbleiben verführten. Im selben Maße, wie Cipolla ins Licht der Beschreibung tritt und immer unheimlichere Schatten wirft, wächst auch das Rätsel um seine Gestalt, ein Rätsel, das der rückblickende Erzähler vergebens aufzulösen versucht. Vielmehr bleibt er sich vielerorts selbst ein Rätsel. Und diese doppelte Rätselhaftigkeit bleibt bis zum Schluß bestehen. Wie distanziert auch Cipollas Reitpeitsche, "dies beleidigende Symbol seiner Herrschaft" (S. 532), erneut heraufbeschworen, wie ironisch die "rührende und geisterhafte Komik" der hypnotisierten Signora Angiolieri auch reproduziert wird: Cipollas Peitschenhiebe, Befehle und sonstige "Einwirkungen" bleiben "sein Geheimnis" (S. 536). Und mag der Erzähler noch so ernüchtert die "trunkene Auflösung der kritischen Widerstände" und die "Hörigkeit" (S. 534) der Zuschauer in Erinnerung rufen: ungeklärt bleibt, warum er selbst davon in Mitleidenschaft gezogen wurde. "Die Kinder waren wach um diese Zeit. Ich erwähne sie mit Beschämung. Hier war nicht gut sein, für sie am wenigsten, und daß wir sie immer noch nicht fortgeschafft hatten, kann ich mir nur mit einer gewissen Ansteckung durch die allgemeine Fahrlässigkeit erklären, von der zu dieser Nachtstunde auch wir ergriffen waren. Es war nun schon alles einerlei." (S. 536) Die Selbstkritik des Erzählers in Ehren – aber seine sogenannte Erklärung verleiht ihr weder Tiefe noch Gründlichkeit: zu erklären wäre gerade, warum er sich trotz aller heftigen Vorbehalte und spöttischen Zweifel von der "allgemeinen Fahrlässigkeit" habe anstekken lassen. Sowohl hinsichtlich der Gestalt Cipollas wie der des erzählten Ich bleibt die kritische Aufklärung unvollendet, ist dem Erzähler der Gestus kritisch durchschauender Souveränität verwehrt.

Folgerungen. Zwiespältigkeit und Rätselhaftigkeit der Formgebung

Die unauflösliche Ambivalenz der klassischen Form, wie Thomas Manns Novelle sie verwendet, dürfte evident geworden sein. Einerseits steht sie im Dienste Cipollas und ist das planvoll gehandhabte Medium zur Erzeugung von Herrschaft und Irrationalismus: die klassisch-humanistische Ästhetik wird zum Umschlagsplatz für den inhumanen Ästhetizismus. Andererseits ist sie der Ort einer vom Erzähler intendierten Aufklärung über die rätselhafte Dämonie Cipollas und über sich selbst – einer unvollendeten Aufklärung; die Strenge und die wohlgegliederte Architektur der klassischen Form sollen wenigstens ästhetisch die ungreifbare Magie und den explosiven Irrationalismus bannen. Im einen wie im anderen Fall wäre die herkömmliche Rede über die Entsprechung oder gar die Kongruenz von Form und Inhalt verfehlt. Denn das klassisch-humanistische Formvermächtnis steht in hochgradiger, widersprüchlicher Spannung zum ästhetischen Antihumanismus. Dieser wird zwar am Ende von Mario und dem Erzähler beseitigt – aber aufgeklärt, entmystifiziert ist er damit nicht.

Nicht nur unter diesem Gesichtspunkt enthüllt die Novelle das zwiespältige Verhältnis ihrer traditionsreichen Form zu ihrem modernen, zeitgeschichtlichen Gehalt. Sie enthüllt es auch unter dem Aspekt ihrer Stilformen. Das grelle Licht, in das Komik und Groteske den "Führer" und sein "Volk" zunehmend rücken, zeugt nicht nur von der kritischen Beleuchtungskunst des Erzählers, es blendet ihn auch. Der als groteske Gestalt immer schärfer kritisierte Cipolla verrätselt sich ihm immer mehr zum ungreifbaren

Dämon.[19] Und dies leitet zu einer weiteren ästhetischen Inkongruenz über. Das zeitgeschichtlich gemeinte und dämonisch wirkende Gleichnis für die Führer-Volk-Beziehung bedrängt und provoziert den Leser – andererseits bereitet ihm die erzählerische Darbietungsart auch Genuß. Schon des Erzählers Spiel mit traditionsreichen Novellenelementen trägt dazu bei, nicht weniger sein kunstvoll gegliederter Handlungsgang: die Erzählung appelliert an das ästhetische Bewußtsein des Lesers, dem es Vergnügen bereitet, sich als (Wieder-) Entdecker von Formkräften zu bewähren. Diesem Leservergnügen dient ebenso der aus novellistischer Tradition bekannte Gesprächston des "Mario". Wenn der Erzähler es auch an einer souveränen Durchdringung des Geschehens fehlen läßt und Betroffenheit, ja Ratlosigkeit bekundet, so leistet er sich dennoch überlegene Sprachgebärden, die kultivierte Geselligkeit mit selbstbewußter Ironie paaren. Unverkennbar, wie diese Gebärde sich immer wieder durchsetzt und die stilistische Atmosphäre der Novelle mitbestimmt. Anreden an den Leser fingieren eine Erzählsituation der Gesprächigkeit, sorgfältig ausladende Satzgliederungen in gehobener Sprache ordnen das Geschehen aus formbewußter Perspektive, ironische Kommentare signalisieren Distanz. Die Betroffenheit und Ratlosigkeit des Erzählers wirken gleichsam gefiltert, stehen zu seinen überlegenen und überlegten Sprachgebärden in einer rätselhaft-widersprüchlichen Beziehung.

Die Ambivalenzen, Rätsel und Widersprüchlichkeiten der Erzähleroptik und des Erzählerstandorts – sie bleiben im Rahmen des Textes unerklärt, nötigen den Leser, zu ihrer Erklärung die Textgrenzen zu überschreiten. Sie verleihen daher dem Werk bei all seiner durchgebildeten Architektur und wohlkalkulierten Geschlossenheit eine herausfordernde Offenheit. Dem Leser ist anheimgestellt, die vielerorts unvollendete Aufklärung des Erzählers zu vollenden. Einen Weg dazu weist ihm die Novelle selber: das zeitgeschichtliche Umfeld, auf das sie ständig durch ihre Gleichnisse und Analogien verweist. Die Rätsel um Cipollas Gestalt, die der Erzähler nicht aufzulösen vermag: sollten sie etwas zu tun haben mit dem Typus des politischen "Führers", zu dem der Zauberer in Beziehung gesetzt wird? Welcher Art ist diese Analogie? Kann ihre Erhellung zugleich mehr Licht auf Cipolla werfen? Solchen über die Textgrenzen hinausgehenden Fragen widersetzt sich auch der Erzählschluß nicht unbedingt. Die "unerhörte Begebenheit" setzt zwar dem Schauspiel Cipollas ein unwiderrufliches Ende und macht es zu einem einmaligen Ereignis, wie sich das für eine klassische Novelle gehört. Aber die formale Geschlossenheit kann über die innere

Unruhe des Novellenendes nicht hinwegtäuschen. Der Tumult und die aufmarschierende Polizei sind die vordergründigen Manifestationen dieser Unruhe: ein Unterhaltungskünstler, der durch zwei Schüsse aus der Welt geschafft wird, ist des Nachdenkens wert – und der Bericht über ihn kann nicht einfach ad acta gelegt werden. Die tödlichen Schüsse, die das Ereignis so zwingend beschließen, eröffnen ebenso zwingend die Reflexion über es. Sie signalisieren ein Ende, das aufhorchen läßt. Die so klassische "unerhörte Begebenheit" ist eine ironische Pointe zur hergebrachten Novelle. Sie durchbricht knatternd deren Geschlossenheit: "(. . .) und zwei flach schmetternde Detonationen durchschlugen Beifall und Gelächter." (S. 542) So liest sich das Ende einerseits als der drastische Schlußpunkt eines Schauspiels, das nicht mehr ins Leben hineinwirken und daher für den Leser, der in sein eigenes Leben zurückgeht, als abgeschlossen gelten kann. Andererseits liest sich die tödliche Pointe des Endes als provozierender Appell zur erneuten Versenkung in das Erzählte. In diese Ambivalenz ist auch der Erzählstil verstrickt. Fahren Marios Schüsse wie ein Blitz in die gesellig erzählte, aus ironischer Distanz kunstvoll aufgebaute Abendveranstaltungen, eignen sie sich dazu, den in die Novelle gesprächig einbezogenen Leser zu schockieren, so sind sie doch auch von vornherein entschärft durch den Kunstgenuß, der dem Leser bis dahin bereitet ist. Und schließlich kann – eine weitere Ambivalenz – die "befreiende Katastrophe" des Endes auch als Befreiung von der Betroffenheit und den Rätseln empfunden werden, die den Erzähler selbst bis dahin heimgesucht haben. Der kritische Leser sollte sich freilich der Provokation des Erzählendes stellen und den ungelösten Rätseln auf den Grund gehen.

2. *Poetischer Entwurf und gesellschaftliche Wirklichkeit*

Angesichts der unverblümten Anspielungen der Novelle auf den Nationalismus der inländischen Mittelklasse und des Zauberers Cipolla, angesichts der gewalttätigen Hypnoseakte und der Ohnmacht der Hypnotisierten lag es nahe, den Text für die bare Münze der Realität zu halten und ihm eine ungeschminkte Widerspiegelung des Faschismus zu unterstellen. Mit bedenklichem, häufig nachgeahmtem Beispiel ging hier Georg Lukács voran: In der Novelle "haben wir es bereits mit der entfalteten Massenkampfweise des Faschismus, mit Suggestion und Hypnose zu tun. Verdunkelung des Intellekts, Brechen des Willens: das ist die Philosophie der militanten Reaktion, wenn sie aus den Studierstuben und Literatencafés auf die Straße dringt, wenn die Schopenhauer und Nietzsche von den Hitler und Rosenberg abgelöst werden. Wiederum gestaltet Thomas Mann mit genialer Sinnfälligkeit diesen Schritt: wieder zeigt er in fein abgetönter Vielfarbigkeit die verschiedensten Formen der Hilflosigkeit des deutschen Bürgers der Hypnose der faschistischen Macht gegenüber."[20] Vergessen wird hier, daß der Text die Wirklichkeit ja nicht bloß reproduziert, sondern sie deutet – sei es in verzerrender, protestierender, sinnstiftender oder welcher Form auch immer, wobei er immer Stilisierungen vornimmt, also vorfindliche Tendenzen der Realität pointiert hervorkehrt, abschwächt oder ausblendet. Es wäre nicht geboten, diese schlichte Wahrheit in Erinnerung zu bringen, wäre ihre Verdrängung für Thomas Manns Novelle nicht von doppelter Folgenschwere. Denn dieser Text transponiert nicht nur das Italien der 20er Jahre in das alltagsferne Bild eines Ferienstrands, sondern er übersetzt dieses Bild in ein zweites: in das Schauspiel Cipollas. Eine historisch-gesellschaftliche Situation wird in doppelter poetischer Brechung zurückgespiegelt – und die zweite Brechung erhebt den Anspruch, die erste gedrängter und reicher vor Augen zu führen. Dieses ästhetische Verfahren, Gesellschaftliches in doppelter Brechung gleichnishaft zu deuten, sollte den Interpreten gegen die ungebrochene Identifizierung von Kunst und Realität doppelt empfindlich machen.

Was leistet nun die novellistische Ästhetik hinsichtlich der politischen Realität? In welches Verhältnis treten Faschismus und künstlerische Gleichnisse zueinander? Denn der Faschismus namentlich gilt einer gesellschaftsbewußten Forschung als die politische Realität der Novelle. Die Interpreten scheinen damit dem Anspruch des Autors gerecht zu werden, der nach dem Krieg von seiner "stark ins Politische hinüberspielenden Geschichte" sprach, die "innerlich mit der Psychologie des Faschismus beschäftigt" sei[21]. Wir meinen allerdings, daß man dieses Diktum im Sinne eines trivialen Widerspiegelungsverständnisses mißverstanden hat. Unsere Analyse der künstlerischen Realitätsgleichnisse, des Strandbilds und der Abendveranstaltung Cipollas, soll diese Kritik evident machen. Sie wird zeigen, daß nicht der Faschismus in die novellistische Strand-Szene eingezeichnet ist, sondern ein ihm vorhergehender und ihn vorbereitender Nationalismus. Auf den Faschismus selbst verweist erst Cipollas Soirée, womit der Erzähler seinen novellistischen Anspruch einlöst, im zweiten Erzählteil den ersten zu verdichten und zu steigern.[22] *Wie* aber Cipollas Veranstaltung auf den Faschismus verweist, in welchen ästhetischen Brechungen und Vermittlungen, ist eines der zentralen Probleme, das wir anders als bisher üblich lösen wollen.

Das Strandbild

Aus Textangaben wie "Krieg für die Größe des Vaterlandes", "Bruder des Duce" (S. 517), "römischer Gruß" (S. 538) erschließt sich der historische Ort der Erzählung unzweideutig: das vom Faschismus betroffene Italien. Diesen Ort hat der Erzähler durch die Wahl seines Schauplatzes scheinbar idyllisiert: es handelt sich um einen von der großen Politik entfernten Bade- und Ferienort. Wenn der Erzähler hier aber "Politisches" umgehen läßt, so straft er jegliche Ferien-Idylle Lügen, läßt er die populäre Trennung zwischen Alltag und Freizeit, Öffentlichkeit und Privatleben, Staatsbürgerlichkeit und Individualität dahinschwinden. Nirgendwo wird bekanntlich die Differenz zwischen den beiden Polen so weitgehend aufgehoben wie im Faschismus, der die Gesamtheit der menschlichen Existenz erfassen will. Aus den Schatten, die von der Politik auf das Ferienleben fallen, einen Schattenriß des faschistischen Italiens anzufertigen, erscheint als eine erzählerische Chance. Nutzt der Erzähler sie, will er sie überhaupt nutzen?

Das Politische, das der Ferien-Atmosphäre Zwanglosigkeit und Unschuld raubt, scheint einem Gespenst vergleichbar, das in den Hauptschriften der Faschisten umgeht, etwa in Hitlers "Mein Kampf", wo von der "Nationalisierung der Massen" die Rede ist.[23] Ein Brückenschlag zur Novelle bietet sich an, wo die "Idee der Nation" sich in "unheiter-spielverderberischen Redensarten" "von der Größe und Würde Italiens" niederschlägt (S. 508). Man vergleiche damit die Redensarten Mussolinis, Hitlers Bruder im Geiste: "Angelpunkt der faschistischen Doktrin ist die Idee des Staates, sein Wesen, seine Aufgaben und seine Zwecke. Für den Faschismus ist der Staat ein Absolutum, demgegenüber die Individuen und Gruppen das Relative sind." – "Der faschistische Staat ist Wille zur Macht und zur Herrschaft. (. . .) Für den Faschismus ist das Streben zum *Impero*, das heißt zur Expansion der Nation, ein Ausdruck der Vitalität."[24]

Zurücksetzung des Individuums und Verabsolutierung des Staats, Bereitschaft zum Krieg und Terror gegen andere Staaten gehören demnach zur Doktrin des Faschismus.[25] Spiegelt die Novelle etwas von dieser Doktrin wider? Die "Idee der Nation" erhält ihren wohl eindringlichsten Ausdruck durch die "rätselhaften Enttäuschungen" (S. 508), die italienische Kinder ihren deutschen Spielkameraden am Strand bereiten. Einheimische "patriotische Kinder", "eine unnatürliche und niederschlagende Erscheinung" (S. 508), wie der Erzähler kommentiert, provozieren, angeleitet von Erwachsenen, seine eigenen Kinder zum betroffenen Rückzug von gemeinschaftlichen Spielen. Statt möglicher kindlicher Weltoffenheit stellen sich Betroffenheit, Ratlosigkeit, Isolation ein. Ob solche schmerzlichen Erfahrungen durch ein nationalfaschistisches Verhalten verursacht sind, läßt sich nicht entscheiden, weil terroristische bzw. kriegerisch-destruktive Züge, die für dieses Verhalten charakteristisch sind, nicht zur Darstellung gelangen: Kinder-Probleme wie ein "Flaggenzwist", "Streitfragen des Ansehens und Vorranges" (S. 508) sind so allgemeiner Art, daß sie die Besonderheit einer faschistischen Gesellschaft verschwimmen lassen. Die künstlerische Wahl des Schauplatzes und der Figuren, ein Badestrand mit spielenden Kindern, stellt ein Medium bereit, das den Faschismus in äußerst abgemilderter und dadurch unspezifischer Form zurückspiegelt. Die Absicht des Textes zielt hier nicht auf den Faschismus an sich, sondern auf seine Voraussetzungen, zu denen wesentlich ein ins Chauvinistische hinüberspielender Nationalismus gehört.

Diese einschränkende Feststellung läßt sich auch dort treffen, wo die Demütigung der ausländischen Kinder ihren Höhepunkt erreicht. Das nur wenige Meter nackt zum Meer laufende Töchterchen des Erzählers erregt das Gejohle der patriotischen Kinder Italiens, der Erzähler selbst wird im Namen "spröder Zucht und Sitte" und der "Ehre" (S. 509) des Landes zur Rede gestellt und mit einer Geldstrafe belegt. Wenn er bisher der Meinung war, daß "das Verhalten zum Körper und seiner Nacktheit sich während der letzten Jahrzehnte grundsätzlich und das Gefühl bestimmend gewandelt" habe, und zwar "in der ganzen Welt" (S. 509), so belehrt ihn das moderne Italien eines Schlimmeren. Und hier waltet kein Zufall. So lächerlich, ja unglaubwürdig die Reaktion der italienischen Badegäste wirken mag, so gut steht sie der zeitgenössischen Moral des Landes zu Gesicht. Die italienische Kommunistin Maria-Antonietta Macciocchi, um die Mitte der 20er Jahre geboren, erinnert daran, daß "die gesamte italienische weibliche Ikonographie, von der Malerei bis zu den gymnischen Feiern, Frauen in Nonnengewändern" gezeigt hat, "von Kopf bis Fuß vermummt, um jede sexuelle Erregung zu vermeiden."[26] Einer der Cheftheoretiker faschistischer Erziehungsmoral verbindet seine Polemik gegen das "Nacktheitsideal" mit der Forderung nach "strengen Strafen bei Erregung öffentlichen Ärgernisses und Unbescheidenheit"[27], und dem Erzähler des "Mario", der von dem "so gar nicht herausfordernden Kinderleibe" (S. 509) seiner achtjährigen Tochter redet, hätte gewiß der faschistische Generalideologe, Julius Evola, das Fürchten gelehrt, der da schreibt: "Während die Sexualorgane des Mannes als etwas wohl Abgegrenztes, Abgelöstes, dem übrigen Körper gleichsam von außen Hinzugefügtes erscheinen, gehen sie bei der Frau ins tiefste Innere ihres Fleisches: *tota mulier sexus.* Daher der provozierende Charakter, den sehr häufig sehr junge und 'unschuldige' Frauentypen, sogar kleine Mädchen zur Schau stellen."[28]

Wozu die absolute Verpönung der Sexualität im Faschismus? Sie dient der Aufopferung des Individuums für den Staat, wie Mussolini sie proklamiert, und zielt unter anderem auf die Umfunktionierung der Frau: aus einem Wesen mit eigenen sinnlichen Bedürfnissen soll eine Gebärerin und Nachschublieferantin von Menschenmaterial für die imperialistische Expansion des Vaterlandes werden. Faschistische Politik setzt die sinnliche und psychische Unterdrückung der Individuen nicht nur voraus, sondern lebt aus ihr, macht aus ihr einen fruchtbaren Nährboden. Und die keusche Geburtsmaschine, die "dem Verfall der Rasse durch Stärkung ihrer Wurzeln vorzubeugen hat", wie es in den Statuten der weiblichen Fasci der 20er Jahre heißt[29], ist im Verein mit den sexuell reglementierten Herren der Schöpfung noch zu ganz anderen Dingen fähig. Darauf hat Wilhelm Reich noch in der Weimarer Republik aufmerksam gemacht: "Ist nämlich die Sexualität durch den Prozeß der Sexualverdrängung aus dem naturgemäß gegebenen Rahmen der Befriedigung ausgeschlossen, so beschreitet sie Wege der Ersatzbefriedigung verschiedener Art. So zum Beispiel steigert sich die natürliche Aggression zum brutalen Sadismus, der ein wesentliches Stück der massenpsychologischen Grundlage desjenigen Krieges bildet, der von einigen wenigen aus imperialistischen Interessen inszeniert wird."[30]

Auf derartige politische und sozialpsychische Implikationen kann man freilich von der "provozierenden" Strandszene aus nicht schließen. Dafür ist sie nicht gewichtig genug – die ihr anhaftende Komik, erzeugt durch das absurde Mißverhältnis zwischen dem unschuldigen Tun des Kindes, der Entrüstung der Erwachsenen und der lächerlichen Geringfügigkeit der Geldstrafe, ist ein Beweis dafür, daß sie von den Betroffenen als eine zwar höchst unerfreuliche, aber durch Ironie erträgliche Bürde in Kauf genommen wird. Die ästhetische Beschränkung gesellschaftlicher Öffentlichkeit auf Lokales, auf Urlaubsbetrieb und Spiel bietet zwar Raum genug für die Darstellung einer repressiven Moral zu "Ehren des Vaterlandes". Aber diese Moral – die gewalttätige Verdrängung "unschuldiger" Körperlichkeit – ist auch bestimmten Epochen der bürgerlichen Geschichte eigentümlich, z. B.

der kurz vorher zu Ende gegangenen Wilhelminischen Epoche. Zum unverwechselbaren Charakteristikum des Faschismus wird sie erst im politisch-sozialen Kontext – in der allgemeinen Unterdrückung und Indienstnahme der Sexualität für Staat, Führer, wirtschaftliche Zwecke. Diesen Kontext will der Text mit der kleinen Welt eines Ferienortes offenbar nicht herstellen. Die Ferne des Schauplatzes zum gesellschaftlichen Geschehen läßt die faschistische Physiognomie der Sexualmoral undeutlich werden; der in dieser Moral manifeste psychische Terror wird im Medium einer Kinderszene zu komischer Sittenstrenge, zu vaterländisch-grotesker, behördlich sanktionierter Prüderie gebrochen. Sie weist eher auf die Vorgeschichte des Faschismus zurück als auf dessen Geschichte hin. Auch wenn man die zum Ausdruck gelangende repressive Moral als Begleiterscheinung faschistischer Bewegungen versteht, so stößt man damit noch keineswegs auf deren politischen, sozialen oder ideologischen Grund. Abermals enthüllt sich eine der zentralen Absichten des Werks: es will Voraussetzungen bzw. Nebenwirkungen des Faschismus, nicht jedoch dessen wesentlichen Charakter darstellen.

Zur Eigentümlichkeit des Ferienortes gehört auch die unverbindlich befristete Zeit, die ihm seine Besucher widmen. Ihr vorübergehender Aufenthalt kann jederzeit abgekürzt werden – eine Möglichkeit, die der Erzähler durchaus in Betracht zieht (S. 510 f). Die räumliche Distanz des Ortes zur großen Welt wird gleichsam verlängert durch die Freiheit, dem Ort selber jederzeit den Rücken zukehren zu können. Beides macht den distanzierten Erzählgestus erklärlich, den wir als ein zunächst rätselhaftes Charakteristikum der Novelle festgehalten haben: Wie kann ein Erzähler, dem es an Souveränität gegenüber dem Geschehen gebricht, dieses durch Ton und Stil in gehöriger Distanz halten? Er kann es, weil er an den "Ortsdämon" nicht unausweichlich gefesselt und weil dieser nicht unmittelbar mit dem politischen und psychischen Terror des 'Staatsdämons' verknüpft ist. Letzterer suchte das Land besonders seit jenem Jahr heim, da der Autor der Novelle dort Ferien machte: "Seit Beginn des Jahres 1926 nahm die immer weitere Verschärfung der Situation in Italien schließlich ein stürmisches Tempo an. Die Grenzen der demokratischen Freiheit wurden in erschreckender Weise immer enger. Die Polizei machte ununterbrochen Jagd auf 'umstürzlerische' und 'antinationale' Elemente, das heißt Gegner des Faschismus. (. . .) Vom 1. bis zum 10. November wurden alle Parteien aufgelöst, alle nichtfaschistischen Zeitungen unterdrückt und alle Abgeordneten der Oppostion ihrer Mandate für verlustig erklärt. Es wurde das Sondergericht 'zur Verteidigung des Staates' gebildet. Für politische Verbrechen wurde die Todesstrafe und die Verbannung eingeführt. So begann das Regime der Ausnahmegesetze."[31]

Der Faschismus, der sich derart unmaskiert, Furcht und Schrecken auslösend, dem normalen nichtfaschistischen Italiener präsentierte, geht zur selben Zeit gleichsam verhüllt, lediglich Ironie provozierend, in die Novelle Thomas Manns ein. Nur in der politischen Durchdringung alltagsfernen Privatlebens scheint er präsent. Doch geht es dem Text weniger darum, dieser Präsenz in der novellistischen Exposition des Strandlebens Gewicht zu verleihen, als vielmehr darum, Signale, die den Faschismus ankündigen bzw. seine Heraufkunft begleiten können, auszusenden. Solche Signalwirkung mag von chauvinistischen und moralischen Repressionen ausgehen. Der Leser in der Weimarer Republik kann diese Repressionen mit ihrem politischen Kontext, dem faschistischen Italien Mussolinis, assoziieren, hat sie in der Tat damit assoziiert,[32] er kann sie aber auch, aufmerksam geworden durch die Lektüre der italienischen Novelle, in seiner eigenen Demokratie ausfindig machen und deren Gefährdung durch die faschistische Zeitströmung bedenken. Für eine Lektüre dieser Art wirbt Thomas Mann, wie wir gesehen haben, in seiner "Rede für Pan-Europa". Er wirbt dafür auch, wenige Monate nach dem Erscheinen seiner Novelle, in der "Deutschen Ansprache", wenn er angesichts der nationalsozialistischen Wahlerfolge vor den Gewaltmitteln warnt, "mit denen heute München und morgen Berlin italienisch gemacht werden könnte" (S. 116). Der Präfaschismus als eine maßgebliche Zeitströmung könnte ins "Italienische", d. h. in den Faschismus als die herrschende Gewalt umschlagen. Daß der Leser der Novelle sich die Gefahr solchen Umschlags vergegenwärtige, scheint die Gliederung der Handlung selbst nahezulegen: vom Strandleben, das nicht den Faschismus selbst, sondern eine ihm förderliche Geistesart präsentiert, wechselt die Novelle im Sinne der dramatischen Verdichtung und Steigerung zu Cipollas Soirée, welche auf den Faschismus zeichenhaft, in ästhetischen Gleichnissen und Brechungen verweist.

Parva Sociologica

Bisher wurden Handlungen und Verhaltensweisen charakterisiert, die auf dem ersten Schauplatz der Novelle sichtbar werden, nicht jedoch ihre Träger. Ihnen hat der Erzähler soziologische Kennzeichen verliehen. Wie bedeutungsvoll sind sie? Ist die These haltbar, die sich in der literaturwissenschaftlichen Forschung allem Anschein nach durchgesetzt hat: daß in die Novelle verschiedene Klassen und Schichten Einzug halten, die sich durch ihre profilierte Stellung zum Faschismus bedeutsam voneinander abheben?[33]

Eine fatale Rolle in der Erzählung spielt die "inländische Mittelklasse". Spielt sie diese Rolle nur zufällig oder aus politisch relevanten Gründen? Die ersten scharfsinnigen Kritiker des italienischen Faschismus, z. B. Luigi Salvatorelli oder Giovanni Zibordi, haben von Anfang an im Mittel- und Kleinbürgertum den Nährboden der faschistischen Konterrevolution erblickt, die Massenbasis, mit deren Hilfe Aristokratie, Agrarier, Großkapital und Mussolinis Partei die rücksichtslose Durchsetzung ihrer je eigenen Interessen betrieben haben. Weil die frühen Faschismuskritiker mit plastischer Kraft diese Massenbasis erfaßt haben, das "heterogene Konglomerat" von Ackerbürgern und Krämern, von Kriegsgewinnlern und proletaroiden unzufriedenen Intellektuellen, von Gewerbetreibenden und Kleineigentümern, ehemaligen Unteroffizieren und Offizieren und ihrem halbmilitärischen Anhang,[34] bilden ihre Analysen noch immer produktive Anknüpfungspunkte für die Faschismus-Forschung.[35] – Der Erzähler der Novelle läßt es, was die Feriengäste am Strand anbetrifft, bei der schematischen Kennzeichnung "inländische Mittelklasse" bewenden; darüber hinaus lassen Cipollas großsprecherische Evokationen vaterländischer Geschichtsdaten einige Rückschlüsse auf gewisse Publikumsschichten in seiner Soirée zu. Offenbar handelt es sich, um mit Salvatorelli zu sprechen, um jenes 'gebildete' Bürgertum, dem auf der höheren Schule "eine Masse von Schlachtendaten und Königsnamen in der Soße einer patriotischen Verherrlichung" vorgesetzt wurde, woraus eine "Tendenz zu dogmatischen Behauptungen, zum Glauben an das ipse dixit, zur Begeisterung für die Geste und das große Wort" erwuchs[36] – eine Tendenz, aus der Cipolla kräftig Kapital schlägt.[37] Allerdings hütet sich der Erzähler davor, die "Mittelklasse" insgesamt in ein kritisches Licht zu rücken. Immerhin ist in ihr auch ein "augenfällig erfreulicher Menschenschlag" (S. 507) vertreten, repräsentiert durch den eingangs der Novelle zweimal herbeigerufenen Arzt, durch die "sympathische Bekanntschaft" der Signora Angiolieri oder ihrer italienischen "Nach-Tisch-Bekannten", die mit Empörung auf die dogmatische Sittenstrenge ihrer Landsleute reagieren. Angesichts der verbreiteten Kennzeichnung des Mittel- und Kleinbürgertums als unbelehrbar, potentiell faschistoid, ist diese erzählerische Differenzierung nennenswert. Sie läßt Raum für elastische, der Realität angemessene Antifaschismusvorstellungen.[38] Unbestimmbar bleibt allerdings der Bewußtheitsgrad, der den Erzähler bei seiner

Darstellung der "inländischen Mittelklasse" leitet. Soweit es sich um die Feriengäste am Strand handelt, läßt der Erzähler sie kurz vor Cipollas Abendveranstaltung abreisen. Bislang die Trägerin einer politisch-fatalen öffentlichen Stimmung, verschwindet die inländische Mittelklasse von der erzählerischen Bühne just in dem Augenblick, da diese Stimmung verschärft, konzentriert, gesteigert werden soll!

Unbestimmbar bleibt auch der erzählerische Bewußtheitsgrad bei der Darstellung der "eingesessenen Volkstümlichkeit" (S. 512). Vermutlich umfaßt diese Formel die Insassen der "ärmlichen Fischerwohnungen" (S. 512), aber auch kleine Angestellte wie den Kellner Mario und das Hotelpersonal überhaupt. Aus der Perspektive des Erzählers vereint sie, kontrapunktisch zur Mittelklasse am Badestrand, ihr humanes, von spontaner Sympathie getragenes Verhältnis zu den ausländischen Kindern. Sie deshalb als symbolische Verkörperung der nicht-faschistischen Volksmasse aufzufassen, wäre schon deshalb verfehlt, weil sie ihre Kinderliebe ja nicht politisch, in Form einer Konfrontation mit dem Faschismus, bezeugen müssen. Es wäre auch deshalb verfehlt, weil als die sinnfälligste Verkörperung dieser Volksmasse die Arbeiterklasse der Industriezentren gelten darf.[39] Und verfehlt wäre es schließlich deshalb, weil die volkstümlichen Freunde der Kinder dem nationalfaschistisch inspirierten Cipolla keinen nennenswerten Widerstand leisten, von Mario einmal abgesehen. Die wissenschaftliche Literatur neigt dazu, aus Thomas Manns Rede vom 'Volkstümlichen' das ideale antifaschistische "Volk" zu erzeugen. Daß Cipolla, wie Hans Mayer behauptet, "den schwierigsten Stand (. . .) mit dem Volk, mit den Fischern, Knechten und Dienern der Badegäste"[40] habe, läßt sich am Text nicht belegen; ebensowenig sollte man Mario im Sinne Inge Diersens als Repräsentativfigur aus den Reihen derer hervorgehen lassen, "die an der faschistischen Prägung des öffentlichen Lebens keinen Anteil haben, aus den Reihen des Volkes"[41]. Gerade die Welt der kleinen Angestellten, des Haus- und Büropersonals, zumal des kleinstädtischen oder dörflichen, ist exakteren Erhebungen zufolge in der Massenbasis des Faschismus überrepräsentiert.[42] Es ist die Welt der unteren Mittelklasse, die jedem Idealbild des 'Volks' widerstreitet.[42a] Und die Fischer? Gehören sie als arme Kleineigentümer der unteren Mittelklasse an oder als Arbeiter eher dem Proletariat? Der Erzähler schweigt sich darüber ebenso aus wie über die Gründe für ihre Faszination durch Cipolla. Die erzählerische Unterscheidung zwischen bestimmten Teilen der Mittelklasse und der "eingesessenen Volkstümlichkeit" verweist weder symbolisch noch sonstwie zeichenhaft auf die Gegnerschaft zwischen bürgerlichen und proletarischen Gruppierungen im Faschismus. Die Ferne des novellistischen Schauplatzes zu den Lebensräumen des Proletariats, den Industriezentren, nötigt erst gar nicht zu einem derartigen Verweis. Was hier "volkstümlich" ist, kann wohl kaum zum politisch widerstandskräftigen Volk erhoben werden: Von der Strandszene, auf der die zahlungskräftigere Mittelklasse eine Art Ferienpolitik treibt, ist die ärmere "eingesessene Volkstümlichkeit" ausgeschlossen, kann sich dort also politisch nicht artikulieren.

So gewinnt denn das Gesellschaftsbild der Novelle durch die soziologischen Kennzeichnungen des Erzählers weder eine faschistisch bedeutsame noch schichtenspezifisch relevante Prägung, wie die Forschung zu suggerieren pflegt.[43]. Genuin faschistische Züge verleiht der Erzähler erst Cipollas Abendveranstaltung, ohne daß freilich die Bevölkerungsgruppen, die er dort auftreten läßt, eine Profilierung des Faschismus nach Klassen und Schichten zeitigen würden (vgl. dazu unsere Ausführungen S. 68 f.). Diese soziologische Unbestimmtheit dürfte mit drei Umständen zusammenhängen: mit einer entsprechenden objektiven Situation in Italien[44], mit Th. Manns historisch-politischem Standort sowie seinen ästhetischen Vorentscheidungen. Um 1930 hat sich Mann zwar, wie seine politischen Schriften bezeugen, der antifaschistischen Denkart der organisierten Arbeiterschaft vergewissert – sein Erzählmaterial jedoch umfaßt diese Klasse nicht. Sie ist weder im Fischerdorf noch in Cipollas Soirée und am Badestrand maßgeblich vertreten bzw. eindeutig identifizierbar: der Schauplatz der Novelle blendet die eigentlich antifaschistische Bevölkerungsschicht der Städte aus. Ein schärfer konturierendes Licht fällt zunächst auf kleinbürgerliche, mittlere und obere Schichten, es erlischt jedoch nicht zufällig im Verlauf der Handlung. Denn mit dem Faschismus-Verhalten dieser Schichten hatte Th. Mann Ende der zwanziger Jahre noch keine eigenen Erfahrungen gemacht – in Deutschland auch keine machen können. Der erst sich formierende Nationalsozialismus ließ seine gesellschaftlichen Träger damals allenfalls in Umrissen erkennen. Hätte Th. Mann, vom bereits formierten italienischen Faschismus her, enthüllende Schlüsse auf deutsche Klassen und Schichten ziehen können oder sollen? Dergleichen Erwartungen würden die von ihm gewählte Erzähler-Rolle geringschätzen. Th. Manns Erzähler weilt als Feriengast in Italien, nicht als Soziologe mit einschlägigen Studieninteressen. Und die lokal begrenzte Perspektive des Feriengasts läßt die schichtenspezifische Sehweise des Politikers Th. Mann eher zurück- als hervortreten. Daher auch des Erzählers widersprüchliches Schwanken – sein erst energischer Zugriff auf die Mittelklasse und seine spätere abrupte Abwendung von ihr. Aber in solch tastenden Behandlungen einer Klasse spiegelt sich das noch unklare Realitätsbewußtsein um 1930 getreuer als in der angeblich einsichtsvollen Sozioanalyse, die dem Erzähler unterstellt wurde. Gerade in ihrer soziologischen Unbestimmtheit enthält die Erzählung eine authentische Bestimmung: die faschistische Ideologie des Volks und des einheitlichen Volkswillens. Aus der Perspektive des faschistischen Führers darf das Volk nur als klassenjenseitiges erscheinen. Indem Cipolla das Publikum unterschiedslos, ohne Ansehung seiner soziologischen Verschiedenartigkeit, hypnotisiert, verrät er etwas über die faschistische Intention, die Masse als einheitlichen Volkskörper zu formieren. Das ist die historische Wahrheit, die Th. Manns Erzählung an dieser Stelle u. a. zur Geltung bringt, fern von den sogenannten klassenspezifischen Befunden.

Ästhetisierung der Politik

Das im Medium eines Ferienorts entworfene Gesellschaftsbild soll nach des Erzählers ausdrücklicher Absicht in einer Abendveranstaltung künstlerischer Art konzentriert und dramatisiert werden. Auf die Strandszene mit ihrem prä-faschistischen Nationalismus und Irrationalismus folgt Cipollas Soirée als ästhetisches Gleichnis für den Faschismus selber. Der Wechsel vom ersten zum zweiten Erzählteil verschärft also die politische Physiognomie der Novelle. Diese Verschärfung entspricht nicht nur dem novellistischen Strukturprinzip der Steigerung: sie korrespondiert auch mit der realhistorischen Entwicklung in Italien und Deutschland. Man hat das bislang übersehen. Schwerer noch wiegt die Vernachlässigung der ästhetischen Gleichnissprache, in welcher der Erzähler faschistische Verkehrsformen zitiert und verdunkelt, enthüllt und verschleiert. Eine theatralische Bühne und ihre politische Verweiskraft; die halbkünstlerische Welt eines Hypnotiseurs und die Realwelt des Faschismus – für solche und andere Spannungsverhältnisse zwischen ästhetischer Bildersprache und Sozialgeschichte haben sich die Novelleninterpreten kaum interessiert. Schon auf den *theatralischen Rahmen* von Cipollas Soirée achteten sie weniger als die Novellenfiguren selber, z. B. die Kinder des Erzählers. Ihnen wird der Ernst des Lebens, der ihr Spiel am Strand beschwert hat, durch Cipolla zum herrlichen Spektakel. In ihrer "Unschuld" fehlt ihnen der Sinn für das "Anrüchige" im *Spiel* Cipollas (S. 536); die abenteuerlichen Metamorphosen, die Cipolla an den hypnotisierten Menschen zuwege bringt, gereichen ihnen zum ungetrübten Genuß: zum moralisch-vernünftigen Urteil noch außerstande, lassen sie sich durch Cipollas Zaubereien eine unbekannte Welt bedenkenlos aufschließen.[45] Ihre ungehemmte Lust am Spiel, an der Verwandlung, am Abenteuer, an der Exotik macht teilweise verständlich, warum die Erwachsenen nach anfänglicher rational-moralischer Abwehr dem Zauberer verfallen: er ruft in ihnen ein Stück Kindheit wach – die freie Hingabe ans Spiel, die Möglichkeit der Selbstentäußerung jenseits aller Vorsicht und Vernünftigkeit, die abenteuerliche Reise ins Reich der Phantasie, die Entfaltung ungewußter Triebe und Impulse. Die Sphäre, vor welcher der Erzähler-Vater seine Kinder aus Vernunft- und Moralgründen schützen will, fängt ihn selbst und seinesgleichen allmählich ein: dergestalt wird an den Jüngsten im Saale beispielhaft die Verführbarkeit des Kinds im Erwachsenen offenkundig, verrät die ständige Sorge des Erzähler-Vaters um die Kinder unter anderem seine heimliche Angst vor der Entäußerung des eigenen verborgenen Selbst.

Auch wenn Cipollas Hypnosekunst im Angesichte Marios ihren Spielcharakter einzubüßen droht, so darf sie dennoch nicht mit dem Ernst des Lebens gleichgesetzt werden. Freud zufolge dürfte "bei der Hypnose, wie sie zumeist geübt wird, ein Wissen erhalten geblieben sein (. . .) es handle sich nur um ein Spiel, eine unwahre Reproduktion einer anderen, weit lebenswichtigeren Situation."[46] Mag Cipolla selber noch so prononciert seine Kunst mit aktuellen politischen Ideen aufladen, so ist er deshalb noch kein Politiker und seine Soirée noch keine politische Aktion. Auch der Umstand, daß die hypnotische Veranstaltung des Schauspielers Cipolla an die quasi-hypnotischen, schauspielhaften Veranstaltungen von Politikern wie Mussolini und Hitler erinnert, darf für die Differenz der Sphären nicht blind machen. Wie Lukács übersehen gerade die politisch interessierten Interpreten von Hans Mayer bis zu Inge Diersen und Helmut Spelsberg diesen *Unterschied zwischen dem politischen Charakter des Schauspiels und dem Schauspiel-Charakter des Politischen.* Die Behauptung etwa, daß der streitbare Dorfbursche "sich auf Geheiß des Theaterdirektors in Darmkoliken krümmt und damit an jene Rizinusfoltern erinnert, wie sie Mussolinis Polizei in solchen Fällen der Resistenz anzuwenden pflegte"[47], unterschlägt die Differenz zwischen der Gewalt als Theater und der Gewalt als politischer Realität. Im ersten Fall spielt das Individuum eine vom Hypnotiseur imaginierte, zeitlich befristete Rolle, die von seiner normalen Existenz abgehoben ist oder sie allenfalls für Augenblicke in Mitleidenschaft zieht (der Fall Marios); im zweiten Fall ist es elementar betroffen, wird in seine gesamte

Existenz eingegriffen – ein sehr folgenreicher Unterschied. Wird er vergessen, so ergeben sich Pauschalurteile wie: "In Cipollas Auftreten spiegeln sich Erscheinungsformen und Methoden faschistischer Herrschaftsausübung"[48], ohne daß die Spiegelungsweise selber, also das genuin ästhetische Verfahren, in Betracht gezogen würde. Die Kunst wird in Politik überführt, als wären beide identisch: "(. . .) im Verhältnis von Führer und Masse, von Hypnotiseur und Hypnotisierten, aber auch von Künstler und Publikum" sei "die physiognomische Einheit der politischen und der Kunstthematik besonders gut zu greifen": "Die Schaustellung Cipollas zeigt zugleich konkret-einmalig und modellhaft-typisch Gewinn und Verlust der autoritären Gewaltherrschaft."[49] Man vergegenwärtige sich derartige Thesen am konkreten Beispiel. Wenn wir etwa die Kette der Berechenbarkeit erwähnten, an die der Gedanken lesende und Pläne erratende Cipolla sein Publikum schmiedet, so wäre es ein Leichtes, die Methoden der totalen Kontrolle, des Aushorchens und Spionierens vergleichend ins Spiel zu bringen, die von der faschistischen Polizei praktiziert werden. Aber zwischen dem mitspielenden, abenteuerlich erregten, erstaunten und applaudierenden Publikum Cipollas und einer durch den Geheimdienst terrorisierten, in Schrecken und Todesfurcht gefangenen Öffentlichkeit walten doch unübersehbare Differenzen. Im übrigen tritt Cipolla als selbständiges Individuum auf – und individuelle Autonomie kann niemals die Abhängigkeit eines faschistischen Führers, das politisch-ideologische und politisch-ökonomische Umfeld, aus dem er lebt, widerspiegeln: den Apparat, über den er in Gestalt seiner Parteikader verfügt, die weltanschaulichen Lakaiendienste, die ihm das Bildungsbürgertum leistet, das Groß-Kapital, auf das er sich stützt, die Komplizenschaft der Aristokratie und des Klerus etc. Sähe man in Cipolla schlichtweg das Sinnbild eines Politikers, so würde man die Politik unzulässig personalisieren, die das Zusammenwirken vielfältiger und nicht nur in einer Führungsgestalt konzentrierter Kräfte ist.

So hat denn Cipollas hypnotisches Spiel keinen Realitätscharakter im Sinne einer Abbildung realer Gewalt, dafür jedoch in einem anderen, subtileren Sinn. Wenn Cipolla nämlich Politisches im Spiel verharmlost, wenn er das faschistische Volk-Führer-Verhältnis theatralisch imitiert und spektakulär inszeniert, dann *verschönt* er die reale Gewalt und macht aus ihr einen bestaunenswerten *Zauber*. Die Politisierung des hypnotischen Spiels läuft auf eine Beschönigung politischer Gewalt hinaus – auf die Verschönerung ihres barbarischen Wesens. Cipollas politisierendes Spiel hat ja eine unverkennbar ästhetische Machart: Schon die klassische Gliederung seiner

Soirée mit ihren Akten und Steigerungen verleiht im Bunde mit einer nimmermüden Rhetorik seinen Darbietungen 'Kunstcharakter'. Indem Cipolla im ästhetischen Spiel politische Gewalt zitiert und imitiert, ästhetisiert er sie, wird seine Demonstration auf überraschende Weise mit der Selbstdarstellung faschistischer Politik vergleichbar: mit ihrer Ästhetisierung realer Gewaltverhältnisse, ihrer theatralischen Beschönigung und Verschönerung rücksichtsloser Herrschaft, ihrer Vorliebe für das sinnenberückende Spiel und das spektakuläre Blendwerk. Luigi Salvatorelli hatte bereits 1923 nicht nur die ideologischen Wegbereiter des Faschismus genannt, Nietzsche, D'Annunzio, Spencer, Maurras, sondern auch decouvriert, wozu sie die faschistische Politik inspirierten: etwa zum "Kult heroischer Gewalttätigkeit" und zur "gladiatorischen Pose"[50]. Walter Benjamins vielzitierte Wendung von der "Ästhetisierung der Politik"[51] präzisierte Jahre später das von Salvatorelli Gemeinte: daß faschistische Herrschaft die Massen an sich band, indem sie deren Feierabend kunstvoll-künstlich ritualisierte, mit Feiern, Festen und Spielen durchwirkte und die Politik als monumentales Theater und spektakuläre Schau inszenierte.[52] Die Kunst – freilich in marktschreierischer Gestalt – hat sich im Leben eingenistet, um darüber hinwegzutäuschen, daß darin Ausbeutung, Leid und Barbarei mehr als je zuvor im Kapitalismus gedeihen. Diese scheinhafte Versöhnung zwischen Kunst und Leben markiert innerhalb der bürgerlichen Gesellschaft den fatalen Höhepunkt einer ständig wachsenden Unversöhnlichkeit von Kunst und Leben.[53] Ästhetizismus und futuristische Avantgardebewegung sind Zeugen dieser Unversöhnlichkeit, aber nicht ihre äußerste Konsequenz: diese wird durch die faschistische Staatskunst repräsentiert. Flüchteten im Ästhetizismus Gebildete und Privilegierte aus der inhumanen Gesellschaft in das Reich der Kunst, so durchsetzt der Faschismus diese Gesellschaft mit Kunst, um die Menschen in das tausendjährige Reich zurückzuholen. Stellt der Futurist die Gesellschaft bloß, um die Kleinbürger zu schockieren, so ästhetisiert der Faschismus die Gesellschaft, um die Kleinbürger zu verzaubern. Nicht zufällig definiert Mussolini die Politik als die "schwierige und delikate Kunst, welche die widersetzlichste und beweglichste Materie bearbeitet, da sie es mit den Lebendigen zu tun hat und nicht mit den Toten"[54]. Die Rede vom Menschen als einer widersetzlichen Materie offenbart die menschenverächterische Absicht dieser "Regierungskunst": Sie will, wie Ernst Nolte darlegt, die "lustlose Monotonie eines bis in alle Einzelheiten reglementierten Lebens" ästhetisch-spektakulär vergessen machen: "Die von der Partei virtuos gelenkte Propaganda vermochte nach

Belieben delirierende Massenkundgebungen aufzuziehen, und es ist nicht zu bezweifeln, daß Partei und Volksmasse in der Freude am großen Schauspiel übereinstimmten."[55] Mittelpunkt des Schauspiels ist der einzelne Heros, scheinbar der Urheber von Geschichte und Politik: "Alle Linien aber laufen auf den Duce zu, den einzigartigen Mann, der Italien vor dem Bolschewismus gerettet und in der Welt zu immer größerem Ansehen geführt hat."[56] Hier trifft sich das Urteil eines liberalen Historikers mit Benjamins Wort von der "Ästhetisierung des politischen Lebens", der genußreich-schönen "Vergewaltigung der Massen", die der Faschismus "im Kult eines Führers zu Boden zwingt".[57] Maria-Antonietta Macciocchi hat an diesen Kult und seine marktschreierische Ästhetik eindringlich erinnert: "Bei Mussolini wird die Politik der Sprache zu seiner spezifischen Art, die Frauen zu manipulieren. Zuerst seine Rede mit ihren zwanghaften Wiederholungen. Dann das Ritual, das Zeremoniell, in dem sich die Gebärden der Frauen, Massenschauspielerinnen, ebenso zwanghaft wiederholen wie die des Duce. Die einen wie die anderen wurden in den unterwürfigen Chroniken der Zeit als gelungene Theaterinszenierung beschrieben."[58] Das Schauspiel hat den politisch-ökonomischen Zweck des Faschismus, den "imperialen Marsch", ästhetisch zu legitimieren: "Es war schwierig, die schon armen Frauen zu weiteren Opfern zu bewegen. So erfand Mussolini am 2. Dezember 1935 das *Geschenk des Goldes* an das Vaterland. Da die Frauen nur ihren goldenen Ehering besaßen, bat man sie, ihn abzustreifen und den faschistischen Würdeträgern zu überreichen, die eine theatralische Inszenierung vorbereitet hatten: römische Dreifüße, in denen Holzscheite brannten, und die Frauen, die daran vorbeizogen, um ihren Ehering abzuliefern."[59]

Wenn Cipolla als quasi-politischer "Führer" das Publikum als quasi-politisches "Volk" in den Bann schlägt, so verleiht er seiner Demonstration den Charakter einer Einübung in die faschistische Ästhetisierung der Gewalt. Auf das realpolitische Gewaltverhältnis fällt von der Theaterbühne her der zaubrische Glanz einer unio mystica zwischen Führer und Geführten. An diesem blendenden und verblendenden Glanze ist der faschistische Staatskünstler leidenschaftlich interessiert. So läßt Cipollas "Kunst" zugleich einen zentralen Nerv faschistischer Strategie, eben ihren ästhetisierenden Charakter, hervortreten. Aber sie verhüllt andererseits die Bedingungen und die Zwecke dieser Strategie. Das gehört zu der für die Novelle charakteristischen Ambivalenz. Die autonome Praxis des selbständigen und sich selbst genügenden Schauspielers kann das politisch-ökonomische Kräftefeld, in dem der faschistische Führer agitiert, ebensowenig offenbaren wie die politisch-ökonomischen Zwecke faschistischer Staatskunst. Der Spielcharakter von Cipollas Abendveranstaltung legt dergestalt den Gesellschaftsbezug der Novelle frei – ihre enthüllende Kraft *und* ihre verhüllende Beschränktheit.

Cipollas Ästhetisierung eines politischen Gewaltverhältnisses fußt auf zwei verschiedenen Methoden: der Hypnose als der von Cipolla bevorzugten 'Kunst' und seiner Praxis der Einfühlung. Beide sind auf unterschiedliche Weise zur Politik hin transparent. Ihre eingehende Darstellung, von der Forschung bislang versäumt, soll das Verhältnis zwischen faschistischer Massenbildung und ästhetischem Gleichnis klären helfen.

Hypnose

Freud hat zur Erhellung der Massenpsyche[60] zwei überraschende Lichtquellen ausfindig gemacht: Hypnose und Verliebtheit. Wenn es wahr ist, daß bei der Entstehung einer Masse der "Schwund der bewußten Einzelpersönlichkeit" (S. 114) und die lustvolle Unterwerfung unter den Führer bestimmend sind, so läßt sich dieser Vorgang nach Freud an der hypnotischen Beziehung beispielhaft studieren: "Sie isoliert uns aus dem komplizierten Gefüge der Masse ein Element, das Verhalten des Massenindividuums zum Führer." (S. 107) Es handelt sich bei der Hypnose um "eine Massenbildung zu zweien", die "eine uneingeschränkte verliebte Hingabe bei Ausschluß sexueller Befriedigung" erkennen läßt (S. 107). Beim Hypnotisierten, der in blinder Faszination im Hypnotiseur aufgeht, ereignet sich dasselbe wie beim Verliebten: der umschwärmte Gegenüber tritt an die Stelle des Ichs. Freud bemerkt dieselbe "demütige Unterwerfung, Gefügigkeit, Kritiklosigkeit gegen den Hypnotiseur wie gegen das geliebte Objekt." (S. 107)

Für die Thesen Freuds finden sich in der Ästhetik der Novelle einige szenische Illustrationen. Der verliebte Mario, dessen Ich an die unerreichbar scheinende Silvestra gefesselt ist, läßt sich nur zu gern vom Hypnotiseur, der in Silvestras Gestalt schlüpft, in Fesseln schlagen: die Ich-Schwäche des Verliebten macht ihn reif für die Unterwerfung unter die einfühlsame Hypnose. So wird im ästhetischen Bild der psychoanalytisch erfaßte Zusammenhang zwischen Verliebtheit und Hypnose evident. Eine ebenso eindringliche epische Illustration erfährt Freuds These, die Hypnose sei "eine Massenbildung zu zweien". Wenn die wissenschaftliche Analyse des Massengefüges von der hypnotischen Zweierbeziehung zwischen Führer und

Geführtem ausgeht, so verläuft der novellistische Erzählakt teilweise analog dazu. Die künstlerische Wahl der Hypnose als des elementaren Stoffes, aus dem die Novelle gewoben ist, ermöglicht es dem Erzähler, die hypnotische Zweierbeziehung zwischen Führer und Geführtem zum Sinnbild für die Entstehung einer Masse zu machen. Darin liegt einer der sinnreichsten Vorzüge dieses novellistischen Stoffes: aus einem zusammenhanglosen, durch bloße Neugier geeinten Publikum, das zwischen Bewunderung und Aufsässigkeit, offenem Applaus und unterschwelliger Rebellion lange schwankt, macht Cipolla durch fortgesetzte Einzelhypnosen allmählich eine verzückt tanzende, willenlos ihn umkreisende Masse. Auch dieser Vorgang hängt mit dem eigentümlichen Spielcharakter der hypnotischen Veranstaltung Cipollas eng zusammen. Keine reale Massenveranstaltung kann mit Einzelhypnosen seitens des Führers aufwarten – diese werden erst durch ein Spiel ermöglicht, wo der Spielleiter einzelne aus der Masse hervortreten lassen und einer Sonderbehandlung unterziehen kann. Bei dieser spielerischen Sonderbehandlung aber tritt ein typisches Massenerlebnis überscharf zutage: die lustvoll erfahrene Fremdbestimmung der Massenindividuen. Das bacchantische Treiben des tanzenden Publikums zeigt gleichsam in Reinkultur, gestisch und mimisch, die selige Selbstvergessenheit von Menschen unter dem Diktat des Führers. Die unwirklich-geisterhafte "Tanzorgie" (S. 534), dieser Exzeß des hypnotischen Spiels, ist daher ein idealtypisches Gleichnis für irrational-antihumane Massenbildungen aller Art. Auch die Herbeiführung dieses Exzesses erhellt auf idealtypische Weise die wachsende Tiefenwirkung diktatorischer Massenregie. Weil Cipolla das hinreißende Charisma anderer Massenführer nicht besitzt, muß er seine Durchsetzungskraft stufenweise entwickeln. Die Novelle erzählt, wie er nach und nach Herr über die Urteilskraft und das kritische Vermögen des Publikums wird, über jene psychisch-geistigen Energien also, deren Zerfall eine irrational-autoritäre Massenbildung einleitet; ob diese auch schon typisch faschistisch ist, bedarf noch der Klärung.

Wenn Cipolla im Lichte der Hypnose die lustbetonte Unterwerfung der Masse enthüllt, so verhüllt er gleichzeitig den Ursprung dieser Seelenhaltung. Die Hypnose setzt die Unterwerfungsbereitschaft zwar in Gang, kann aber ihre Entstehung nicht erklären. Daher bieten sich auch im Falle der Signora Angiolieri Deutungsmöglichkeiten in unverbindlicher Zahl an. Freud selbst hat das Phänomen der Hypnose nicht befriedigend zu erklären vermocht und es als weitgehend "rätselhaft" und "mystisch" bezeichnet (S. 108). Es erscheint als ein gleichsam unableitbares Urphänomen. Wenn es der

Motor einer Massenbildung ist bzw. diesen Motor idealtypisch versinnbildlichen kann, so vermag es andererseits sein Funktionieren nicht zu erklären. Die Hypnose als eine sprachlose Unterwerfungskunst läßt nicht nur die individualpsychischen und geistigen Vorgänge im Dunkel, die den Hypnotisierten zur Selbstunterwerfung zwingen, sie gibt Freud zufolge auch keine Auskunft über die soziale und sozialpsychische Situation derjenigen, die ihr anheimfallen oder widerstehen: "Die Art, wie sie erzeugt wird, ihre Beziehung zum Schlaf, sind nicht durchsichtig, und die rätselhafte Auswahl von Personen, die sich für sie eignen, während andere sie gänzlich ablehnen, weist auf ein noch unbekanntes Moment hin, welches in ihr verwirklicht wird (. . .)" (S. 108). Damit wird eine wesentliche *Inkongruenz zwischen Hypnose und gesellschaftlicher Realität* formulierbar. Letztere nämlich ist sowohl auf jene Vorgänge hin durchschaubar, die zur Fremdbestimmung, zur lustvoll erfahrenen Selbstunterwerfung und ihrer aggressiv-sadistischen Kehrseite führen, wie auch auf jene Personengruppen, Schichten und Klassen, die für die Appelle autoritärer Herrschaft und für terroristische Manipulationen in hohem, mittlerem oder nur geringem Grad anfällig sind. So blieb etwa das Kleinbürgertum gegenüber faschistischen Überredungs- und Unterwerfungsstrategien sehr viel weniger resistent als die organisierte Arbeiterschaft. Auch die sozialen, wirtschaftlichen, politischen und sozialpsychischen Gründe für die verschiedenen Grade der Anfälligkeit sind weitgehend erforschbar und überdies künstlerisch darstellbar, wie ein Blick auf die Studien zum "autoritären Charakter" oder auf die Gesellschaftsromane eines Feuchtwanger oder Heinrich Mann[61] lehrt. Die rätselhaft wirkende Hypnose dagegen kann den Prozeß der Massenunterwerfung weder gruppen-, noch schichten- und klassenspezifisch erhellen. Je stärker der Hypnotiseur, desto undurchdringlicher seine Herrschaft – und der Erzähler des "Mario" führt den "stärksten Hypnotiseur" vor, der ihm in seinem Leben "vorgekommen" (S. 531). So läßt er denn auch sogenannte höhere, mittlere und untere Schichten in untypischen Anfälligkeitsgraden zu Opfern Cipollas werden – untypisch heißt, daß ihre Anfälligkeit für Cipolla nicht ihrer historisch unterschiedlichen Anfälligkeit für den realen Faschismus entspricht. Die Signora Angiolieri, als Besitzerin einer feineren Pension wohl der Mittelschicht zugehörig und überdies in der Erinnerung an eine reiche bildungsbürgerliche Vergangenheit gefangen, verfällt zwar dem Zauberer und mag damit auf eine historisch nachweisbare Affinität gewisser Bildungsbürger zu faschistischem Vergangenheitskult hindeuten – andererseits herrscht in ihrem Hause ein weltoffener Geist, der einer für den

Faschismus anfälligen Mittelklasse fremd ist. Ebensowenig läßt sich der "junge römische Herr" soziologisch-politisch typisieren: vermutlich einer höheren Schicht zugehörig, widersteht er dem "Führer" am entschiedensten, eine Haltung, die für diese Schicht da und dort historisch belegbar, aber keinesfalls charakteristisch ist.[61a] Der schöne Dorfbursche im Baumwollhemd, als "Fischer" (S. 524) zur "eingesessenen Volkstümlichkeit" zählend, scheint durch die "Modefrisur des erweckten Vaterlandes" (S. 516) für die Herrschaft Cipollas prädestiniert, widersetzt sich ihr jedoch mehrmals. Auf der Bühne schließlich tanzen auf Geheiß des Hypnotiseurs "ein schlicht und ein gut gekleideter Jüngling" nebeneinander (S. 535), ohne daß bei ihnen zuvor ein unterschiedlicher Widerstand erkennbar geworden wäre. Auch der Umstand, daß der Erzähler die politisierte Mittelschicht vom Strand kurz vor Cipollas Soirée abreisen ließ, läßt auf seine Indifferenz gegen soziologisch und politisch repräsentative Feindifferenzierungen schließen. Dies wäre abschließend einer politisierenden und soziologisierenden Forschung entgegenzuhalten, die im Gesellschaftsbild der Erzählung klassentypische Verhaltensmuster hinsichtlich des Faschismus sehen will.[62]

Willensphilosophie, geistes- und zeitgeschichtlich

Ist die mystisch wirkende Hypnose zur gesellschaftlichen Realität hin undurchlässig, spiegelt sie die Tiefenstruktur der vielfältigen historischen Prozesse, die zu massenhafter Fremdbestimmung führen, nur oberflächlich an Gestik, Gebärdensprache und an psychischen Reaktionen des Hypnotisierten wider, führt sie eine bestimmte Seelenlage vor, ohne ihre Entstehung durchsichtig zu machen, so suggeriert sie jene undurchdringliche Durchdringungskraft, mit der auch der irrationale Massenführer begabt scheint. Mussolini etwa trieb mit diesem Schein erfolgreich Politik: "Das Propagandakonzept gründet auf der direkten Beziehung zwischen dem Führer und den weiblichen Massen. Das politische Konzept ist mystischer Natur, es beruht auf Mussolinis Charisma. Der Duce verlangt eine irrationale Hingabe an ihn, den Erretter (. . .)."[63] Die Novelle zitiert eine derartige Beziehungsmystik, entzaubert sie aber nicht. Nirgends kommt dies besser zum Vorschein als beim Kampf des jungen Römers. Die zur opinio communis gewordene These, daß er unterliege, weil seinem Widerstand das handlungsleitende Ziel fehlt, ist nicht falsch, trifft aber nicht den Sachverhalt insgesamt. Soll ein Kampf erfolgreich sein, so muß man zunächst das Bekämpfte kennenlernen, es analysieren – erst dann kann auch eine klare Handlungsstrategie, ein Handlungsziel ausgemacht werden. Da jedoch der junge Römer die Kräfte nicht kennt, aus denen sich die Hypnose speist, kann er das Übel auch nie an der Wurzel fassen. Weil die Ursachen und Fundamente der Herrschaft unbekannt bleiben, ist der Protest gegen sie zur Ohnmacht verurteilt. Das Bekämpfte wird zur dämonischen Gewalt, die nicht nur den Römer in ihren Bann schlägt, sondern sich auch der rationalen Analyse des Erzählers entzieht.

Nur einen scheinrationalen Namen erhält diese dämonische Gewalt, wenn man sie als Herrschaftswillen bezeichnet. Es ist ja deutlich geworden, daß Cipollas Hypnose im Umkreis seines überlegenen Willens vonstatten geht. Welche dominierende Rolle das Willensmotiv in der Erzählung spielt, haben wir hervorgehoben: es umspannt Figuren, denen allesamt die Freiheit zur Durchsetzung ihres Willens fehlt, z. B. den Erzähler selbst, den kecken Dorfburschen oder den stolzen Römer, und es verzweigt sich in eine Art Gegenbewegung durch Cipolla, der kraft der Hypnose seinen Willen allerorten durchsetzt. Damit berührt die Novelle ein Phänomen, das geistesgeschichtlich und zeitgeschichtlich gleichermaßen bedeutsam ist. Auf die geistesgeschichtliche Bedeutung, die sich von Schopenhauer herschreibt, haben McIntyre und, einleuchtender noch, Manfred Dierks aufmerksam gemacht. Daß Th. Mann wie Schopenhauer den irrational-unergründlichen Willen auch im Reich des Okkulten, also in den unterbewußten Beziehungen der Individuen, walten sieht, ist eine der maßgeblichen Einsichten von Dierks. Freilich wird ihm der *geistesgeschichtliche* Bezug dabei zu einem absoluten Maßstab, der die künstlerisch-zeitgemäße Darbietung des Willensproblems zur Nebensache gerinnen läßt. Bricht sich die Schopenhauer-Tradition, die in Cipollas magischen Willenseinwirkungen fortleben mag, nicht in der ironischen Distanz des Erzählers? Und verleiht er dem Thema nicht eine grundsätzlich neue, *zeitgeschichtliche* Qualität? Cipollas Willensmagie ästhetisiert doch, in einer für Schopenhauer unvorhersehbaren Weise, politisch-ästhetische Gewalt! Davon absehend, überträgt Dierks auf den Zauberer unvermittelt die Mitleidsethik, die Schopenhauer seiner Willensmetaphysik folgen ließ. Der ekstatische Zauberer tauche sich und das Publikum ein "in den gemeinsamen Urgrund des Seins" (S. 173) und bezeuge auf diesem gemeinsamen Seinsgrund die "metaphysische Identität aller Wesen" (S. 176), ihre wechselseitige Sympathie, was denn auch die Sympathie des Lesers für Cipolla, sein "Mitgefühl" zur Folge haben müsse (S. 176). Wenn Cipollas Treiben in der Tat mit dem Faschismus zu tun hat, wie Dierks versichert, so kann es nicht gleichzeitig mit Schopenhauers unpolitischer

Willensmetaphysik oder gar mit seiner Mitleidsethik identisch sein, auch nicht mit der dionysischen Umbildung der Willensmetaphysik durch den frühen Nietzsche[64], und ebenso wenig mit dem dionysischen Rausch eines Aschenbach im "Tod in Venedig". Derlei Konzepte sind bei all ihrer Irrationalität von faschistischer Ideologie qualitativ zu unterscheiden. Nicht Schopenhauers "Substanz des Gedankens", z. B. des Mitleidsgedankens, ist bei Cipolla trotz aller "Perversion" noch erhalten, wie Dierks versichert (S. 176), vielmehr hat die Perversion die Substanz aufgezehrt und anstelle des Mitleids und der "Allsympathie" (S. 176) eine bisher nicht gedachte Inhumanität und Entfremdung der Menschen erzeugt. Für den Erzähler ist die geistesgeschichtlich überlieferte Idee des Willens nurmehr eine Denkform, die er kritisch mit einem neuen, zeitgeschichtlich repräsentativen Inhalt auffüllt. Geistesgeschichte muß in Zeitgeschichte übergehen, will sie das Willensmotiv in Manns Erzählung angemessen erfassen. J.P. Stern hat dargelegt, wie die von Schopenhauer über Nietzsche tradierte Willensphilosophie vom Faschismus beerbt und in einen militanten Voluntarismus umgedeutet wird[65]. Dessen Programmschrift ist Hitlers "Mein Kampf". Nach Hitlers Ansicht lassen die großen Politiker "keine Rücksicht auf die normale Menschheit zu" (S. 501), sondern stempeln diese zum Material des genialen Schöpferwillens. Die "beherrschende Kraft eines stärkeren Wollens" (S. 531 f.) ist einer der Hauptgesichtspunkte in Hitlers politischer Rhetorik. Stern zitiert Beispiele solch stärkeren Wollens, das von den Zeitgenossen als "'Hitlers verhängnisvolle Suggestivkraft'" (S. 62) erlebt wurde, ja als Beweis für Hitlers Bündnis "mit dämonischen oder satanischen Kräften": "Ausgangspunkt dieser extravaganten Deutung sind die zwanziger Jahre in Deutschland, mit ihren zahlreichen apokalyptischen Sekten und Chiliasmen (. . .)" (S. 63) Sterns Kommentar enthält im Keim eine Erklärung dafür, warum die Ideologie des absoluten Willens zu einem dämonisch verzauberten, massenhaften "Wertschema" werden konnte: "weil eben diese Ideologie, und offenbar nur sie allein, ein religiöses Bedürfnis, wenn auch auf monströse Weise, zu stillen vermochte." (S. 73 f.)

Was immer man von dieser Erklärung halten mag – sie ist ein Versuch, die hypnose-ähnlichen Wirkungen Hitlers, seine als "Dämonologie" erlebte Suggestivkraft zu entzaubern und sie in rational-analytischer Weise auf ein ungestilltes Massenbedürfnis zurückzuführen. Just gegen eine rationale Durchleuchtung dieser Art sperrt sich die Hypnosepraxis eines Cipolla. Die Undurchsichtigkeit seines übermächtigen Einflusses auf das Publikum erscheint als eine der Hypnose immanente Qualität; eine Analyse der

Publikumsreaktionen drängt sich dem Erzähler erst gar nicht auf, da Cipolla immer nur "Einwirkungen, die sein Geheimnis waren" (S. 536), ausübt. Wenn in diesem Punkt eine Übernahme der von Schopenhauer beschworenen Willensmagie zu sehen ist, so geht von der Tradition eine sehr mystifizierende Wirkung aus. Damit wird jedoch Cipollas Herrschaft nicht automatisch zum "überzeitlichen Modell" und zum "ewigen, metaphysischen Prinzip" erhoben, wie Dierks im Anschluß an Böhme meint (S. 160 f.). Sie verweist vielmehr auf zeittypische Bewußtseinsphänomene wie die mystische Ideologie des absoluten Willens. An ihr übt der Erzähler Kritik im Medium der Groteske, ohne jedoch seine kritische Feder bis zur Aufklärung über die Stützen und Krücken solcher Herrschaft und die Motive der sich ihr unterwerfenden Masse weiterzuführen.[66] Wenn er die Hypnose, wie wir sahen, als ein "natürlich-unheimliches Feld" bezeichnet, ihren "bösen Zauber" beschwört, "dämonische Mächte" in ihr am Werk sieht, die "Dämonie" des "Verführers" auf sich beruhen läßt, so rückt er seinen Gegenstand ins Unerklärbare, Unfaßbare, Unantastbare. Gerade die Kapitulation des römischen Herrn vor Cipolla ist dafür ein sprechendes Zeugnis. Ein Widerstand von seiner Hartnäckigkeit und Vorsätzlichkeit war auch in der Praxis nationalsozialistischer Versammlungen keine Unbekannte. Die Widerstandskämpfer dort waren sich allerdings nicht nur ihrer eigenen Motive, sondern auch der ideologischen Demagogie eines Hitler bewußt – und blieben kraft solchen Bewußtseins unverführbar. Wenn Hitler ihren Widerstand dennoch brach, dann mittels der militanten "blinden Disziplin" seiner Gefolgsleute. Zynisch berichtet er in seiner Kampfschrift: "Und wie oft stand dann alles auf Spitz und Knopf, und nur die rücksichtslose Energie unserer Versammlungsleitung und das brutale Draufgängertum unseres Saalschutzes konnte immer wieder die gegnerische Absicht vereiteln." (S. 541)

Man wird anhand solcher Auskünfte unschwer ermessen, wie voreilig die von der Forschung betriebene Gleichsetzung von Cipollas Gewalt und faschistischer Gewalt, von ästhetischem Gleichnis und Realpolitik sein kann. Die Schlagringe der Faschisten in den Versammlungen Hitlers haben eine andere Qualität als etwa die Peitschenhiebe eines Cipolla; erstere sind die reale Gewalt selbst, letztere sind, gemäß dem Experimentiertheater Cipollas, symbolische Attribute eines gewalttätigen Willens – ein folgenreicher Unterschied: im ersten Fall wird der angeblich dämonisch-unwiderstehliche Wille auf eins seiner realen Fundamente, den physischen Terror, zurückgeführt; im zweiten Fall erscheint der Wille schlechtweg als eine dämonische Wunderkraft. Die Vergeblichkeit allen Widerstands in der Erzählung suggeriert immer wieder das undurchdringliche Geheimnis eines durchdringenden Herrscherwillens: irrational-autoritäre Massenbildung verrätselt sich im künstlerischen Gleichnis der Hypnose zum übermächtigen Schicksal. Analog zu solcher Dämonisierung und Mystifizierung dürften sich noch heute die Vorstellungen vieler Deutscher, auch der sogenannten Intelligenz, über den Faschismus bilden.[67] Die Ambivalenz der Erzählung beruht unter anderem darin, daß sie diese Vorstellungswelt in den Formen der Komik und Groteske kritisch widerspiegelt, ohne indes ihren mystifizierenden Charakter aufzulösen. Mit Figuren wie dem schönen Dorfburschen, dem stattlichen Colonello, dem römischen Herrn variiert die Novelle immer wieder dasselbe: "jene die Freiheit lähmende Verstrickung des Willens in sich selbst" (S. 533), die ganz in das mysteriöse Belieben des Zauberers gestellt ist, so, als wären die Menschen im Sinne Hitlers und Mussolinis nur Material für den allgewaltigen Manipulateur, nur die unschuldig-hilflosen Opfer eines demagogischen Verführers, nicht auch seelisch und sozial entsprechend disponierte Handlanger und Gesinnungstäter. Diese novellistische Annahme ist keineswegs ideologisch veraltet: in der heutigen Geschichtswissenschaft entsprechen ihr jene Führer- und Manipulationstheorien, deren Anziehungskraft ungebrochen ist.[68] Doch kündet die Novelle von dieser Denkart nur insoweit, als sie der Hypnose Raum gibt. Schon im Falle der Signora Angiolieri jedoch entrollt der Erzähler nicht nur die hypnotische Demagogie des Ver-Führers, er läßt auch eine seelische Bereitschaft seitens des Opfers vermuten. Ehe Frau Angiolieri der Hypnose Cipollas erliegt, erhielt sie eine Probe seiner Einfühlungskunst: der Zauberer ließ ihre schöne Vergangenheit ebenso verlockend vor ihr auferstehen wie später vor Mario die heimlich geliebte Silvestra. Diese Kunst der Einfühlung übt Cipolla zum Teil neben seiner hypnotischen aus – und in ihrem Gefolge tritt eine Seelenkraft der Masse zutage, von der die Hypnose nichts verrät.

Einfühlung

Cipolla versteht sich aufgrund seiner exzessiven Einfühlungsgabe vielerorts als Täter und Opfer zugleich: als "Geburtsstätte" sowohl des Befehls wie des Gehorsams (S. 527). Handeln und Leiden, Tun und Dulden präsentiert er als unzerreißbare Einheit, so daß die in den Bann seines Willens geschlagene Masse sich zugleich als volonté générale fühlen darf, wenigstens zeitweise.

Das Führer-Volk-Verhältnis, auf das Cipolla im theatralischen Gleichnis Zauberer-Publikum verweist, soll ein Wechselverhältnis sein, das bis zur Identität geht; der Führer selbst will als herrschender Wille und gleichzeitig als verantwortungsbeladenes Opfer erscheinen. Was in Wahrheit ein Gewaltverhältnis ist, erhält den Anschein einer mystischen Einheit, über die eine Art Hohepriester waltet und wacht. Auch diese Form einer Ästhetisierung, ja Sakralisierung der Politik ist nicht nur ein erzählerischer Einfall – in seiner Kampfschrift hat Hitler sorgfältig an ihr gefeilt: "In der Hingabe des eigenen Lebens für die Existenz der Gemeinschaft liegt die Krönung alles Opfersinnes." (S. 327) "Wer Führer sein will, trägt bei höchster unumschränkter Autorität auch die letzte und schwerste Verantwortung." (S. 379)

Wie dubios freilich der Opfersinn des Führers ist, läßt sich aus anderen Formulierungen Hitlers ersehen. Die herrische "Aufzwingung" seines Willens (S. 531) ist der Zweck, dem ein "großer und genialer Volksredner" die Masse unterwirft, indem er sich ihrem Seelenleben bis aufs äußerste anverwandelt: "Er wird sich von der breiten Masse immer so tragen lassen, daß ihm daraus gefühlsmäßig gerade die Worte flüssig werden, die er braucht, um seinen jeweiligen Zuhörern zu Herzen zu sprechen (. . .), bis endlich selbst die letzte Gruppe einer Opposition schon durch ihre Haltung und ihr Mienenspiel ihn die Kapitulation vor seiner Beweisführung erkennen läßt." (S. 527) Für solche Herrschaft über die Masse kraft momentaner Unterwerfung unter die kollektive Psyche ersinnt Thomas Manns Erzähler ein bestürzend komisches Gleichnis. Der Spielcharakter der Hypnose erlaubt dem Zauberer, was keine reale Veranstaltung dem politischen Führer gestattet; vorwärtstastend, fehltappend, mit vorgestreckter Hand im Zickzack durch den Saal stolpernd, knieend und schweißtriefend vollzieht Cipolla den "öffentlichen geheimen Willen" (S. 528) und spielt dabei seine ganze Macht aus: Dank seiner maßlosen Einfühlungsgabe errät er die geheimsten Gedanken und Verstecke des Publikums. In einer Art hinreißenden Experimentiertheaters antizipiert er spielerisch-ästhetisierend eine Eigentümlichkeit des Faschismus: den Willen zur totalen Ausforschung sozialer Kommunikation, zur Ausdehnung seiner Herrschaft auf alle Verkehrsformen der Beherrschten. Was Cipolla als Identität zwischen Führer und Volk suggeriert, enthüllt sich als verharmlosend-schönfärbende Vorwegnahme des Totalitarismus. Das sinnliche Spiel kann diese Vorwegnahme besonders reizvoll umspinnen; die gefällige Verkleidung des Totalitären in der hellseherischen Einfühlung betört das Publikum, macht ihm die suggerierte Identität genießbar, ästhetisiert also ein unmenschliches Politikum, während die grotesken Pointierungen des Erzählers dem Leser die Freiheit lassen, den Schein der Identität zu durchschauen und die Herrschaft in der verblümten Gestalt der Knechtschaft am Werk zu sehen.

Knechtschaft, Opferideologie, Selbstunterwerfung – all das sind gleichwohl keine beliebigen Eingebungen Cipollas. Daß der Cavaliere im ersten Teil seiner Vorstellung relativ viel Zeit der gehorsam-dienenden "Berührung mit dem Publikum" widmet (S. 528), ehe er dieses durch die Praxis der Hypnose zunehmend versklavt, zeigt, wie bewußt er seine Doppelstrategie handhabt. Cipollas scheinhafte Unterwerfung unter den Gemeinschaftswillen soll in den hypnotisierten Sklaven die Lust am Herrschen wachrufen. Diese Doppelstrategie trägt Früchte. Inmitten ihrer Knechtschaft erlaben sich die Versammelten an Cipollas wachsender Herrschaft. Wenn der Zauberer die Masse insgesamt durch seine fortgesetzten Einzelhypnosen demütigt, so hält sich die Masse für die Demütigung schadlos, indem sie im Bunde mit Cipolla die Versklavung des Hypnose-Opfers genießerisch nachvollzieht. So klingt im "Bedauern" der Masse über den allmählichen Fall des römischen Herrn das dumpfe Bewußtsein einer allgemeinen Kränkung an, in der "grausamen Genugtuung" jedoch, mit der alle Cipollas Herrschaftsgebaren begleiten, machen sie die Kränkung aggressiv wieder wett (S. 535). Das Publikum, das "nicht ohne widerspenstiges Gefühl für das eigentümlich Entehrende war, das für den einzelnen und für alle in Cipolla's Triumphen lag" (S. 531), wendet seine Widerspenstigkeit und das entehrte Selbstgefühl nicht gegen den Zauberer, sondern gegen die hypnotisierten Opfer aus den eigenen Reihen. Der Erzählakt entmystifiziert die angebliche Volksgemeinschaft als eine Heimstätte rachsüchtiger Liebediener der Gewalt.

Man hat eine derart zwiegesichtige Seelenlage, in der die masochistische Lust am Leiden und Gehorchen und die sadistische am Verfügen und Versklaven ständig ineinanderschlagen, die sado-masochistische genannt und ihre Anfälligkeit für autoritäre Regierungsformen hervorgehoben. Die Erzählung offenbart, wie ein tyrannischer Pseudo-Künstler diese Seelenlage in kollektivem Maßstab entzügelt und auf ihrer Dynamik eine wachsende Diktatur begründet – sie offenbart, mit anderen Worten, die Innenseite der Genese von Willkürherrschaft, ihre Psycho-Logik. Der anfangs kritisierte Führer wird mit Hilfe eines kollektiven Sado-Masochismus zum Massenidol umstilisiert. Am Ende, bei der Verführung Marios, klingt der vormalige Mitleidsruf der Masse "Poveretto" (S. 532), ein Ruf der Selbstbemitleidung, nur noch schwach in einem "Einschlag von Erbarmen" nach (S. 542): es dominiert das auffallende aggressive Lachen, "brutal, schadenfroh" (S. 542), womit sich das Volk für seine Selbsterniedrigung rächt – sich rächt, indem es die Entwürdigung des Kellnerburschen mit Applaus begleitet – ad maiorem gloriam dictatoris. Willkürherrschaft, so deutet es die Erzählung, ist mit Manipulation nicht gleichzusetzen: an ihrer Entstehung wirken Herrscher und Beherrschte gleichermaßen mit.

Daß der Führer die zwiegesichtige Seelenlage, die er entfesselt hat, als seine eigene vorweg- und nachempfindet, leidet keinen Zweifel: der sadistische Täter würde sonst weder fortwährend sich als Opfer masochistisch beklagen, noch beide Rollen mit solcher Intensität ausspielen. Nicht zufällig bildet diese Doppelrolle eine der Hauptkomponenten in Hitlers "Mein Kampf"; auf ihr basiert die Konstruktion ganzer Kapitel[69]. Wenn die Novelle dem Sado-Masochismus einen klassenübergreifenden Allgemeincharakter verleiht, da er sich des Publikums insgesamt bemächtigt, so spiegelt sie die Absicht faschistischer Massenführer wider, das 'Volk' als klassenloses zu formieren; sie verrät aber nichts von der gegenteiligen Wahrheit: daß der Sado-Masochismus eine nach Schichten und Klassen verschiedene Rolle spielt und eines bestimmten sozialen Nährbodens bedarf. Weil der Erzähler die Hypnose, seinen künstlerischen Elementarstoff, in ihren *gleichförmigen* Wirkungen entfaltet, blendet er *unterschiedliche* gesellschaftliche Reaktionen auf Gewaltherrschaft aus. Sie wird in der Novelle ausschließlich als dynamischer Vollzug eines Doppelaffekts, einer zwieschlächtigen Triebstruktur faßlich, und zwar im Rahmen eines atemberaubenden Experimentiertheaters. So erhält das Volk-Führer-Verhältnis in den Augen des Publikums einen schaurig-schönen Glanz, den der Erzähler im Medium des Grotesken bricht und suspekt macht.

Exkurs: Künstlerische und wissenschaftliche Massenpsychologie (Freud)

Die Tragweite der novellistischen Massendarstellung läßt sich anhand eines Vergleichs mit Freuds Massenpsychologie ermessen. Zwei Unterschiede drängen sich dem Betrachter auf:

1. Freud sieht im Vater-Sohn-Verhältnis und in der Führer-Masse-Beziehung eine "Wiederbelebung" der "archaischen Erbschaft" Urvater-Urhorde (S. 118). Während er aber eine "feindselige Tönung" im Verhältnis des Sohns zum Vater hervorhebt (S. 98), charakterisiert er die Einstellung des modernen Massenindividuums gegenüber dem Führer als "passiv-

masochistisch" und "im höchsten Grade autoritätssüchtig" (S. 118 f.). Dagegen beharrt die novellistische Darstellung längere Zeit auf dem Widerspiel zwischen Ablehnung und Anerkennung des Führers, ehe ihm die vollständige Unterwerfung der Masse gelingt. Darin bekundet sich der Realitätscharakter des künstlerischen Werks: es hält der ursprünglichen Auffassung Freuds von der ambivalenten Einstellung des Geführten zum Führer die Treue und übergeht nicht unvermittelt die rebellischen und oppositionellen Regungen gegenüber der Autorität.

2. In dem Maße, wie diese Regungen sich von der Autorität abkehren, drängen sie sich in die wechselseitigen Beziehungen der Massenindividuen hinein und nähren ein feindseliges Verhalten. Dem Masochismus der Masse, ihrer Unterwerfungsbereitschaft, gesellt der Erzähler jenen Sadismus zu, mit dem sie sich für ihr Unterworfensein rächt: in einem Akt der Einfühlung identifiziert sie sich mit der Unterwerfungskunst des Führers, die er an den einzelnen Massenindividuen herrisch vorführt. Soll eine Masse über die Kennzeichnung 'irrational-willkürlich' hinaus als 'faschistisch' charakterisierbar sein, so ist dafür die Belebung sadistischer Triebregungen eine conditio sine qua non. Hitler hat denn auch als ein Hauptferment nationalsozialistischer Massenbildung einen die Menschen "beseelenden Fanatismus" und eine sie "vorwärtsjagende Hysterie", ihren Willen zum "rücksichtslosen Angriff auf einen Widersacher" und zur "Vernichtung des Schwachen" entdeckt ("Mein Kampf" S. 371 f.). Die sadistischen Massenregungen in Cipollas Soirée entwickeln sich allerdings im Rahmen eines Spiels und sind auf den Akt des Schauens und Empfindens beschränkt – man wird sie also erst dort als faschistisch bezeichnen können, wo das Spiel in die Realität gleitet und, wie im Falle Marios, eine Person ihre Würde tatsächlich geschändet sieht. Ließ der Sadismus der Masse bis zur Schändung Marios nur eine Disposition für faschistisches Unwesen erkennen. so nimmt er im Augenblick der Schändung faschistische Züge an, die nur durch den nicht gänzlich getilgten Spielcharakter der Hypnose gedämpft sind. Im einen wie im andern Fall zeichnet sich die künstlerische Darstellung vor der wissenschaftlichen darin aus, daß sie die sadistische Komponente als Zeugnis für das antisolidarische und führerkonforme Verhalten der Massenindividuen – und damit als Triebkraft für die Bildung und Festigung von Gewaltherrschaft ins Feld führt. Demgegenüber wirkt Freud, der die Besonderheit faschistischer Massen noch nicht erfaßte, bei seiner Darstellung des allgemeinen Massenverhaltens idealistisch. Er sieht die übliche "Haßbereitschaft" und "Aggressivität" der Menschen in der Masse dahinschwinden:

"Solange die Massenbildung anhält oder soweit sie reicht, benehmen sich die Individuen, als wären sie gleichförmig, dulden sie die Eigenart des anderen, stellen sie sich ihm gleich und verspüren kein Gefühl der Abstoßung gegen ihn." (S. 96) Darüber hinaus führt Freud gar die Kategorie des "Mitgefühls" in seine Darstellung des Massenverhaltens ein (S. 100 f.), ja, er redet von einem "positiven", "sozialen Gefühl" der Masse "unter dem Einfluß einer gemeinsamen zärtlichen Bindung an eine außer der Masse stehende Person". (S. 113) Kein Zweifel, daß derlei Auffassungen Illusionen über die Führer-Volk-Einheit eher nähren als auflösen dürften. Nicht die Wissenschaft eines Freud, sondern die Kunst des Novellenerzählers ist in diesem Fall einer Desillusionierung förderlich.

So gesehen, differiert die künstlerische Darstellung in mehr als einer Hinsicht von der wissenschaftlichen. Sie greift kürzer als diese, zieht man die Hypnose in Betracht, die in der Novelle eine massenhafte Unterwerfungsbereitschaft in Gang setzt, deren Grund undurchsichtig bleibt: diesen Grund erhellt Freud, wenn er beispielsweise die Hypnose als Sinnbild für die massenhafte Projektion des Ich-Ideals auf den Führer deutet. Weiter als die wissenschaftliche reicht die künstlerische Darstellung jedoch insofern, als sie nicht allein die masochistische Unterwerfungsbereitschaft für die Errichtung von Willkürherrschaft namhaft macht, sondern auch die Dynamik aggressiver Regungen: abgelenkt vom Führer, entstellen sie die Beziehungen der Massenindividuen untereinander und festigen auf diesem Umweg die Herrschaft. Eine dritte Unterscheidung treffen wir im folgenden Kapitel: die Erzählung bringt Kollektivpsyche und Individualpsyche in ein Spannungsverhältnis, von dem Freuds Wissenschaft abstrahiert.

Marios Tat. Individuum und Masse

Die Erschießung Cipollas ist keineswegs das Symbol einer revolutionären Erhebung. Marios Tat deutet allenfalls auf die Selbstgefährdung der Gewaltherrschaft, wenn sie die psychische Toleranzschwelle ihrer Opfer überschreitet. Die Versuchung dazu ist allerdings faschistischer Herrschaft immanent. Ihr Verfügungswille über das Privateste ist grenzenlos; um ungehindert herrschen zu können, wünscht die Gewalt die Selbstpreisgabe der Privatperson. Daran mahnt die Hypnose Marios, in der seine heimliche Verliebtheit gleichsam publiziert wird. Mit der "Preisgabe des Innigsten", mit der "öffentlichen Ausstellung verzagter und wahrhaft beseligter Leidenschaft" (S. 541) fällt die Privatperson einem allgemeinen sadistischen Voyeurismus und dem unersättlichen Expansionsdrang Cipollas zum Opfer. Die Auslöschung des Individuums zum höheren Ruhm des Führers scheint perfekt. Hier erhält Cipollas Spiel eine neue Qualität, die den Wendepunkt der Novelle sachlich begründet. Sie wird nach zwei Seiten hin sichtbar. Von einigen seiner hypnotisierten Vorgänger unterscheidet sich Mario dadurch, daß er nicht bloß in eine fremde, vom Zauberer erfundene Rolle schlüpft, sondern das eigene wirkliche Leben nach außen kehren und es dem "Führer" zur Selbstbefriedigung überlassen muß. Hier wird der novellistische Wendepunkt als Umschlag der Rollenfiktion in die Rollenidentität evident. Und von jenen Hypnotisierten, die ihr eigenes Selbst in das hypnotische Spiel einbrachten, z. B. dem Herrn aus Rom und der Signora Angiolieri, ist Mario durch das Bewußtsein der persönlichen Schändung geschieden. Hier ist der novellistische Wendepunkt als Umschlag des unverletzten in das verletzte Selbstwertempfinden faßbar. Der Römer, der die Ehre des Menschengeschlechts unter Aufbietung aller Kräfte nicht zu wahren vermochte, schien damit nicht in seiner persönlichen Ehre gekränkt, und Frau Angiolieri, die während ihrer Hypnose einer verschwiegenen Verführbarkeit beredten Ausdruck verlieh, sah sich zwar aus der Masse herausgehoben, doch offenbar nicht als Person vor ihr entwürdigt und in ihrem Selbstbewußtsein geschändet. Letzteres widerfährt erst Mario. Das Spektakel verliert zwar nicht den Charakter eines befristeten Spiels, was schon daran ersichtlich wird, daß Cipolla eine Rolle fingiert, die Geliebte des Mario 'spielt'. Aber in dieser Rolle greift Cipolla in die reale Existenz Marios ein, um über sie kurzfristig zu verfügen und sich an Marios Liebesbekundungen zu befriedigen.

In symbolischer Abbreviatur zeichnet sich hier das Profil des deformierten Führertypus ab: der verwachsene Cipolla hält sich für seine körperliche Mißbildung, die ihm in der Liebe gewiß kein Glück bringt, schadlos, indem er sich einem Geschlechtsgenossen als dessen Geliebte unterschiebt. Verkleidete er gegenüber dem schönen Dorfburschen im Baumwollhemd sein erotisches Interesse in anzügliche Sticheleien, so scheint ihn an Mario die Seelenverwandtschaft des unglücklich Liebenden zu reizen. An Cipolla wird eine Spielart irrational-autoritärer Macht augenfällig: sie entsteht als Ersatz für persönliche Versagungen und Gebrechen, bleibt aber durch diese unschöne Herkunft gezeichnet, entstellt, stigmatisiert. Die Dialektik solcher Macht dürfte namentlich für den faschistischen Führertyp charakteristisch sein. Bei Cipolla äußert sie sich darin, daß er sein unbefriedigtes Liebesinteresse nur in Form der Gewalt zum Ausdruck bringen kann: er unterwirft Mario einer vollständigen Täuschung und beutet dessen reale Seelenverfassung öffentlich für seinen Eigenbedarf aus. Das hypnotische Spiel nährt sich sowohl auf der Seite Marios wie auf der Cipollas mehr als zuvor aus dem Ernst der Wirklichkeit, es enthüllt sich als ein nicht mehr erfundenes, phantasiertes, sondern aus dem Leben gespeistes Gleichnis für faschistische Verkehrsformen. Als ein ästhetisches Gleichnis, wohlgemerkt, nicht als diese Verkehrsformen selbst. In der Realität herrscht zwischen Führer und Geführten Abstand und Anonymität – nur die faschistische Ideologie fingiert ein persönliches Vertrauensverhältnis und eine an Identität rührende Intimität. Just dieser ideologische Schein aber wird durch Cipollas Rollenspiel evident: das Führer-Volk-Verhältnis ist in einem Maße unmittelbar, Politik erscheint bis zu einem Grad personalisiert, wie faschistische Beziehungskunst es sich nur wünschen kann.

Noch schärferes Profil gewinnt dieser ideologische Schein aus der Optik des Opfers. Mario küßt den Hypnotiseur als seine Geliebte, erfüllt sich also realiter ein Bedürfnis, indem er sich im Bedürfnisobjekt täuscht und den Täuscher für die Königin seines Herzens hält. Diese Form der realen und gleichzeitig täuschenden Befriedigung aber ist ein Gleichnis für die Pointe faschistischer Beziehungsstrategie. Sie wäre perfekt realisiert, würde das Volk seine Liebeswünsche mittels des Führers bzw. mittels entsprechender Ersatzobjekte und symbolischer Behelfe stillen. Anstelle des Terrors würde dann die innige Fühlungsnahme zwischen Volk und Führer, Individuum und Staat herrschen: der Knecht hielte den Herrn, der Unterdrückte den Unterdrücker für den wahren Liebespartner. Nicht vom nackten Terror, der kein dauerhaftes Bindemittel ist, träumt der Faschismus, sondern von einem sublimen, auf den der Terrorisierte Liebesblicke wirft: solcher Terror würde faschistischer Regierungskunst Dauer verleihen. Von dieser Intention erzählt das Ende der Novelle – und das verleiht ihrem Einblick in faschistische Verkehrsformen eine ungeahnte Tiefe: ungeahnt, weil die Forschung in faschistischer Regierungskunst nur den Schrecken und den leeren Trug, nicht die 'entartete' Liebesbeziehung, den erfüllten Trug zu sehen gewohnt ist – den Trug, der die Liebesbedürfnisse der Masse anruft, aufweckt, irreführt. Der Spielcharakter der Hypnose ermöglicht eine immer kühnere, persönlichere Inszenierung solchen Trugs: Mario geht mit Cipolla einen regelrechten Liebesbund ein, stellvertretend für die Masse, deren Einverständnis total ist. Jetzt ist die ästhetisierende Vorwegnahme einer faschistischen Verkehrsform im gleichnishaften Experiment perfekt, verzaubert der abendliche Liebesglanz der Realpolitik.

Daß der Zauber faul ist, wird dem aus der Hypnose erwachenden Mario schlagartig klar. Anders aber als seine Hingabe an den Zauberer, die repräsentativen, d. h. stellvertretenden Charakter für die Masse der Bezauberten hatte, ist seine Rebellion gegen ihn ohne jegliche Repräsentativkraft. Und sie wird weder im Rahmen der Novelle gesellschaftlich folgenreich noch läßt sich aus ihr eine gesellschaftliche Konsequenz ableiten. Eine Rebellion gegen faschistische Verkehrsformen kann gesellschaftlich folgenreich sein, wenn die soziale Basis, auf der die Gewalt ruht, zuvor durchschaut und durch die Solidarität vieler unterminiert wurde. Da die Gewalt des Hypnotiseurs undurchschaubar ist und als ein faszinierendes Rätsel die unterworfene Masse noch über seinen Tod hinaus blendet, ist Marios Befreiungstat nicht mehr als ein Akt der Selbstbewahrung. Ihr entschiedener Individualismus tritt am Novellenende plastisch hervor: Marios Schüsse stellen zwar seine verletzte Würde und seine Selbstbestimmung wieder her, nicht jedoch Würde und Selbstbestimmung der Masse. Diese wird aus ihrer trunkenen Fremdbestimmung lediglich aufgescheucht und reagiert darauf verstört. Eingeschworen auf die Selbstentfremdung, kann die Masse nicht schlagartig zur Selbstbestimmung erwachen. Das gehört zur sozialpsychischen Wahrheit der Schlußszene. Das Widerspiel zwischen Marios Einzelaktion und der Massenreaktion ist für das Novellenende konstitutiv: es bezeichnet die gesellschaftliche Schranke von Marios Tat innerhalb des Textes selbst. Die Novelleninterpreten sperrten sich sowohl gegen diesen textimmanenten wie gegen den entsprechenden textübergreifenden Sachverhalt: eine einzelne Tat wie die Beseitigung eines politischen Führers ist in der Realität nicht unbedingt von gesellschaftlicher Tragweite, da hinter dem Führer und im Bunde mit ökonomischen Interessengruppen ein mächtiger Parteiapparat waltet, der die politisch-soziale Macht weiterhin auszuüben vermag.[70]

Dennoch entbehrt Marios individueller Protest nicht eines geschichtlichen Sinns. Er ist darin zu sehen, daß nicht-integrierbare, systemfeindliche Ansprüche des Seelenlebens auch die totale Reglementierung überdauern können. Anders etwa als mancher Vertreter einer Kritischen Theorie scheint der Erzähler am Ende der Novelle auf der jederzeit einklagbaren Widerstandskraft der Individuen gegen kollektiven Wahn zu beharren. Was einer für sein Geheimnis und für sein Innerstes hält, darf nicht ungestraft verletzt werden: es ist das Herzstück seiner Individualität. Auf diesem unverletzlichen Anspruch beruht unter anderem die Würde der Person, die der entwürdigte Mario wiederherstellt. Darin blitzt eine geschichtliche

Hoffnung auf, schüchtern genug: gegen die Masse der entindividualisierten Liebediener der Gewalt steht die aus ihrer Privatheit handelnde Person auf. In diese Konstellation ist gleichzeitig die Grenze zwischen Individual- und Sozialpsyche unverwechselbar eingezeichnet. Anders als Freud, der die persönliche Verliebtheit eines Menschen strukturell gleichsetzt mit der Bindung einer Masse an den Führer, also das persönliche Ich-Ideal des Verliebten mit dem kollektiven Führerbild verschmilzt, läßt die Novelle das Seelenleben eines Mario nicht in der Massenseele aufgehen. Die Individualpsyche kennt einen Stolz und eine Scham, von der keine Sozialpsyche etwas weiß. Und sie weiß mehr als die Sozialpsyche von der Unverwechselbarkeit des DU: während die entindividualisierte Masse dem unbekannten, anonymen Führer huldigt, bewahrt Mario die Erinnerung an die heimlich geliebte Silvestra. Das Unrecht, das Cipolla dem Kellnerburschen zufügt, beruht unter anderem darin, daß er sich die Gestalt der Silvestra erschlichen hat – eine in Marios Augen unaustauschbare Gestalt. Indem er den Zauberer erschießt, rächt er nicht nur seine eigene Würde, sondern reinigt auch Gestalt und Namen der Geliebten von Cipollas entwürdigendem Zugriff.

Zur Ambivalenz der ästhetischen Wirkung

Die individuelle Widerstandskraft eines Mario kann vom Leser mit einer geschichtlichen Hoffnung verknüpft werden, an die vor kurzem auch Rolf Hochhuth[71] und J.P. Stern[72] erinnert haben. Am Extrembeispiel einsamer Rebellen im 3. Reich, des Schweizers Maurice Bavaud und des Schwaben Georg Elsner, entfalten Hochhuth und Stern die unverjährte Idee einer geschichtlichen Verantwortung des Individuums. Darin muß freilich der Leser nicht unbedingt das letzte Wort der Novelle, gleichsam ihren abschließenden Appell erkennen. Ihre partiell dämonisierende und mystifizierende Sehweise gesellschaftlicher Verhältnisse mag ebenso tief in ihm nachwirken wie ihre erhellenden und politisches Bewußtsein schärfenden Einblicke; der Stil distanzierter Geselligkeit mag die erzählerischen Provokationen dämpfen. Diese Ambivalenz mahnt noch einmal an das anfänglich formulierte Rätsel. Wie kann der Erzähler, so lautete es, ironische Distanz zum Geschehen bekunden, obgleich er in der Vergegenwärtigung des Vergangenen keine geistige Souveränität gewinnt? Er kann es wohl nur deshalb, weil das vergangene Geschehen primär ein unterhaltendes Spiel ist, mag der politische Charakter des Spiels auch unverkennbar sein. Ein primär politisches

Geschehen unter dem Vorzeichen faschistischen Terrors hätte dem Erzähler die Sprachgebärde ironischer Distanz und den spielerischen Dialog mit dem Leser erschwert. So dient denn die Erzählung, entsprechend einer ursprünglich novellistischen Idee, stets auch der "Unterhaltung der Gesellschaft", lädt sie durch gesellige Eleganz und traditionsbewußte Form zum ästhetischen Genuß ein – und relativiert ein operatives Rezeptionsverständnis, das von der Kunst zu gesellschaftlich eingreifendem Handeln übergehen will.[73]

IV. DAS WERK IM KULTURELLEN UND SOZIALEN UMFELD

Gegenstände unserer Analyse waren die ästhetische Konstruktion des Werks und sein Verhältnis zu politischen und sozialpsychischen Vorgängen der Zeit. Damit sind freilich seine Besonderheit und seine Gesellschaftlichkeit nicht hinreichend erfaßt. Das folgende Kapitel macht sich daher zur Aufgabe, das Werk und sein sozio-kulturelles Umfeld extensiver und intensiver aufeinander zu beziehen. Die Erzählung steht in einem vielgliedrigen Spannungsverhältnis zum kulturellen Leben ihrer Zeit, zum Theater und zu allerlei Arten theatralischer Öffentlichkeit, zum Film und zu den Wissenschaften, aber auch zu anderen literarischen Gestaltungen. Wir überlassen uns einer *doppelten Bewegung:* vom literarischen Einzelwerk zur Gesamtkultur der Epoche hin und von der Gesamtkultur zum Werk zurück. So kommt eine wechselseitige Erhellung zustande, die sowohl der Epoche wie dem Einzelwerk schärferen Kontur verleiht. Was als das Wesen der Epoche zu gelten hat, ließe sich schwerlich mit generalisierenden Begriffen auf Anhieb sagen: in unüberschaubarer Komplexität baut sich die Epoche zunächst vor dem Betrachter auf. Das Einzelwerk jedoch eröffnet von seinen dominierenden Strukturen aus einen Zugang zu seiner Zeit: sie sind der Ariadnefaden, der den Betrachter durch die labyrinthische Vielfalt der Epochenerscheinungen führt. Wo die Werkstrukturen mit anderen Epochenerscheinungen zusammentreffen, literarische Elemente mit Elementen anderer Kulturformen konvergieren, enthüllt die Epoche charakteristische Züge ihrer sozio-kulturellen Physiognomie. Hier kommt die erste Bewegung an ihr Ziel. Die zweite erreicht es dadurch, daß im Spiegel der Gesamtkultur die schon vertrauten Strukturen des Einzelwerks eine neue Bestimmtheit und neue Valeurs gewinnen, ja, daß bislang unbekannte Seiten des Werks zum Vorschein kommen.

Die Literaturwissenschaft pflegt diese Methode der wechselseitigen Erhellung nur noch selten, auch die soziologisch orientierte. Sie übt sich eher in der "Anbindung" eines Textes an politische und ökonomische Daten als darin, ihn in anderen Künsten, in den Wissenschaften und dem kulturellen

Leben insgesamt zu spiegeln.* Und doch verraten die ästhetische, die wissenschaftliche und die Feierabendkultur mehr über das Selbstverständnis des gesellschaftlichen Subjekts als politische und ökonomische Daten, die ihnen als objektive Bewegungsgesetze zugrunde liegen. Das Kunstwerk als eine Form der Selbstverständigung des gesellschaftlichen Subjekts speist sich, auch unbewußt, aus den ihm unmittelbar benachbarten Kulturformen, es zitiert sie, antwortet auf sie, nimmt Stellung zu ihnen.

1. *Der Film – Cipolla/Dr. Caligari*

Auf den zeitgeschichtlichen Gehalt der Erzählung Th. Manns fällt vom Film her ein schärfer konturierendes Licht. Als Lichtquelle dienen uns weniger die nur selten zugänglichen Filme selbst als vielmehr Siegfried Kracauers Buch "Von Caligari bis Hitler".[1] Kracauers Filmgeschichte der Weimarer Republik läßt sich von der aufschlußreichen Idee leiten, Filme seien "ein Spiegelbild nicht so sehr von ausgesprochenen Überzeugungen und Glaubenssätzen als von bestimmten seelischen Veranlagungen – jenen Tiefenschichten einer Kollektivgesinnung, die mehr oder minder unterhalb der Bewußtseinsschwelle liegen." (S. 8) Indem Kracauer die ständige Wiederkehr der Motive Tyrannei und Chaos, Autorität und Rebellion, Gewalt und Freiheit sowohl in erfolgreichen als auch in erfolglosen, in wertvollen wie in wertlosen, in Groß- wie in Beifilmen auskundschaftet, erhellt er gesellschaftlich bedeutsame, wenn auch meist unbewußte Verhaltens- und Wahrnehmungsmuster. Nicht daß Th. Mann aus dem deutschen Film absichtlich jene Grundmotive geschöpft habe, ist hier die These, wohl aber, daß sozial relevante Strömungen auch solche künstlerischen Gebilde prägen, die sich einem verbreiteten Publikumsgeschmack und einer Massenästhetik nicht unmittelbar fügen. Keinesfalls zufällig erinnert die Figur des Cipolla an den Helden eines zehn Jahre zuvor entstandenen Drehbuchs – an "einen Schaubudenbesitzer namens *Caligari*, der im 18. Jahrhundert durch Norditalien zog und sein Medium Cesare in der Hypnose zahllose Morde begehen ließ." (S. 40) Aus dem Drehbuch wurde "Das Cabinet des Dr. Caligari", ein bald

* Für Ausnahmen von der Regel sorgte Jost Hermand, dem dieses Kapitel gewidmet ist: seine Epochendarstellungen von der Gründerzeit bis zur Weimarer Republik vergegenwärtigen Literatur als Teil der Gesamtkultur ihrer Zeit.

weltberühmter, das "Doppelgesicht deutschen Lebens" abbildender Film: "er verband eine Wirklichkeit, in der *Caligaris* Autorität den Sieg davontrug, mit einer Wahnvorstellung, in der diese selbe Autorität gestürzt wurde. Man mag darin eine deutliche Zeichensprache erblicken und jene Auflehnung gegen autoritäre Gewalten, die sich offenbar unter dem Deckmantel einer alles Aufständische ablehnenden Haltung vollzog." (S. 43) Es ist vor allem diese Doppelgesichtigkeit von Autorität und Rebellion, die den Film mit der Novelle vergleichbar macht. Im "Mario" mündet die Rebellion in ein Chaos, weil der kritische Sinn der zunächst Rebellierenden vom ästhetisierenden Vergnügen an Cipollas Künstlertum sich überwältigen läßt und einer anarchischen Unterwerfungslust Platz macht. Wie hier der ästhetische Schleier einer pseudo-künstlerischen Abendveranstaltung die Massen anlockt, um sie zur Selbstaufgabe zu verführen, so lockt die abenteuerlich flirrende Vorführung des Dr. Caligari die Massen auf den Jahrmarkt, um ihr Bedürfnis nach sinnlicher Ästhetik an eine gewalttätige Herrschaft zu ketten: "Wer wüßte nicht, mit welcher Lust sich Menschen aller Schichten und jeglichen Alters zwischen den grellen Farben und schrillen Tönen eines Jahrmarktgetriebes verlieren, um so bereitwilliger, als es allerhand absonderliche, ja unheimliche Gestalten zur Schau stellt und mit einer Fülle sinnlicher Sensationen lockt, die sich in ihrer ganzen Skala, vom ersten gewaltsamen Schock bis zum allmählichen, immer reizvolleren Genuß auskosten lassen. Für Erwachsene bedeutet es eine Rückkehr zur Kindheit, da Spiel und Ernst noch eins waren, Phantasie und Wirklichkeit einander durchdrangen und anarchische Triebe sich wie zum bloßen Scherz an noch unerprobten Möglichkeiten versuchen konnten." (S. 47) Kracauers Beobachtungen lassen den Schluß zu, daß die betäubende Herrschafts-Ästhetik eines Caligari diesen zu einem "ganz besonderen Vorläufer" Hitlers macht, in dem Sinne nämlich, daß auch Caligari ästhetisch verkleidete "hypnotische Gewalt anwandte, um menschlichen Werkzeugen seinen Willen aufzuzwingen, – eine Technik also, die in ihrem Ausgangs- wie Endpunkt jene 'Seelenlenkung' vorausahnen ließ, deren Hitler sich dann später und als erster in Riesenausmaßen bediente." (S. 47)

In diesem Sinne ließe sich Cipolla als ein Nachfahre Caligaris und weiterer Vorläufer Hitlers einstufen – sofern man sich der Differenz bewußt bleibt, die zwischen der Seelenlenkung als einem pseudo-künstlerischen Spiel mit politischer Zeichensprache und faschistischer Politik im pseudo-künstlerischen Gewande prinzipiell besteht. Wie wenig zufällig die Verwandtschaft Cipollas mit Caligari ist, wird aus einer physischen und psychischen Affini-

tät zu anderen Filmfiguren der Epoche ersichtlich, etwa zum Helden des Films "Vanina" (1922): "Der Gouverneur ist ein Krüppel und kann nur an Krücken gehen. Sein körperliches Gebrechen rückt ihn in die Nähe von *Homunculus*: wie dieser, so ist auch er ein Tyrann, dessen Sadismus einem tiefen Minderwertigkeitskomplex zu entstammen scheint. Hätte dieses Thema nicht eine verwandte Saite beim Publikum selbst angerührt, wäre es hier wohl kaum wiederaufgenommen worden." (S. 51) So rückt Cipolla in die Tradition der immer wieder in Szene gesetzten Tyrannengestalten, die einem verbreiteten Bedürfnis offensichtlich entsprachen. Ein Film wie der "Blaue Engel", zur selben Zeit wie "Mario und der Zauberer" entstanden, verdankte seinen Erfolg unter anderem jenem sadistischen Einschlag im Handeln der Autorität, der zuletzt Cipollas Publikum fasziniert: "Die Massen fühlten sich vom Schauspiel seelischer Folterungen und Demütigungen unwiderstehlich angezogen" (S. 140), gleichgültig, ob sie den Untergang des "Möchtegern-Rebellen" (S. 144) im "Blauen Engel" oder des römischen Herrn auf Cipollas Bühne verfolgten.

2. *Theater und theatralische Öffentlichkeit*

Die Filme der Weimarer Republik gewährten ihrem Publikum für seine bedingungslose Unterwerfung die Selbstbespiegelung im Glanz der Autorität. Angesichts dieser erfolgreichen Herrschafts-Ästhetik wird verständlich, wogegen Brechts Entwurf einer emanzipatorischen Ästhetik zielte. Mit dem "epischen Theater", Ende der zwanziger Jahre konzipiert, versuchen Brecht und sein Kreis, den in jener Herrschaftsästhetik zum Ausdruck kommenden Sozialcharakter zu bekämpfen. In den "Anmerkungen zur Oper 'Mahagonny'" (1930)[2] wird ironisch die knechtische Erwartung des ins Theater eilenden Bildungsbürgers kritisiert. Er wünscht "Wachs zu werden in den Händen der Magier" (S. 120), die als Autoren, Regisseure und Schauspieler über dem Publikum walten. Brechts Kritik klingt wie ein Kommentar zur Herrschaftsästhetik eines Cipolla: "Der Schmelzprozeß erfaßt den Zuschauer, der ebenfalls eingeschmolzen wird und einen passiven (leidenden) Teil des Gesamtkunstwerks darstellt. Solche Magie ist natürlich zu bekämpfen. Alles, was Hypnotisierversuche darstellen soll, unwürdige Räusche erzeugen muß, benebelt, muß aufgegeben werden." (S. 118) Die Merkmale, die Brecht der herkömmlichen, "dramatischen Form des Thea-

ters" zuschreibt, repräsentiert Cipollas Bühne in extremis: sie "verwickelt den Zuschauer in eine Aktion"/"verbraucht seine Aktivität"/"der Zuschauer wird in eine Handlung hineinversetzt"/"es wird mit Suggestion gearbeitet" (S. 116). Gegenüber dieser Bühnenwirkung versucht der rückblickende Erzähler der Novelle eine Haltung zu gewinnen, die eher der "epischen Form des Theaters" angemessen wäre: er macht sich zum Betrachter der theatralischen Aktion / will sich ihr gegenübersetzen / mit Argumenten arbeiten / seine Empfindungen bis zu Erkenntnissen treiben[3]. Bei diesem Versuch bleibt der Erzähler auf halbem Wege stecken, so daß er zwischen zwei Verhaltenspolen, einem "dramatischen" und einem "epischen", hin und her gleitet, ohne Cipollas geheimnisvolles Wirken je rational durchdringen zu können. Der ästhetische Konstruktivismus der Novelle ist ein Indiz für die mißlingenden Analyseversuche des Erzählers: die Dämonie Cipollas soll durch die Strenge der Form gebannt, seine magische Gewalt durch eine souveräne Gliederung in Schach gehalten werden. So spiegelt sich in der Spannung zwischen Gehalt und Form, Modernität der Motive und Inanspruchnahme einer traditionellen Gattungsstruktur stets auch die unaufgelöste Ambivalenz des Erzählers wider, seine zwiespältige Haltung gegenüber einem für die Weimarer Republik charakteristischen Sozialphänomen: ästhetisierte Gewalt.

Die erzählerische Ambivalenz läßt sich auch an einem Bühnenelement dingfest machen, das im Theater der zwanziger Jahre eine innovierende Geltung erlangt: dem Grotesken. Seine Einbindung in das Theater der Weimarer Republik ist ein Zeugnis dafür, daß dieses seinen elitären Rahmen sprengen und Volkstheater werden will.[4] Von Wedekind bis zu Brecht ist das Groteske eine gesellschaftskritische Kraft, die dem Publikum einfühlende Haltungen verwehrt und zur Verletzung fragwürdiger Normen taugt, zumal wenn sie sich mit den volkstümlichen Elementen des Zirkus, des Variété und des Kabaretts paart.[5] In dieser Hinsicht ist auch Cipollas Theater Volkstheater – und sein Publikum umfaßt dementsprechend verschiedenste Volksschichten. Auch scheint das Groteske im Bühnenspiel Cipollas zur Desillusionierung seiner Gestalt wie geschaffen – der Erzähler läßt in dieser Hinsicht nichts unversucht: "Es war greulich, wie der Betrüger sich lieblich machte, die schiefen Schultern kokett verdrehte, die Beutelaugen schmachten ließ und in süßlichem Lächeln seine splittrigen Zähne zeigte." (S. 541) Dieser Augenblick jedoch, – "grotesk, ungeheuerlich und spannend" – der Augenblick "der traurigen und skurrilen Vereinigung von Mario's Lippen mit dem abscheulichen Fleisch" (S. 541 f.), zeigt das Publikum auf dem

Höhepunkt einer Faszination, die auch der schreibende Erzähler nicht rational aufzulösen vermag. Seiner grotesk gezeichneten Hauptfigur haftet, wie den Figuren der expressionistischen Tyrannenfilme, bis zuletzt jene abgründige Magie an, die sich gegen eine erzählerische Durchdringung aus "epischer" Distanz sperrt. Was im zeitgenössischen Theater dieser Distanz den Boden bereiten und wahre Solidarität präfigurieren sollte, die volkstümliche Stilmischung, das Groteske, das Volk als Mitspieler – wird vom Führer usurpiert und dem Erzähler als analytisches Gestaltungsmittel entwendet.

Damit soll nicht gesagt werden, daß Cipolla in eine bewußte Konkurrenz zum künstlerisch anspruchsvollen Theater seiner Zeit trete. Er kann ja sein Halbkünstlertum durchaus nicht verleugnen – weder seine Abkunft vom "Typus des Scharlatans, des marktschreierischen Possenreißers" (S. 514), der den "Eindruck reklamehafter und phantastischer Narretei" erweckt (S. 514), noch seine Ähnlichkeit mit dem Habitus eines "altmodischen Zirkusdirektors" (S. 519) oder auch eines "fahrenden Virtuosen" (S. 511). Eine gewisse Nähe Cipollas zum Jahrmarkt und zum Zirkus läßt sich nicht übersehen. Er unterhält Beziehungen zu jener archaischen, volkstümlichen Unterhaltungstradition, die in der Weimarer Republik noch kräftig gedeiht. Das Gewicht des Schaustellergewerbes als eines "Massenunterhaltungsfaktors" ist offenbar beträchtlich, "wenn es im Deutschland der Weimarer Republik 10 000 Jahrmärkte gab, die im Laufe einer Saison von 80 000 000 Menschen besucht worden sind. Wenn rund 200 000 selbständige Gewerbetreibende als 'fahrende Leute' auf Jahrmärkten ihre Existenz fanden, erscheint die Zahl von ca. 16 000 Bühnenangestellten an institutionalisierten Theatern vergleichsweise gering."[6] Man sieht, welche Nähe die Novelle zu kulturellen Sozialphänomenen der Epoche durch die Gestalt des marktschreierischen und zirkushaften Schaustellers Cipolla gewinnt. Gleichzeitig wird jedoch auch seine Distanz zu den Berufsgenossen sichtbar. Wie sie lenkt er zwar die Neugier, die Sensationslust und das Zerstreuungsbedürfnis des Publikums auf eine "aus der Alltäglichkeit herausfallende Exotik" (S. 445), politisiert diese aber im Gegensatz zum wirklichkeitsentrückenden Spiel vieler Kollegen (vgl. S. 446). Cipollas Hypnoseakte sind Teil einer bewußt inszenierten Herrschaftsästhetik, die der Unfreiheit eine beredte Stimme leiht, blinden Kollektivismus im Spiel verschönt und den Individualwillen an einer magischen Schicksalsmacht zuschanden werden läßt. Diese antidemokratische Theatralik unterscheidet Cipolla wesentlich von einer anderen Variante volkstümlicher Öffentlichkeit in der Weimarer Republik[7]: dem nicht-kommerziellen Arbeiter- und Laientheater, das der mechanisierten Arbeitswelt die einfallsreiche Phantasie entgegensetzt, der Vereinzelung das solidarische Massenspiel, der Fremdbestimmtheit im Beruf die Selbstbestimmung im Spiel, dem Konsum die Selbstunterhaltung (vgl. S. 447 ff.). Die konträren Politisierungen volkstümlicher Theatralik haben eines gemeinsam: den ästhetischen Anspruch. Wie das Arbeiter- und Laienspiel legt auch Cipolla Wert auf formbewußte Darbietungen, auf gestischen und szenischen Einfallsreichtum. Darin ist er dem üblichen Schausteller überlegen. Nicht zufällig nennt ihn der Erzähler auch "Conférencier" (S. 519) – er ist die sublimierte Gestalt des Ausrufers und Marktschreiers (vgl. S. 444 ff.). Cipollas Conférence klammert niedere Volksschichten nicht aus, ist aber zugleich, wie die Conférence des Kabaretts, auf die Bildungsbürger berechnet, operiert mit Pointen, gestaffelten Situationshöhepunkten, Sprachwitz und rhetorischen Effekten. So kann sie mit der volkstümlichen und der gehobenen Theatralik zugleich wetteifern – freilich auch hier mit dem maßgeblichen Unterschied, daß sie die vom Kabarett anvisierte "Politisierung des Vergnügens"[8] umwendet. Besitzt nämlich das Kabarett der Weimarer Zeit in seinen Anfängen weniger Erlebnis- als Erkenntnischarakter, fordert es, hierin ein Vorläufer des Brechtschen Theaters, den Zuschauer zur selbständigen Ergänzung von Anspielungen und zur schöpferischen Füllung verbaler Lücken auf, aktiviert es seine politische Assoziationskraft, versteht es sich als eine "darstellende Kunst, die die Autorität von öffentlichen Personen, Institutionen und Tatbeständen (. . .) wertmindernd infragestellt" und dem Lachen "preisgibt"[9]: so verkehrt Cipollas Theater alle diese Bestimmungen in ihr Gegenteil. Kraft seines ästhetischen Anspruchs kann er dabei mit der "achtungsvollen Anteilnahme der gebildeten Öffentlichkeit" (S. 517) rechnen; aller "Clownerie" abhold, agiert er mit der "strengen Ernsthaftigkeit" eines Künstlers (S. 514), der seine Aufführung als "Arbeit", als eine "äußerst strenge und aufreibende Leistung" (517) wertschätzt. Kultursoziologisch gesehen, erstrebt er die fatale Vermittlung der volkstümlichen, gehobenen und höheren Kunst, insofern er diese Künste gleicherweise beerbt und politisch umwertet bzw. in den Dienst inhumaner Politik stellt. Seine Halbkunst ist auf alle Schichten und Klassen abgestimmt und schlägt alle in Bann. Eben darin beruht ihre repräsentative zeitgeschichtliche Symbolkraft. Sie nimmt die trügerische Konzeption des "Volks" vorweg, die wenig später von den Nationalsozialisten über die Realität gestülpt wurde – zum Nachteil der ohnedies unterprivilegierten Mehrheit dieses Volks.

Unsere Hinweise auf Brecht waren ein erster Behelf, um den Erzählteil der Novelle im Kontext zeitgenössischer Schreibweisen zu charakterisieren. Nähere Auskünfte versprechen Vergleiche mit Werken Bruno Franks und Lion Feuchtwangers. Beide Schriftsteller entwickelten in den zwanziger Jahren einen realistischen Stil aufklärerischen Charakters, dessen Breitenwirkung Th. Mann mit intensiver Sympathie begleitete.[10]

Bruno Frank: "Politische Novelle"

Bruno Franks "Politische Novelle", 1928 erschienen, fand im Autor der zwei Jahre später publizierten Erzählung "Mario und der Zauberer" sogleich einen beredten Anwalt, der das nationale, ja europäische "Aufsehen", das die "Politische Novelle" erregte, zu erklären wußte: "Ihr Gegenstand ist groß und brennend, er beschäftigt Millionen (. . .). Um die deutsch-französische Annäherung geht es, dies Problem, von dessen Lösung die Arbeitsruhe, die Festigung, die Wiederherstellung, die Erhaltung Europas abhängt (. . .)."[11] Als Befürworter eines dauerhaften europäischen Friedens treten in Franks Novelle der deutsche Ex-Minister Carmer und Dorval, der französische Außenminister, auf, eine unmittelbar aus dem Leben gegriffene Gestalt: ihr Urbild ist Aristide Briand, der als Außenminister Frankreichs in den zwanziger Jahren die paneuropäische Friedensbewegung angeregt und befeuert hat. Der Deutsche Carmer, bisweilen an Stresemann erinnernd, tritt nach einem längeren Aufenthalt in Italien die Heimreise an, um in Deutschland wieder als Minister in einer neuen Regierung aktiv zu werden. Er trifft sich in Cannes mit Dorval, und im Geist eines europäischen Humanismus bereden beide die dringlichsten Fragen ihres Jahrzehnts. Die ökonomische Organisation der mitteleuropäischen Staaten bedarf einer Veränderung, die von der Neuverteilung des materiellen Reichtums inspiriert sein muß: "'Die Sache fängt damit an, daß heute sechs Millionen Europäer nichts zu essen haben. Aber die sechs Millionen sind nur die Unglücklichsten. Der Rest, überwiegend, lebt elend. Bei Ihnen in Frankreich lebt er heute karg, bei uns fristet er ein Dasein ohne alle Freude. (. . .) Aber auch von denen, die übrig bleiben, hat fast niemand Geld. Dennoch regiert das Geld.'" (S. 44 f.)[12] Die Herrschaft des Geldes bleibt nicht anonym – die beiden Staatsmänner stellen alsbald die Haupttendenzen, die Verwalter und die Menschenfeindlichkeit dieser Herrschaft bloß: "'(. . .) zwölftausend Millionen Goldfrancs bezahlen die europäischen Staaten jedes Jahr für ihre Rüstung. (. . .) Unsere Großmächtigen, für die wir alberne Träumer sind, starren wie behext auf ihre Fetische: Erz, Petroleum, Baumwolle, Kautschuk. Viel lieber als den Verzicht auf ein halbes Prozent wollen sie lautlose Städte sehen, in denen die Gerippe der vergasten Menschen aufrecht um den Familientisch sitzen.'" (S. 46 f.)

Der prophetische Realismus Franks ist bedrängend, und auch dort, wo er sich auf die unmittelbare Gegenwart beschränkt, enthüllt er nicht nur, was "alltäglich in demokratischen Blättern" steht, wie ein häufiger Vorwurf lautete.[13] Seine Novelle nährt sich gewiß auch aus politischer Alltäglichkeit, bezieht daraus ihre zeitbezogene, auf unmittelbare Wirkung zielende Energie. Aber diese Schreibweise hat, wie Thomas Mann rühmt, einen bemerkenswerten ästhetischen Rang: "Es steckt eine Kunst der Zuspitzung, des Aufbaus und der Stoffverteilung in diesen schlagenden, von Wohlwollen, Empörung und leidenschaftlichem, europäischem Selbstgefühl hoch dahergetragenen Gesprächen, welche die unmittelbarsten politisch-wirtschaftlichen Lebensangelegenheiten von hundert, von dreihundert Millionen Menschen in die unzweifelhaft dichterische Sphäre diskursiven Glanzes erheben, eine Kunst, sage ich, wie unsere Novellistik sie selten aufgebracht hat, wenn es sich um sogenannte reinmenschliche Gegenstände handelte, und die den Leser genußvoller hinreißt, als so manches Mal Individualgefühle es zu tun vermochten."[14]

Franks operative Novellistik verschränkt, um Th. Manns Würdigung begrifflich verkürzt zu resümieren, provozierende Aktualität und politisch-wirtschaftliche Aufklärung mit genußversprechender Dramaturgie, und zwar so, daß diese drei Erzählelemente einander unmittelbar bekräftigen. Im Unterschied dazu stellt die Novellistik Th. Manns den politischen Gesellschaftsbezug nicht direkt, sondern über ein an sich unpolitisches Medium her. Mit Cipolla läßt Th. Mann ja keinen Politiker auftreten, sondern einen Zauberer, dessen Pseudo-Kunst erst nach und nach einen politischen Verweischarakter entfaltet. Anders bei Bruno Frank. Vor den Augen seines deutschen Helden, Carmers, entrollt sich zu Beginn der Novelle, noch während seines Aufenthaltes in dem süditalienischen Dorf Ravallo, an einem Sonntagmorgen der theatralische Aufzug von Mussolinis Faschisten. Nicht die Pseudo-Kunst mit politischem Verweischarakter regiert, sondern die Politik im pseudokünstlerischen Gewande. Das verleiht der Szene in Franks Novelle ihre relative Gesellschaftsunmittelbarkeit. Ihre relative – denn gebrochen ist diese Unmittelbarkeit insofern, als der Faschismus nicht an seinem Entstehungsort und in seinen Hochburgen vorgeführt wird mitsamt seiner repressiven Gewalt, sondern in einer milderen Gestalt, zurechtgestutzt für eine ländliche Kampagne. Aber genau diese Brechung macht Franks Erzähler dem Leser eindringlich bewußt, wenn er sich über Mussolini und sein altrömisch verkleidetes Bildnis auf den Plakaten ausläßt: "Der Hochmögende dort in der Toga war Geschöpf und Beauftragter der großen Fabrikherren im Norden, ihnen hatte er das aufsässige Heer ihrer Arbeiter gefügig gemacht, zum Segen der Produktion und der Kasse. Dort im industriellen Bezirk und dann in Rom, seiner Residenz, war seine Herrschaft in Flor und manifestierte sich tobend. Langsamer gewann man den Süden, wo das Volk lässig war, unbekümmerter, zum Spott sehr geneigt, und wo wenig Industrie war, die zahlte (. . .). Man griff herunter aus Rom mit dem gepanzerten Arm, mit Werbezügen und Glorie." (22) Auch in der künstlerischen Brechung des süditalienischen Dorfplatzes erinnert der Erzähler ständig an den realen Charakter des Faschismus und an seinen wahren, ästhetisch verkleideten Zweck: die Unterwerfung der Armen und Unterprivilegierten unter das Szepter der kapitalistischen Produktion.

Was Frank als politisch-wirtschaftlichen Grund und Zweck des Faschismus aufdeckt, kann und will Th. Manns Novelle nicht erhellen. Der autonome Pseudo-Künstler Cipolla lebt von eigenen Gnaden – eine außer ihm liegende sachliche Basis, etwa ökonomischer Art, benötigt seine Kunst der Hypnose nicht. Daß sie sich als Kunst der Massenunterwerfung entpuppt und politischen Verweischarakter erhält, zeugt von Th. Manns zeitgeschichtlicher Bewußtheit. Sie sollte allerdings nicht überschätzt werden, wie seine Rezension der Novelle Franks lehrt. Wo Frank nicht unmittelbar die Unterwerfungs*politik* des Faschismus, sondern seine Unterwerfungs*kunst* im Visier hat, folgt Mann ihm kongenial – als humanistisch gebildeter Ästhet hat er ein hochempfindliches Sensorium für die berechnende Ästhetik und suggestive Theatralik faschistischer Politik, nicht jedoch für ihre europäische Tragweite und Folgenschwere. Das wird an den wenigen Vorbehalten evident, die Th. Mann gegen Franks "Politische Novelle" formuliert: er, Mann, teile nicht Franks Abscheu vor der Geistesverfassung des neuesten Italien "in dieser Unbedingtheit" – und er sei außerdem dafür, daß man "vor der eigenen Türe" kehre und anderen Völkern die Methoden "zur Lösung der sozialen und staatlichen Probleme" überlasse.[15] Der eine wie der andere Vorbehalt verfehlt den sozialen Humanismus Franks. Denn der Verfasser der "Politischen Novelle" kann nicht anders als mit "unbedingtem" Abscheu auf eine Politik reagieren, die mit heruntergekommener Theatralik die Mehrheit eines Volks verblendet, um sie zum Material für profitheischendes Unternehmertum und für Eroberungskriege umzuformen. Und mit der sarkastischen Kritik an dieser ästhetisierenden Politik des neuesten Italiens kehrt Frank zugleich vor Deutschlands eigener Türe. Noch ehe er nämlich das fremde Land aufs Korn nimmt, läßt er seinen Helden Carmer über die Geistesverfassung des deutschen Volks in der Weimarer Republik gallenbitter räsonieren: über seinen Hang zur romantischen Selbstbetäubung und zum Kolossalen, über die deutsche Anfälligkeit für Heiland-Figuren, für den krakeelenden General, den eitlen Konjunkturmystiker, für autoritäre Volksverführer, die eine weit verbreitete, nach dem verlorenen Krieg aufgebrochene Unsicherheit ausnutzen und national-stolze Spruchtafeln schwenken. Just diese deutschtypischen Dispositionen und Pseudo-Helden sind es, die Franks Hauptgestalt im fernen Italien zu üppiger Blüte reifen sieht. Die erzählerische Strategie besteht darin, im gegenwärtigen Schicksal Italiens die drohende Zukunft Deutschlands warnend zu antizipieren. Schon wenige Jahre später sollte die warnende Hellsichtigkeit Franks historisch beglaubigt werden – 1930 durch den Aufschwung der NSDAP bei den Septemberwahlen und 1933 durch ihre Machtübernahme.

Th. Manns Vorbehalt gegen den operativen Realismus Franks schwingt in seiner eigenen Novellistik nach. Zur Eigentümlichkeit der politisch herausfordernden Schreibweise Franks gehören verallgemeinernde Reflexionen der Hauptfiguren und des Erzählers – Reflexionen, die den Handlungsverlauf kommentieren und ihn kritisch auf das aktuelle Zeitgeschehen beziehen. Die Individualität der epischen Handlung wird auf eine repräsentative Allgemeinheit hin durchsichtig gemacht. Demgegenüber durchbricht Th. Manns Erzähler seltener und zögernder, eher tastend und verunsichert, den geschlossenen Stromkreis der künstlerisch-individuellen Handlung. Der Zauberer Cipolla schlägt den sich erinnernden Erzähler auch im Nachhinein noch in seinen Bann – und die eingestreuten Erzähler-Reflexionen sind so unmittelbar an den Handlungsverlauf geheftet, daß ein episch-kritischer Standort und eine verallgemeinernde Überschau allenfalls sporadisch gewonnen werden können. Doch gerade das widerwillige Gefesseltsein des Erzählers an den Handlungsverlauf, seine immer wieder scheiternden Versuche, ihn mit souveräner Kritik zu durchdringen, verraten etwas von der Faszination, die faschistische Öffentlichkeitsstrategien auf die Zeitgenossen ausübten. Plastischer und bedrängender als in der faschistischen Revue, die Franks Erzähler aus episch überlegenem Standort passieren läßt, kommt bei Th. Mann das politisch Neue zur Darstellung, seine Innenseite, die psychische Dynamik, die zwischen Führer und Geführten abläuft. Aber in dieser Realitätstreue der Novelle wird auch die ihr eigentümliche Beschränkung sinnfällig. Im Medium der theatralisch eindrucksvollen und rätselhaft wirkenden Hypnose ästhetisiert und mystifiziert Cipolla das Führer-Volk-Verhältnis, ohne daß der Erzähler den Bann, in den seine Hauptfigur das Publikum schlägt, aufhellen und aufklären könnte. So webt er an der ästhetisierenden Verschleierung einer politischen Verkehrsform mit, die er gleichzeitig aus kritischer Distanz betrachtet.

Lion Feuchtwanger: "Erfolg"

Skizziert Franks "Politische Novelle" in erster Linie die sozialpolitischen Fundamente und Zwecke faschistischer Führerpolitik, die bei Th. Mann verborgen sind, so Feuchtwanger vor allem die sozialpsychische und wirtschaftliche Situation der von dieser Politik Verführten. Sein Roman "Erfolg", 1930 erschienen, also im selben Jahr wie "Mario und der Zauberer", enthält ein Kapitel ("Noch vor der Baumblüte"), das den Führer und sein Volk in einer Massenversammlung zeigt. Für diesen Führer, Rupert Kutzner, stand Hitler Modell; seine national-sozialistische Partei erscheint im Roman als die der "wahrhaft Deutschen". Wie Cipolla schlägt Rupert Kutzner sein Publikum durch theatralische Ästhetik in Bann, und zwar von Beginn an: "Endlich hielt, begleitet von den Fahnen, unter ungeheurem Jubel, Rupert Kutzner seinen Einzug, den sorglich gescheitelten Kopf gereckt, marschierend zu der dröhnenden Blechmusik." (S. 524)[16] Der Führer setzt diese Ästhetik in Rede, Geste und Mimik fort, beraten von einem ehemaligen Schauspieler. Die Massenwirkung der Führerpolitik beruht auf der Indienstnahme der Kunst: "Ein glücklicher Stern hatte den Staatsmann Kutzner und den Künstler Stolzing zusammengeführt. (. . .) Der Alte mit dem eindrucksvollen Römerkopf saß in jedem Vortrag des Führers, kontrollierte Atemführung, Aussprache des R, kontrollierte Schreiten, Trinken, Sprechen des Führers, ob es Schönheit und Würde habe." (S. 526 f.) So gewinnt Kutzner alle Züge eines Staatskünstlers, der durch Sprache und Erscheinung seine Politik ästhetisiert. Den Marsch auf Berlin, wo er das Staatsruder im blutigen Handstreich an sich zu reißen gedenkt, legt er auf die Zeit "noch vor der Baumblüte" fest: "Noch vor der Baumblüte. Das war eine Verheißung, die sich den Menschen ins Herz grub. Die Leute lauschten benommen, glücklich. Der prächtige Schall Rupert Kutzners, seine bewegte Mimik riß sie mit. Sie vergaßen, daß ihre paar Wertpapiere wertlos waren, die Versorgung ihres Alters gefährdet. Wie dieser Mann es verstand, ihren Träumen Worte zu geben." (S. 525)

Wie Cipolla imponiert Kutzner durch künstlerisches Gebaren. Er bestätigt als Politiker, was Cipolla als Künstler offenbarte: die Verfügungsgewalt über die Masse ist im ästhetischen Gewande besonders wirkungsvoll, Herrschaft fasziniert als schöne Kunst der Unterwerfung. Bei Feuchtwanger aber wird, anders als bei Th. Mann, diese Herrschaftsästhetik auf ihren Grund hin durchsichtig: auf ihre sozialen und sozialpsychischen Triebfedern. Der Marsch auf Berlin noch vor der Baumblüte spiegelt im poetischen Bild den Zuhörern eine Teilhabe an Gewalt und Macht vor, der sie offensichtlich bedürftig sind. Kutzner weiß diese Bedürftigkeit zu nutzen, wenn er den "italienischen Führer Mussolini" als "leuchtendes Vorbild" hinstellt (S. 524). Im Glanz der Machthaber bespiegeln sich die Massen, werten sie den nationalen Minderwertigkeitskomplex auf, den der raffinierte Kutzner mit der Erinnerung an den "Schmachfrieden von Versailles" entfacht hatte (S. 524). Im Begriff des "Schmachfriedens" sind auch die politischen Aggressionen versteckt, denen Kutzner durch die Schlagworte von den "frechen Advokatentricks des Franzosen Poincaré" und von "internationaler Verschwörung" neue Nahrung zuführt (S. 524). Die politischen Aggressionen der Masse gedeihen auf einem schwankenden Wirtschaftsgrund, in den der Erzähler gleich anfangs einen Blick geworfen hat: "Alle schimpften sie, daß der Wert der Mark so närrisch sank, alle machten sie die Juden und die Regierung dafür verantwortlich, alle erhofften sie sich Befreiung durch den Kutzner". (S. 523) Offenbar können die Massen die Inflation, eine für die zwanziger Jahre typische Erscheinung, nur in Form eines doppelten Kurzschlusses bewältigen: weil sie die wahren Ursachen der wirtschaftlichen Misere verkennen, machen sie erstens die aus der Misere erwachsenden Aggressionen an Sündenböcken wie den Juden dingfest und erwarten sie zweitens ihr wirtschaftliches wie ihr psychisches Heil vom politischen Führer als dem omnipotenten Helden. Feuchtwangers poetisches Verfahren besteht darin, daß er Realphänomene der Weimarer Republik – Inflation, Antisemitismus, Führerkult – in dokumentarischer Treue der fiktiven Handlung einschreibt und zeigt, wie sie sich in der Massenpsyche bar aller Logik aufeinandertürmen, so daß der Kurzschluß zwischen wirtschaftlicher

Not, sozialer Schuldzuschreibung und politischer Heilserwartung als Massenphänomen kenntlich wird.

Zu diesem poetischen Verfahren gehört die Technik einer Individualisierung, die nie des verallgemeinerbaren Grundzugs entbehrt. Die dem Führer hingebungsvoll lauschenden Versammlungsteilnehmer schließen sich bei aller Verschiedenartigkeit der Berufe zu dem Heer der Kleinbürger und der Mittelschichtsangehörigen zusammen, das für den Führerkult so empfänglich war wie keine andere Gesellschaftsklasse. Auch die Gründe dieser Empfänglichkeit haben bei aller Singularität allgemeinen Charakter: der gekränkte Besitzerstolz des Hauseigentümers Cajetan Lechner; die gekränkte Ehrliebe des Gymnasiallehrers Feichtinger; der betrügerische Konkurrenzgeist der Staubsauger-Vertreter auf dem Rücken des Ehepaars Hautseneder, das sich darob wechselseitig das Leben zur Hölle macht; der Sauberkeitstick des Regierungsinspektors Ersinger und die peinliche Ordnungsliebe der zur Zimmervermieterin deklassierten Hofrätin Beradt; die politische Kurzsichtigkeit des Maurerpoliers Bruckner – das alles sind Eigenschaften, die kräftig in den Zwischenschichten gedeihen, im Windschatten des Kleinbesitzes und der Konkurrenzangst, in der Enge haushälterischer Triebhemmung und in der dumpfen Abgeschiedenheit von der Politik des Kapitals und des Proletariats. Auf dem Boden dieser Zwischenschichten blüht der Weizen des rache- und ordnungsheischenden Politikers. Die dem Führer zu Füßen liegende Masse projiziert auf ihn, was der Alltag unerfüllt ließ: ihre Liebeswünsche. Und sie darf im Schutze des Führers gleichzeitig den Aggressionen die Schleusen öffnen, die dieser kleinbürgerliche, kleinliche, wirtschaftlich bedrohte, deklassierende Alltag so kräftig nährt. Die Volksgemeinschaft ist in Wahrheit die Heimstätte der Rachebedürfnisse und der Strafphantasien. Als der Führer mit "träumerischem Lächeln" ankündigt, er werde seine Gegner "legal hängen lassen" (S. 525), träumt alles mit: "Alle im Saal lächelten jetzt, das gleiche, nachdenkliche Lächeln wie der Führer. Sie sahen ihre Gegner am Galgen hängen oder an Bäumen, mit blauen, vorquellenden Zungen, der Lechner sah den Galizier hängen, den Käufer des gelben Hauses, die Frau Hautsneder die beiden Reisenden mit dem Staubsauger, die beiden Reisenden die Frau Hautseneder, und alle tranken tief und befriedigt aus den großen, grauen Krügen." (S. 526)

Die Episode deutet darauf hin, daß die Unterwerfungsbereitschaft dieser Masse mit der Neigung zur Gewalttätigkeit verschwistert ist. Der Erzählakt legt die Geburt dieser zwiegesichtigen und zwielichtigen Sozialpsyche offen. Aus dem politischen Minderwertigkeitsgefühl, aus der wirtschaftlichen Not und der Angst vor sozialer Deklassierung entstehen einerseits das sklavische Anlehnungsbedürfnis an eine Macht, die alle Wunden zu heilen verspricht und deren Glanz die Deklassierten wieder aufwertet, andererseits ein Rache- und Vergeltungsbedürfnis, das mit Hilfe dieser Macht sich ungeniert äußern darf. Die Psyche der Masse politisiert sich im Bannkreis der Macht, ohne daß die geringste rationale Überprüfung der Politisierung statt hat. Während die Logik der Psyche zur Macht hindrängt, verstummt die Logik des Denkens. Dieses Mißverhältnis beutet der Erzähler mit sattsamer Ironie aus, so daß die Figuren in das Licht der Groteske rücken, etwa der reinlichkeitsbesessene Regierungsinspektor Ersinger: "Als ihm aber seine Frau, statt der gewohnten hygienischen Rolle, Zeitungspapier ins Klosett hing, da riß ihm die Geduld, und er ging zum Kutzner." (S. 523) Ironie und Groteske sind die Erzählmittel, die es dem Leser gestatten, die Politisierung der Psyche als logischen Kurzschluß zu durchschauen: als eine der Ratio spottende Triebdynamik. Indem der Erzähler das Handeln der Figuren auf den verborgenen wirtschaftspolitischen und seelischen Grund hin durchsichtig macht und sie als die zeitgemäßen Repräsentanten einer bestimmten Gesellschaftsschicht erscheinen läßt, sieht sich der Leser von der poetischen Fiktion stets an die soziale Realität zurückverwiesen, nicht suggestiv gelenkt, sondern vom überlegenen, freie Reflexion und kritischen Genuß verbürgenden Standort des Erzählers aus.

Unter dem Blickwinkel dieser Schreibweise fällt auf diejenige Th. Manns ein schärfer konturierendes Licht. Seinem Erzähler bleibt ein Rätsel, was derjenige Feuchtwangers aufzuhellen weiß: die Ursachen für den autoritären Wirkungsmechanismus zwischen Führer und Volk. Gebunden an die geheimnisvoll wirkende Hypnose läßt der Erzähler des "Mario" die politischen und sozialpsychischen Gründe für die Unterwerfungsbereitschaft und den Massentaumel der Hypnotisierten im Dunkeln. Rätselnd umkreist er den Tiefeneinfluß Cipollas, als Ästhet und Moralist von ihm angewidert, als Psychologe, soziologischer Betrachter und politisch Erkennender von ihm überrumpelt, als Novellist dazu herausgefordert, ihn durch die Strenge der wohlkalkulierten Form zu bändigen. Daher die Ambivalenz des zwischen Ironie und diffuser Charakteristik, souveränem Gestus und hilflosem Kommentar, geselliger Mitteilung und schockierender Erinnerung hin und her spielenden Stils. Was die Hypnose an politisch-sozialer Realität ausblenden muß, war freilich schon am Schauplatz der Handlung notwendigerweise unterbelichtet: Gebunden an seinen Ferienort, ist der Erzähler dem politisch-sozialen Kontext der italienischen Strandgäste ferngerückt. Was er jedoch in diesem durch die Stoffwahl festgelegten Erzählrahmen leistet, ist des interpretierenden Nachvollzuges wert. Die verengte Perspektive ermöglicht eine Wahrnehmungsschärfe und Wahrnehmungstreue, die zur Zeitkritik tendieren. Die Privatheit des Ferienortes und seiner Gäste wird als politisch durchwirkt erfahren, so daß ein Element faschistischer Politik, das Eindringen des Staats in die Privatsphäre, spürbar wird. Auch wenn die Formen dieses Eindringens, z. B. rigider Nationalismus, nicht genuin faschistisch sind, so kennzeichnen sie doch eine allgemeinere Zeittendenz, wie sie auch in der Weimarer Republik vorherrschte. Und der den Badestrand ablösende Schauplatz des Hypnotiseurs Cipolla stellt immerhin eine Analogie zu einem politischen Forum dar; er verschönt im pseudo-künstlerischen Gleichnis die Verfügungsgewalt faschistischer Machthaber und die Fremdbestimmtheit einer sich unterwerfenden Masse, entblößt also ein Hauptelement faschistischer Strategie: die Ästhetisierung der Politik. Das ist die enthüllende Leistung der zugleich verhüllenden, das Führer-Volk-Verhältnis verrätselnden Hypnose.

4. *Existenzphilosophie. Karl Jaspers: "Die geistige Situation der Zeit"*

Film, Theater und literarischer Realismus zeigen die Repräsentativität der Zentralmotive Th. Manns an. Was die ästhetischen Medien der Zeit beschäftigt, ist aber auch Gegenstand der Philosophie. Zumal die Existenzphilosophie bezeugt, wie sehr die Epoche von den Fragen bewegt wird, die sich Th. Manns Novelle stellt. Im Geleitwort zu seiner berühmten Schrift "Die geistige Situation der Zeit" schrieb Karl Jaspers 1946 anläßlich des Neudrucks der fünften Auflage: "Dieses Buch ist im Jahre 1930 geschrieben. Ich hatte damals kaum Kenntnis vom Nationalsozialismus, etwas mehr Kunde vom Faschismus. In der Befriedigung über den gerade erreichten Abschluß des Manuskripts war ich bei den Septemberwahlen 1930 erstaunt und erschrocken über den damals ersten Erfolg der Nationalsozialisten. Das Manuskript blieb ein Jahr liegen, da ich es nicht an die Öffentlichkeit lassen wollte ohne meine Philosophie, die 1931 in drei Bänden einige Wochen nach dieser Schrift erschien."[17]

Wie Th. Mann und andere zeitgenössische Intellektuelle hatte Karl Jaspers bis 1930 mehr Kunde vom italienischen Faschismus als von seiner deutschen Spielart, dem Nationalsozialismus. Und wie den Dichter durchfuhr den Philosophen ein gehöriger Schrecken angesichts der Septemberwahlen 1930, hatten doch beide eben erst das faschistische Gespenst im Medium der Schrift zu bannen gesucht. Was Th. Mann als italienische und Jaspers als allgemeinere Zeiterscheinung ins Visier genommen hatte, schaffte sich unversehens Bahn auf deutschem Boden. Jaspers hatte seine Zeitdiagnose unter anderem an einem Phänomen entwickelt, das auch den Schauplatz der Novelle Th. Manns heimsucht: der Masse. "Die Herrschaft der Masse", so Jaspers, "dringt in die besonderen Tätigkeiten und Lebensweisen des Einzelnen. (. . .) Sie kann alles zertreten, hat die Tendenz, keine Selbständigkeit zu dulden und keine Größe, aber die Menschen zu züchten, so daß sie zu Ameisen werden. (. . .) Sie will geführt sein, doch so, daß sie zu führen meint." (S. 37) Th. Mann entfaltet diese Herrschaft der Masse nur im Medium des Spiels, das der Massenführer Cipolla inszeniert, aber er läßt durch das Spiel hindurch den Ernst des modernen Lebens, das im Zeichen der Masse steht, transparent werden. Die Masse herrscht in vielerlei Gestalt, sie bringt sich laut Jaspers überall zur Geltung: "in der Begeisterung für das (. . .) Ungeheure, für technische Schöpfungen, für riesige Menschenansammlungen, in den öffentlichen Sensationen durch Leistung, Glück und Geschick einzelner Individuen; in dem Raffinement und der Brutalisierung des Erotischen; im Spiel und Abenteuer und selbst im Lebensrisiko." (S. 44) Es bedarf keiner Assoziationskunst, um zu sehen, daß die philosophische These in Manns Novelle ästhetisch beglaubigt ist. Cipollas öffentliche Sensation erweckt die Begeisterung für das Ungeheure und mündet anläßlich der hypnotischen Verführung Marios in die Brutalisierung des Erotischen, die gleichbedeutend mit der Zerstörung der Individualsphäre ist. Schon am Beispiel des römischen Herrn bejubelte die Masse den Angriff Cipollas auf das Individuum. Ihm und seiner Gefährdung gilt das beschwörende Pathos der Existenzphilosophie Jaspers': "Die Instinkte des Massenmenschen vereinigen sich, wie schon öfters, gefährlicher als je, mit religiös-kirchlichen und politisch absolutistischen Instinkten, um die universale Nivellierung in der Massenordnung mit einer Weihe zu versehen." (S. 117) Proben einer derartigen Weihe liefert Jaspers, wenn er das Vokabular des neuen Irrationalismus zitiert: "'Majestät des Volkes'", "'Volkswille ist Gottes Wille'", "'Dienst am Volke'" (S. 69) sind Zauberformeln, die in leichter Abwandlung auch von Cipolla für die Befestigung seiner Herrschaft benutzt werden – für die Umbiegung der "Autorität zur Despotie" (S. 175), um es mit den Worten von Jaspers zu sagen, der hier auch ein zentrales Thema von Film und Theater der Weimarer Republik berührt. So sieht sich die philosophische Reflexion geradewegs vor das Kardinalproblem der Epoche geführt: "So scheint die *Grundfrage der Zeit*, ob der unabhängige Mensch in seinem selbstergriffenen Schicksal noch möglich sei." (S. 192).

Bei der Lösung dieser Frage stößt die Existenzphilosophie frühzeitig auf Schwierigkeiten. Sie sieht die Masse und das Individuum in einem unlösbaren Gegensatz; nirgendwo blitzt die Perspektive einer produktiven Vermittlung auf: "Wenn der Mensch als Held dadurch gekennzeichnet ist, daß er sich bewährt vor der Übermacht, die, jedem Zeitalter eigentümlich, gegen ihn durchsetzt, was sie blind will, so bewährt er sich heute vor der Masse, die ungreifbar ist. Sie darf heute von dem Einzelnen nicht radikal in Frage gestellt werden, wenn er in der Welt leben will; er muß stillschweigend dulden und mittun oder Märtyrer werden gegen diesen Despoten, der still und unmerklich vernichtet." (S. 160 f.) Warum sieht sich die Existenzphilosophie genötigt, den Einzelnen, den sie doch zum "Selbstsein" erwecken möchte, der Selbstentfremdung anheimzugeben, die sich in der stillschweigenden Duldung der Masse oder im ohnmächtigen Märtyrertum kundgibt? Offensichtlich deshalb, weil sie das Spannungsfeld zwischen Einzelnem und Masse nur flüchtig ausmißt. Was moderne Seelenkunde und moderne Gesellschaftstheorie an neuen Erkenntnissen über Individualität und Allgemeinheit zutage fördern, wird von der Existenzphilosophie nicht miteinander vermittelt, sondern entweder als vorläufige "Sachkunde" relativiert (S. 148) oder nur in seiner dogmatischen Gestalt wahrgenommen und entsprechend herabgewürdigt: "Denn *Marxismus*, *Psychoanalyse* und *Rassentheorie* sind heute die verbreitetsten Verschleierungen des Menschen. Das gradlinig Brutale im Hassen und Preisen, wie es mit dem Massendasein zur Herrschaft gekommen ist, findet darin seinen Ausdruck; im Marxismus die Weise, wie Masse Gemeinschaft will; in der Psychoanalyse, wie sie die bloße Daseinsbefriedigung sucht; in der Rassentheorie, wie sie besser als Andere sein möchte.

In ihnen stecken Wahrheiten, aber sie sind bisher nicht rein herausgebracht. (. . .)

In jedem Fall ist die Tragweite des Erkennens begrenzt. Keine Soziologie kann mir sagen, was ich als Schicksal will, keine Psychologie deutlich machen, was ich bin; eigentliches Sein des Menschen kann nicht als Rasse gezüchtet werden." (S. 145 f.)

Sieht man einmal von der kläglichen Gleichsetzung des Marxismus und der Psychoanalyse mit der Rassentheorie ab, so frappiert der Verzicht auf vermittelndes Denken. Die Theorie der Gesellschaft und die der Psyche gelten zwar als wissenswert, verkümmern jedoch angesichts des "Schicksals", des "Ichs", des "eigentlichen Seins". Frei von den substantiellen Bestimmungen durch Soziologie und Psychologie, entfaltet das eigentliche Sein die ihm eigene Unbestimmtheit und Unbestimmbarkeit: die "Offenbarkeit des Seinsursprungs" (S. 151), das "Selbstsein, das die Gottheit durch ihre Verborgenheit von uns fordert" (S. 177). Mehr zu sagen, versagt sich die Existenzphilosophie. Sie bleibt die raunende Beschwörerin einer unerkennbaren Transzendenz: "Ihr Sinn ist nur möglich, wenn sie in ihrer Gegenständlichkeit bodenlos bleibt." (S. 150) Der Verzicht auf begriffliche Erkenntnis wird positiv als Freiheit des Individuums "im Ergreifen der metaphysischen Gehalte" gewertet (S. 151). Die Gehalte selber bleiben jedoch, in getreuer Befolgung des Begriffsverbots, eigentümlich gehaltlos. Sie können sich nur noch die Aura des Unbegriffenen und Unbegreiflichen anmaßen: "Erst über das Unbekannte hinaus und im Unterscheiden von ihm stößt der Mensch auf das Unfaßliche, welches nicht das vorläufig Unbekannte, sondern das wesentlich Anonyme ist. Das Anonyme, das begriffen würde, wäre es nie gewesen." (S. 152)

Dies ist der Scheitelpunkt der Existenzphilosophie. Auf überraschende Weise offenbart sie hier ihre Affinität zum bodenlosen Geheimnis der Hypnose in Th. Manns Novelle. Die Anonymität als nervus rerum des Daseins enthüllt den schmalen Grat, auf dem die Existenzphilosophie den Menschen wandern läßt, die unerkennbare Transzendenz auf der einen Seite, die Vernichtung auf der anderen: "Das Anonyme ist das *eigentliche* Sein, für das offen zu sein einzig die Vergewisserung schafft, daß nicht nichts ist. Das Anonyme ist aber auch *das Dasein des Nichtseins,* dessen Macht unvergleichlich und nicht zu fassen ist, obgleich sie alles zu zerstören droht." (S. 162) Ledig aller erkenntnisleitenden Soziologie und Psychologie kann die Existenzphilosophie das Weltgeschehen zum erhebenden und zugleich vernichtenden Geheimnis mystifizieren: "Wie Analoga der Dämonen sind die anonymen Mächte des Nichts in der entgötterten Welt." (S. 163) Nicht zufällig erinnert diese Dämonisierung der Lebensmächte an die dämonische Macht der von Cipolla praktizierten Hypnose: auch sie speist sich aus unbekannten Kräften und entzieht sich einer soziologischen und psychologischen Aufhellung. Wie die "anonymen Mächte" der Existenzphilosophie wirkt die Hypnose im Dunkeln; woher der Hypnotiseur seine

Macht bezieht, wer aus welchen Gründen sich ihm unterwirft, bleibt unerklärlich: Herrschaft und Unterwerfung erscheinen nicht als soziale und sozialpsychische Haltungen, gruppen-, schichten- oder klassenspezifisch differenzierbar, sondern präsentieren sich wie allgegenwärtige, unableitbare Urphänomene. Weil Cipollas hypnotische Herrschaft nicht auf ihre Wurzeln hin transparent wird, kämpft der römische Herr vergeblich gegen sie an. Sein herausfordernder Kampf gegen die Hypnose und seine schmähliche Niederlage entsprechen präzise der Art und Weise, wie das Individuum bei Jaspers mit den anonymen Mächten ringt: "Was als unfaßlich sich dazwischenstellt, die Klarheit trübt, den Willen lähmt, das Ziel vereitelt: es soll sich zeigen. Erst wenn ich und der Andere uns im Kampfe verstehen, wird dieser sinnvoll. Ich will Bewußtheit, um den Gegner zu sehen. (. . .) Er soll mir ins Auge blicken und Rede und Antwort stehen. Aber die anonymen Mächte entgleiten und verwandeln sich. Scheine ich sie einen Augenblick zu ergreifen, so sind sie nicht mehr, was sie waren. (. . .) Wem es einmal um etwas unbedingt ernst war, mußte diesen Spuk erfahren. Es durchbricht unser planvolles Dasein und höhlt das Selbstsein des Menschen aus." (S. 163 f.) Die dämonische Macht der Hypnose bei Th. Mann hat ihr Korrelat in der dämonischen Macht der existenzphilosophischen Anonymität. Die Hypnose bildet nicht nur den individuellen Grundstoff einer Erzählung, sondern spiegelt ein bedeutungsvolles zeitgenössisches Selbstverständnis wider, das sich in der Reserve der Existenzphilosophie gegenüber begrifflicher Erkenntnis, Gesellschaftslehre, Seelenkunde ankündigt und das in der begriffslosen Beschwörung unfaßlicher Anonymität gipfelt.

5. *Die politische Theorie Carl Schmitts*

"Unter den deutschen Wissenschaftlern hat der Nationalsozialismus kaum je einen einflußreicheren Wegbereiter, die Weimarer Republik kaum je einen schärferen nichtmarxistischen Kritiker gefunden als Carl Schmitt."[18]

Die Irrationalität, in die der hilflose Humanismus der Existenzphilosophie ausschweift, ist dem militanten Antihumanismus Carl Schmitts von vornherein an die Stirn geschrieben. Seine Theorie teilt mit den Reflexionen von Jaspers die Themen des Mythos, der Masse, der Massensuggestion, der die Individuen aufzehrenden politischen Gewalt – Themen, die auch für die ästhetischen Medien der Zeit und besonders für den literarischen Realismus charakteristisch sind. Unverkennbar allerdings, daß Schmitt eine antidemokratische Lösung der Epochenprobleme anvisiert, die ihn zu einem maßgeblichen Repräsentanten des konservativen Zeitgeists macht, wie umgekehrt der politische Redner Th. Mann als repräsentativer Fürsprecher reformwilliger Bürgerlichkeit gelten darf. Hier begegnen dem Betrachter zwei gegenläufige Denkströmungen der zeitgenössischen bürgerlichen Intelligenz – die eine in den Faschismus, die andere in die soziale Demokratie mündend. Schwieriger, aber für unser Thema ergiebiger ist die Unterscheidung zwischen Carl Schmitt und dem *Novellisten* Thomas Mann.

Für eine kontrastive Spiegelung eignet sich vorzüglich das den beiden Schriftstellern gemeinsame Thema der Masse. In Th. Manns Novelle erscheint sie aus einer kritischen Erzähleroptik als das Gegenteil mündiger Öffentlichkeit. Daß der Erzähler damit ein historisch bedeutsames Phänomen offenlegt, läßt sich aus Schmitts Kritik des Parlamentarismus aus dem Jahre 1926[19] ersehen. Ihr Ausgangspunkt ist der anachronistische Charakter des modernen Parlaments: "Die Lage des Parlamentarismus ist heute so kritisch, weil die Entwicklung der modernen Massendemokratie die argumentierende öffentliche Diskussion zu einer leeren Formalität gemacht hat. (. . .) Die Parteien (. . .) treten heute nicht mehr als diskutierende Meinungen, sondern als soziale oder wirtschaftliche Machtgruppen einander gegenüber, berechnen die beiderseitigen Interessen und Machtmöglichkeiten und schließen auf dieser faktischen Grundlage Kompromisse und Koalitionen. (. . .) Heute erscheint das Parlament eher selbst als eine riesige Antichambre vor den Bureaus oder Ausschüssen unsichtbarer Machthaber." (S. 10 ff.) – Für die Weimarer Republik war es verhängnisvoll, daß ihr Herzstück, das Parlament, nicht hielt, was es westeuropäischer Tradition zufolge versprach: eine Stätte kritischer Öffentlichkeit zu sein, Versammlungsort der rational sich verständigenden Bürger. War diesen Bürgern die parlamentarische Demokratie aus der deutschen Geschichte ohnehin unbekannt, so schien die moderne Form, in der sie ihr endlich begegneten, alles andere als vertrauenserweckend. Es war die Form der Anonymität, und die Beschlüsse, die in der Anonymität von den Parteien gefaßt wurden, waren keinesfalls durch die Bürger den Abgeordneten konkret in Auftrag gegeben worden, sondern ergaben sich naturwüchsig aus wirtschaftlichen und sozialen Machtkämpfen. Die im Parlament repräsentierten Bürger wurden aus einem handelnden Subjekt zu einem verhandelten Objekt – eben zu der Masse, die Schmitt zufolge "durch einen Propaganda-Apparat" der Parteien bearbeitet wird (S. 11). Die Ersetzung des parlamentarischen Arguments und der kritischen Öffentlichkeit durch Parteien-Propaganda, durch den "Appell an nächstliegende Interessen und Leidenschaften", durch "die zielbewußte Berechnung der Interessen und Machtchancen" und "die plakatmäßig eindringliche Suggestion" (S. 11) – sie verweist auf die historische Situation, die in der Abendveranstaltung des Magiers Cipolla ins Pseudo-Ästhetische transformiert ist. Cipolla verschönt im Spiel, was in der parlamentarischen Demokratie bereits als Massenbehandlung vorexerziert wird und in Cipollas Land schon zum "Prinzip der politischen Wirklichkeit" geworden ist. Nicht ohne Faszination blickt Schmitt nach Italien, wo Mussolini mit der humanitären Idee der "Menschheitsdemokratie" und der kritischen Ratio des Parlamentarismus eben erst aufgeräumt und ein denkwürdiges Beispiel für "die irrationale Kraft des nationalen Mythus" geliefert hat (S. 89).

An Schmitts Gedankengang wird deutlich, daß die parlamentarische Demokratie im Stadium ihrer Krise für den Faschismus anfällig ist. Die Anfälligkeit offenbart sich im irrationalen Bedürfnis ihrer sozial verunsicherten Bürger nach dem heroisch-nationalen Mythus. Nicht, als ob Carl Schmitt an dieser Stelle diesen Mythus wissenschaftlich legitimierte. Wohl aber bereitet er ihm einen fruchtbaren Boden durch seine waghalsige Definition der Demokratie als einer homogenen Nation, die heterogene Minderheiten rücksichtslos verfolgt: "Die politische Kraft einer Demokratie zeigt sich darin, daß sie das Fremde und Ungleiche, die Homogenität Bedrohende zu beseitigen oder fernzuhalten weiß." (13 f.) Ein ebenso simpler wie folgenreicher Kunstgriff dient Schmitt zur staatspolitischen Begründung der Inhumanität: die Umwandlung der urdemokratischen Idee der Gleichheit in die der Homogenität erlaubt die Willkürherrschaft über alles Nicht-Homogene. Schmitt fördert damit eine politische Entwicklung, die durch Th. Manns Novelle in ein kritisches Licht gerückt wird, wenn auch spielerisch entschärft. Die homogene Masse der Novelle läßt den Geist der Unduldsamkeit ahnen, wenn die Kinder des Erzählers von den national gesinnten Feriengästen als nicht-homogenes Strandgut ausgeschieden werden oder wenn der aufsässige römische Herr in Cipollas Abendveranstaltung unter dem Applaus der gleichgeschalteten Zuschauer zur Räson gebracht wird. Der Erzähler kann die Inhumanität hypnotisch erzeugter Gleichschaltung der Massen kritisch aufleuchten lassen, weil ihm hier Th.

Manns Idee frühbürgerlicher Gleichheit die Feder führt: Gleichheit auf der Basis individueller Freiheit, also jener "staatsbildende Individualismus", den Th. Mann 1922 als die gesellschaftsbewußte Solidarität freier und hochentwickelter Einzelpersonen versteht ("Von deutscher Republik"). Schmitt dagegen läßt die beiden Pole des aufgeklärten Humanismus auseinandertreten zum "unüberwindlichen Gegensatz von liberalem Einzelmensch-Bewußtsein und demokratischer Homogenität" (S. 23). Der Individualität und der Freiheit beraubt, kann die Gleichheit bzw. die Homogenität nur noch dem Namen nach "demokratisch" sein. Eine neue Würde will ihr Schmitt dadurch verleihen, daß er ihr eine "Reihe von Identitäten" zudiktiert: "Identität von Regierten, Herrscher und Beherrschten", "Identität von Subjekt und Objekt staatlicher Autorität", "Identität von Staat und jeweilig abstimmenden Volk", "Identität von Staat und Gesetz und Volkswille" (S. 35). Diesen Identitäts-Geist bemüht auch Thomas Manns Hypnotiseur Cipolla. Sein Handeln macht jedoch deutlich, daß die vermeintliche Einheit des Volks- und Führerwillens nichts anderes ist als eine verwirrende Gleichschaltung von oben, die aus dem räsonierenden, kritisch distanzierten und urteilsfähigen Publikum eine willenlose, magisch verzauberte Masse von Claqueuren macht. Sie fördern die böse Wahrheit über den kritiklosen Massenapplaus zutage, den Carl Schmitt demokratisch bemäntelt: "Vor einer, nicht nur im technischen, sondern auch im vitalen Sinne unmittelbaren Demokratic erscheint das aus liberalen Gedankengängen entstandene Parlament als eine künstliche Maschinerie, während diktatorische und zäsaristische Methoden nicht nur von der acclamatio des Volkes getragen, sondern auch unmittelbare Äußerungen demokratischer Substanz und Kraft sein können." (S. 22 f.)

Schmitts Schriften in den folgenden Jahren radikalisieren die Thesen seines Parlamentarismus-Buchs. Die politische Theorie macht dabei ihre Differenz zur poetischen Ästhetik offenkundig, denn die einschüchternde Radikalität der historischen Voraussagen Carl Schmitts ist dem Terror des faschistischen Lebens ungleich näher als der Spielcharakter von Cipollas Abendveranstaltung. Sie ist ihm näher und zwingt deshalb den Leser theoretisch unter sein Joch, während die poetische Erzähler-Distanz zu Cipollas ästhetisierendem Spiel dem Leser einen Freiraum zur kritischen Durchdringung des dramatischen Geschehens eröffnet. So wird der Bann, in den das Geschehen die Phantasie des Lesers schlägt, immer wieder gebrochen. Was die erfinderische Kunst dem baren Lebensernst an politischer Düsternis raubt, kommt der freien Reflexionskraft ihrer Rezipienten zugute. Im Medium poetischer Sinnbilder verliert die Realität für sie jenen Zwang, der von der Wissenschaft als begrifflich exakter, phantasiearmer Deutung des Bestehenden ausgeht. Vermehrt wird dieser Zwang dann, wenn die Wissenschaft von sich aus den Gewaltcharakter des Bestehenden unterschreibt oder apologetisch vorwegnimmt, wie das die politische Theorie Carl Schmitts tut. Seine Schrift "Der Begriff des Politischen" aus dem Jahre 1927[20] hebt mit dem programmatischen Satz an: "Die eigentliche politische Unterscheidung ist die Unterscheidung von *Freund* und *Feind*"[21] – und entfaltet auf diesem Fundament eine Theorie des "Bösen" im Sinne der staatlich verordneten "Todesbereitschaft und Tötungsbereitschaft" (S. 28). Sie ist von einer faschistischen Gewalttätigkeit, die in der poetischen Ästhetik nur gebrochen und symbolisch gemildert aufscheinen kann: Cipollas hypnotische Verfügungsgewalt über Menschen beschränkt sich darauf, sie Rollen vorspielen zu lassen, und selbst im Falle Marios bedeutet sie 'nur' die psychische, zeitlich befristete Herrschaft über sein Innenleben, nicht über seine physische Existenz.

Im Februar 1933, kurz vor der nationalsozialistischen Machtergreifung, verschafft Schmitt seinem "Begriff des Politischen" eine staatstheoretische Basis. In seinem Aufsatz "Weiterentwicklung des totalen Staats in Deutschland"[22] will er die Einheit des "Volkswillens" durch den totalen Staat und seine Verfügungsgewalt über die "neuen technischen Mittel, Film und Rundfunk" (360) hergestellt wissen: "Kein Staat kann es sich leisten, diese neuen technischen Mittel der Nachrichtenübermittlung, Massenbeeinflussung, Massensuggestion und Bildung einer 'öffentlichen', genauer: kollektiven Meinung einem andern zu überlassen. (. . .) Der totale Staat (. . .) denkt nicht daran, (. . .) seine Macht unter irgendwelchen Stichworten, Liberalismus, Rechtsstaat oder wie man es nennen will, untergraben zu lassen." (S. 301)

Welche Differenz zwischen politischer und poetischer Realität herrscht, läßt sich gerade von diesem Zitat her ermessen: hier, in der Darstellung Schmitts, der totale Staat als Apparatur, der den gesamten Alltag durchdringt und über die psychosoziale wie physische Existenz der Massen verfügt – dort, in der Darstellung Th. Manns, das autonome Individuum Cipolla, das gleichsam probeweise, fern des Alltags, die Freizeit und den Feierabend einer Masse verzaubert und ihr ein Rollenspiel aufzwingt, das die Alltagsexistenz noch unversehrt läßt und über Tod und Leben noch nicht verfügt. Indem aber ein Halbkünstler und Spieler wie Cipolla die Ferien- und Freizeitsphäre einer Masse im Stile eines unumschränkt herrschenden

Diktators in Beschlag nimmt, löst er auf seine Weise einen Teil des Faschismus-Programms ein: den Übergriff des Staats auf die nicht-alltäglichen Sphären, die Übersetzung des Politischen ins Spiel und in die (Pseudo-) Kunst. Schmitt, der Rundfunk und Film für "entscheidende Machtmittel der öffentlichen Meinungs- und Willensbildung" hält (S. 368)[23], erläutert ihre "massenpsychologischen Einwirkungsmöglichkeiten" durch Verse Goethes (S. 369):

> Dummes Zeug kann man viel reden,
> Kann es auch schreiben;
> Wird weder Leib noch Seele töten,
> Es wird alles beim Alten bleiben.
> Dummes aber vors Auge gestellt
> Hat ein magisches Recht:
> Weil es die Sinne gefesselt hält,
> Bleibt der Geist ein Knecht.

Auch Cipollas Theater hat jenes "magische Recht", das die Sinne des Publikums so fesselt, wie ein Carl Schmitt es sich nur wünschen kann: als Fortsetzung der Politik mit anderen Mitteln, als ihre theatralische Verschönerung und Ästhetisierung im Medium des Spiels. Während der Geist der Masse ein Knecht bleibt, wird ihre Psyche am Feierabend in die Lust an der Unterwerfung eingeübt. Ein rauschhaftes Probehandeln in der Freizeit bereitet den Boden für die brutalere Fesselung im Alltag, für die masochistische Todesbereitschaft und ihre Kehrseite: die aggressive Tötungsbereitschaft.

6. *Die Hypnose als sozialpsychologisches Zeitsymbol*

Die Hypnose als der Stoff, aus dem die Novelle zu guten Teilen gewoben ist, enthält eine Reihe von Elementen, die wir in zahlreichen Kulturphänomenen der Weimarer Republik ausfindig machten: eine antidemokratische, im Faschismus gipfelnde Herrschaftsästhetik; Autorität als Widerpart der Freiheit und Individualität; Gleichschaltung statt Gleichheit; Massensuggestion anstelle von kritischer Vernunft; das Führer-Volk-Verhältnis in sadomasochistischer Gestalt; die Verrätselung und Mystifizierung eines Vorgangs durch Magie, Irrationalität, pseudo-künstlerischen Zauber. Unsere

Annahme, daß diese häufig nachweisbaren Elemente dem Novellenmotiv der Hypnose den Rang eines Epochensymbols verleihen, verdankt sich nicht allein der herkömmlichen Sozialgeschichtsschreibung, auch nicht nur einer kulturgeschichtlichen Betrachtung, die auf die sogenannte höhere Kultur beschränkt ist, sondern ebensosehr einer Bewußtseins- und Seelengeschichte, die neben der Privilegiertenkultur auch typische Begebenheiten im Alltag und Feierabend der Massen vergegenwärtigt. Sie versenkt sich in populäre Erscheinungen des öffentlichen Lebens, um die Triebfedern der Epoche nicht aus "sozio-ökonomischem" und kultur-elitärem Blickwinkel zu verkürzen. Eine Bewußtseins- und Seelengeschichte dieser Art müßte ergänzend zur Sozialgeschichte, die ökonomisch-politische Daten kombiniert, treten, soll ein Epochenbild verläßlichen Kontur und Farbe gewinnen. Erst dann wird auch der Epochenbezug des künstlerischen Werks unverkürzt sichtbar. Am Beispiel der Hypnose als eines Grundstoffs der Novelle Th. Manns und der Epochenkultur sei dieser These Evidenz verliehen. Die Hypnose wird sich uns als Symbol einer verbreiteten Bewußtseinslage zu erkennen geben, das Tendenzen des Zeitgeists und einer bürgerlichen Sozialpsyche wie in einem Brennpunkt widerspiegelt. Als ein repräsentatives Zeitsymbol, für Ästhetik und Wissenschaft gleichermaßen von Belang, kann die Hypnose aber auch den Blick für die Differenz zwischen ästhetischer und wissenschaftlicher Epochendeutung schärfen.

So zahlreich wie die zeitgenössischen Bücher über den Hypnotismus, so vielzählig die Warnungen vor seinem Mißbrauch: "In voller Wehr und Waffen brauste er in wahren Frühlingsstürmen durch die Welt (. . .), bis es endlich der wissenschaftlichen Forschung in langen und erbitterten Kämpfen gelang, ihm die blendende Maske vom Gesichte zu reissen (. . .)."[24] So tönte ein Professor, der offenbar friedfertigem Forschen eine kriegerische Weihe verleihen mußte. Daß freilich die Wissenschaften ebenso zäh wie dicht gestaffelt mit dem Phänomen Hypnose rangen, belegt in seinem umfassenden, hochgelehrten Werk "Der Hypnotismus" Albert Moll[25]. Medizin, Psychologie, Psychotherapie, Philosophie und leider auch Theologie studierten die Hypnose mit heißem Bemühn – heute, wo man sich allenfalls noch an Freuds diesbezügliche Studie erinnert,[26] ein vergessener Geisterkampf. Ob dabei dem Hypnotismus die "blendende Maske" abgerungen wurde, wie obiger Professor behauptet, ist füglich zu bezweifeln. Besorgt äußert sich 1920 ein Nervenarzt über das aufdringliche Zeitphänomen: "Durch naturwissenschaftliche Aufklärung Gefahren vorzubeugen, die der intellektuellen Bildung, der öffentlichen Moral und der allgemeinen

Volkswohlfahrt drohen, muss aber gerade auf dem Gebiete des Hypnotismus jetzt die Aufgabe der Aerzte sein. Aufdringliche Riesenreklamen in den gelesensten Zeitungen und Zeitschriften suchen das Interesse für dieses Wissensgebiet zu fesseln, sie versprechen Licht, Wahrheit und Wissen, Aufklärung über die Wunder des persönlichen Magnetismus, 'der die Welt regiert', über dunkle Geheimnisse der Macht, Wissenschaft und Gesundheit, sie verheissen den Zauberschlüssel zu den Schatzkammern des Reichtums, Glücks und Einflusses, sie stellen Erfolg im geschäftlichen Leben und im gesellschaftlichen Umgang, in der Liebe, Widerstandsfähigkeit gegen Krankheiten und andere schöne Dinge in Aussicht."[27] Ein anderer Arzt sucht den Grund und Boden zu erforschen, auf dem der Weizen unberufener Hypnotiseure blüht: "Die gewaltige seelische Belastung durch den Krieg hat zu einer Aufwühlung der Leidenschaften und Instinkte der Massen geführt und überall geistigen Sprengstoff angehäuft, den jeder Funke zu gefährlichen Entladungen bringen kann. Unruhen, Streike und leidenschaftliche politische Kämpfe sind ebenso wie die Seuchen der Spielwut und ungehemmter Vergnügungssucht der augenfällige Ausdruck dafür. Fieberkranke Zeiten haben immer eine heiße Sehnsucht nach mystischer Versenkung bekundet, und so zeitigt auch die Nachkriegszeit wiederum einen auffälligen Hang breiter Schichten nach einer Beschäftigung mit der übersinnlichen Welt. Die 'Welt der Wunder' hat erneut größte Anziehungskraft erhalten, und das führt zu einem kritiklosen Hindrängen zu den sog. okkulten, d. h. den geheimen, unerklärlichen Dingen."[28]

In der ärztlichen Metapher von der "fieberkranken Zeit" klingt das massenhafte Ungenügen an, das gegen die politische und gesellschaftliche Ordnung allenthalben aufbegehrt und sich im Umkreis der Hypnose Luft verschafft. Die einschlägigen Publikationen widmen daher dem Thema "Hypnose und Verbrechen" stets ihre Aufmerksamkeit, in auffälliger Parallele zu Filmen wie "Das Kabinett des Dr. Caligari" – und zu Th. Manns Novelle. In ihr krönt Cipolla seine Hypnoseakte durch eine 'verbrecherische' Verführung, und die tödliche Gegenwehr Marios ist durchaus im Sinne des zitierten Arztes die "Entladung" eines "Sprengstoffes", der den Saal in Unordnung stürzt. Solche Attacken auf die öffentliche Ordnung im Bannkreis der Hypnose dürften einer der Gründe für das Verbot hypnotischer Schaustellungen seit dem Wilhelminismus gewesen sein. Kein Fachmann, der nicht Klage darüber führt, wie oft und wie geschickt das Verbot umgangen wird. Nach einer Polemik gegen die "*unübersehbare Zahl kritikloser Laiendarstellungen*"[29] zum Thema Suggestion und Hypnose nimmt abermals ein Professor die öffentlichen Schaustellungen aufs Korn: "Jeder erinnert sich gerade wieder aus den letzten Jahren an derartige Veranstaltungen, bei denen mit ungeheurer Reklame von Laien (. . .) 'Experimentalvorträge' einberufen wurden. (. . .) In Wirklichkeit handelte es sich fast ausnahmslos um hypnotische Versuche, deren nachteiliger Einfluß (. . .) so unheilvoll war, daß ich 1921 über hundert zum Teil sehr schwere Gesundheitsstörungen nach Schauhypnosen durch Laien sammeln und beobachten konnte."[30]

Nicht nur die Umgehung des öffentlichen Verbots der Schauhypnose, auch ihre entmündigende Tiefenwirkung sind zeitgeschichtliche Realien, die in Th. Manns Novelle wiederkehren. Schaustellungen, Jahrmärkte, Revuen, Kabarett, der Zirkus bilden in der Weimarer Republik eine intensive theatralische Öffentlichkeit. In ihr wird das Publikum häufig "Wachs in den Händen von Magiern", um die von Brecht gegen das bürgerliche Theater gerichtete Rede auch auf die populäre Theatralik zu münzen. Gewiß gab es Gegenbeispiele, schöpferische Initiativen zur theatralisch-kollektiven Selbstentfaltung der Menschen auf der Bühne.[31] Aber es überwog jene Zerstreuungs- und Berauschungskultur, die namentlich Siegfried Kracauer[32] und Ernst Bloch[33] ausfindig gemacht haben; es überwog, mit anderen Worten, die vulgarisierte "aristotelische" Dramaturgie, die durch Suggestion und Magie den Zuschauer zur Identifikation mit dem theatralischen Geschehen einlud und durch das Rätsel, das Wunder und das übersinnliche Geheimnis seinen kritischen Geist matt setzte. Besonders die Schauhypnose leistete hier ausgezeichnete Dienste. Nicht zufällig betonen die Fachleute, daß sowohl die Quellen, aus denen der Hypnotiseur sich speist, wie auch die psychische Struktur der für die Hypnose Empfänglichen ein nie restlos aufhellbares, dämonisches Mysterium blieben: "Wir sahen die Erscheinungsformen und das Wirkungsgebiet der Suggestion, wir sahen, wie sie in der Hypnose eine Machtfülle erreicht, die sie mit dem Nimbus magischen Zaubers umgibt. (. . .) Hier stoßen wir auf jenes alte Welträtsel, das sich verbirgt in der Verbindung geistigen Lebens mit körperlichem Geschehen (. . .) Der Naturforscher löst das Rätsel nicht und wird es niemals entziffern."[34]

Woher die Faszination, die das Rätsel der Hypnose auf die Zeitgenossen ausübte? Man wird hier mehrere Antworten bündeln können und an den Anfang etwa eine von Bloch benannte Alltagserfahrung setzen: "Der Kapitalismus konnte das Irrationale so wenig austrocknen, daß es gerade als 'Widerspruch' zu seiner Sachlichkeit und Rationalisierung immer stärker geworden ist; und der Vulgärmarxismus baut diesen Hunger gewiß nicht ab, indem er ihn allenthalben nur als zurückgebliebenen begreift."[35] Unermüdlich beschwört Bloch das dem kapitalistischen Alltag sich entgegensetzende Bedürfnis nach dem 'Höheren', Sinnlich-Übersinnlichen, Romantischen, Heimlich-Unheimlichen, das ein abstrakter, nur auf die Ratio pochender Marxismus nicht zu befriedigen, nicht mit vorwärtsweisenden Bildern, Festen, Träumen, Erlebnissen zu besetzen wisse. Zumal die Mittelschichten sind daher für die Verführungskraft des Irrationalismus offen – nicht, weil sie den Kapitalismus unmittelbar an sich selbst erleben, sondern weil sie ihm nur mittelbar, durch Verwaltungsgeschäfte, Bürobetrieb, administrative Dienstleistungen, Zubringeraktivitäten, freie Berufe verbunden sind, also in einer gehörigen Distanz zu den industriellen Zentren stehen, die es ihnen schwer macht, die wirtschaftlichen Wechselfälle und Krisen an ihrem Ursprung zu erfahren. Sie erfahren diese nur vermittelt in sekundären Wirkungen, als irrationales Schicksal, worauf sie keinen Einfluß nehmen, sondern wiederum nur durch irrationale Gegenentwürfe reagieren können. "Wünsche und Romantizismen, Urtriebe und Mythizismen"[36] durchdringen mehr und mehr die Mittelschichten, "seitdem die Handels- und Gewerbefreiheit nur noch den großen Unternehmern zugute kommt, die kleinen vernichtet: die parlamentarische Demokratie ist derart der verhaßte Garant der freien Konkurrenz (. . .)."[37]

Man wird hier bemerken, daß der unorthodoxe Marxist Bloch und der militante Konservative Carl Schmitt das massenhafte Mißtrauen gegen die parlamentarische Demokratie aus denselben Ursachen herleiten. Die wachsende Konzentration der wirtschaftlichen Macht in wenigen Händen geht mit wachsender politischer Einflußnahme einher, so daß der Parlamentarismus an Autonomie ständig verliert und seine Entscheidungen wirtschaftsgebunden, nicht jedoch aus freier kritischer Einsicht und im Zeichen humaner Vernunft trifft. So leistet denn auch die Politik dem Irrationalismus Vorschub. Und wenn die wahren, das politische Geschehen entscheidend mitbestimmenden Wirtschaftskräfte verborgen bleiben, so kann der Betrachter das Leben durchaus im Sinne von Jaspers erfahren: als anonymes Schicksal. Das Anonyme ist aber, wie wir sahen, in der Hypnose besonders eindringlich repräsentiert. Der unbeeinflußbare, undurchschaut agierende Hypnotiseur läßt eine Alltagserfahrung wiederaufleben, an die Fromm nachdrücklich erinnert hat: "Die relative Undurchschaubarkeit des gesellschaftlichen und damit des individuellen Lebens schafft eine schier hoffnungslose Abhängigkeit, an die sich das Individuum anpasst (. . .)."[38]

Ohne ihren Bezug zu dieser Alltagserfahrung könnte die Hypnose ihr Publikum nicht fesseln. Einer puren Fiktion, aus der alle Wirklichkeitsspuren getilgt wären, hängen die Menschen nicht en masse an. Aber einer bloßen Verdopplung und puren Widerspiegelung der Realität, deren Schwere sie drückt, würden sie ebensowenig anhängen. Die rätselhafte Phantastik, der okkulte Zauber und das sinnlich-übersinnliche Geheimnis der Hypnose gewähren den Menschen mehr – entrücken sie der alltäglichen Mechanik ihres Lebens und seiner Zweckrationalität, verklären, ja verzaubern ihre schicksalhafte Abhängigkeit und ihre undurchschaute Versklavung. Und zwar mit dem stärksten Zaubermittel, das die Menschheit kennt: dem Eros. Die mit der Hypnose befaßten Wissenschaftler, Ärzte, Psychotherapeuten der zwanziger Jahre beklagen allesamt, daß die Masse erotische Erwartungen bei hypnotischen Veranstaltungen hege bzw. leidenschaftliche Liebe und hypnotische Zustände miteinander vermenge. Ein Kollege vom Fach berichtet: "Nicht selten kommen Eltern zu mir in die Sprechstunde und beklagen sich, daß ihr Sohn von einem Mädchen oder ihre Tochter von einem Herrn hpynotisiert sei und in dessen Bann stehe. Ich soll dann das Opfer aus der Hypnose befreien und so von der Macht der betreffenden Person erlösen. (. . .) Diese Verwechslung des natürlichen Liebeszustandes mit der Hypnose trägt auch zum großen Teil die Schuld, daß die Ansicht, man könne die Hypnose zur Verführung benützen, so weit verbreitet ist."[39] Für den zeitgenössischen Beobachter war das massenhaft verbreitete Interesse an der Hypnose stets auch erotischer Natur – auch für den Erzähler des "Mario": Der Eros spielt beispielsweise mit, wenn die von Cipolla hypnotisierte Signora Angiolieri ihrem Verführer bis ans Ende der Welt zu folgen bereit ist. Hier erweist die Novellenhandlung ihre Verwandtschaft mit zeitgeschichtlichen Vorgängen, die in der Hypnose Profil gewinnen als Unterdrückung "des zielbewußten Ichgefühls, des Willens", der "Kritik der Vernunft": "Der Hypnotiseur setzt seinen eigenen Willen und Gedankengang an die Stelle des außer Tätigkeit gesetzten Willens des Mediums. Er weckt auf diesem Wege Vorstellungen im Unterbewußtsein, er erzeugt Gedankenreihen, Entschlüsse und Handlungen. Er operiert mit dem Innenleben des Mediums."[40] Für die seriös auftretenden Fachleute ist der Idealfall einer hypnotischen Therapie *"eine sich ganz versenkende Hingabe"*[41] der Versuchsperson, soll doch in sie "ganz direkt und mechanisch neues und wesentliches seelisches Material so tief wie möglich eingepflanzt werden."[42] So gedeihen erotisch genährte, kritiklose Hingabe auf der einen und frei schaltende Herrschaft auf der anderen Seite auch in zahllosen wissenschaftlichen Publikationen zum Idealfall dialogischer Kommunikation. Hier zeigt sich der Zeitgeist in seiner ganzen Blöße. Der Führer-Volk-Kult, der den Faschismus besiegelte, entsprach unter anderm auch derartigen Kommunikationsweisen. Daß Th. Manns Werk sie zum Gegenstand einer – freilich hilflosen – Kritik macht, wirft Licht auf sein skeptisches Verhältnis zum Zeitgeist und zur zeitgenössischen Sozialpsyche.

Die vielfältigen Beziehungen zwischen Epoche und Hypnose lassen sich nicht in eine Formel bannen. Im sinnlichen Rätsel und im sinnlich-übersinnlichen Geheimnis erleben die Zeitgenossen, was Bloch zufolge die abstrakte Mechanik und Zweckrationalität des kapitalistischen Alltags ihnen versagen; und selbst die Undurchschaubarkeit dieses Alltags und die schicksalhafte Abhängigkeit ihres Lebens gewinnen in der Hypnose eine für sie neue Qualität: sie werden nun am Hypnotiseur, einer anschaulichen Autorität, erlebt. Der abstrakt-unkontrollierbare Alltag wird in einer tröstlichen Pseudo-Personalität aufgehoben, ohnmächtige Individualität darf eine konkrete Übermacht libidinös besetzen; die bedrückende Anonymität des Lebens erstrahlt jetzt als geheimnisvolle Aura um eine autoritäre Person. Die selbstvergessene Teilhabe an ihr kann für die eigene glanzlose Lebensrolle entschädigen, kann einhergehen mit dem Genuß hypnotischer Gewalt, der unumschränkten Herrschaft über die Mitmenschen. Erich Fromm hat diese sado-masochistische Erlebnisweise im Bannkreis der Autorität auf die Sozialisation und auf die allgemeine Verfassung spätbürgerlicher Gesellschaften zurückgeführt; seine großzügig-summarische Skizze erlaubt ihm ein symbolisches Verständnis der Hypnose als Sinnbild dieser Sozialisations- und Gesellschaftsform: "Das Beispiel, das am geeignetsten ist, den Ich-Abbau zu studieren, ist die Hypnose. In der hypnotischen Situation gelingt es, die einem Menschen normalerweise eigenen Urteils- und Willensfähigkeiten völlig zu beseitigen (. . .). Der gesellschaftlich wichtigste Fall hypnoseähnlicher Beziehungen zwischen Menschen ist das Verhältnis zur Autorität überhaupt."[43] Daß Fromm mit dem Beginn der faschistischen Ära in Deutschland ein Stück Gesellschaftstheorie ausgerechnet am Beispiel der Hypnose versinnbildlicht, bestätigt deren erstaunliche Bedeutung im Leben seiner Zeitgenossen, zeigt aber auch, worin sich der Sozialpsychologe von ihnen unterscheidet: er verliert sich nicht im endlosen Geheimnis der Hypnose, verfällt ihr nicht als einem faszinierenden Ersatz für den desillusionierenden Alltag, sondern entzaubert sie als ein Protosymbol der ihm zugrunde liegenden hierarchisch-irrationalen Sozialverfassung. So weit kann und will der Erzähler des "Mario" die Entzauberung nicht treiben; er kann allenfalls die Hypnose mit politischen und sozialpsychischen Phänomenen assoziieren, nicht deren allgemeine Ursachen und Triebfedern durchsichtig machen. Denn die Hypnose an sich, als gesellschaftliche Macht aufgefaßt, verrät nichts über die Ursprünge dieser Macht: sie sind im einzelnen Hypnotiseur verborgen. Und sie verrät nichts über die soziale Herkunft, Erziehung, Klassenzugehörigkeit derer, die für diese Macht anfällig sind: die Hypnose wirkt ohne erkennbare Rücksicht auf den gesellschaftlichen Status ihrer Opfer und macht deren Sozialisation so wenig transparent wie deren normale Seelenstruktur. Soviel noch einmal zur notwendigen Beschränktheit der Hypnose. Sie kann von sich aus eine Sozialverfassung nicht symbolisieren. Wollte sie das, so müßte diese als der tragende Grund einer Theorie oder einer Erzählung entfaltet und die Hypnose darin verankert werden, wie es Fromm und ähnlich Bloch (mit dem Okkultismus) versuchen.

Aber die wissenschaftliche Erkenntnis ist deshalb der ästhetischen nicht schlichtweg überlegen. So gerät etwa dem abstrahierenden, auf allgemeine Strukturen abhebenden Verfahren Fromms aus dem Blickfeld, was in der gestaltenden und versinnlichenden Ästhetik Th. Manns auflebt: die (hypnotisierte bzw. hypnosebegeisterte) Masse. Anstelle der wissenschaftlichen Gedankengänge, die den Lebensstoff entsinnlichen und auf Erkenntnisse reduzieren, verleiht die Erzählung ihrem Stoff die sinnliche Fülle, die ihm an sich adäquat ist: verleiht ihm Schauplätze und bevölkert sie. Die Hypnose manifestiert sich zumal in der Weimarer Republik als Massenerscheinung; die einschlägigen Schriften der Zeit kreisen immer wieder um ihre suggestive, Massen erzeugende und dirigierende Kraft. Das Pathos des Ausdrucks verrät die Faszination der Schreiber: "Die Suggestion hat die schönsten und die blutigsten Seiten der Weltgeschichte geschrieben."[44] Es werden "Suggestoren großen Stils" benannt, "denen die Massen willenlos erlagen", wie "einem magischen Zwang"[45]. Wenn dann von der "Massenbeseelung" im ersten Weltkrieg die Rede ist und als Memento mori das Lied von "grenzenloser Tapferkeit" und "weitestgehender Aufopferung" erschallt[46], so ergreift die hypnotische Gewalt unversehens die Feder der Stubengelehrten. Carl Schmitt wird wenig später dieser Gewalt ein gutes, wissenschaftlich legitimiertes Gewissen machen: zum Marsch der Massen in die Schauhypnose und später in den Faschismus schlagen Fachwissenschaftler den Takt. Diesen Marsch läßt auch Th. Manns Erzähler in Cipollas Abendveranstaltung ertönen – der Takt aber, den er dazu schlägt, soll die Massenbegeisterung eher stören als fördern; zaghaft, vom Zauber des Hypnotiseurs und der

Faszination seines Publikums nicht frei, erprobt er gleichwohl einen gegenläufigen Rhythmus. Vor allem aber spiegelt er den hypnotischen Zauber selbst wider, mit der ganzen Intensität seiner künstlerisch-sinnlichen, stoff- und materialheischenden Wahrnehmung. Auf diese Weise fängt seine Novelle jene antidemokratische Herrschaftsästhetik ein, die selbst Ernst Blochs sinnenhafte Zeitdiagnose erst später festhielt und von der die tiefsinnigen Ausführungen Erich Fromms nichts zu wissen scheinen. Ästhetische Erkenntnis kann der wissenschaftlichen vorauseilen: Benjamins Einsicht in die faschistische "Ästhetisierung der Politik" gelangte, noch ehe sie formuliert wurde, begriffslos in Th. Manns Erzählung zur Geltung.

Exkurs: Hypnose, Ökonomie und Politik

Wir haben der Hypnose als einem hervorstechenden und aussagekräftigen Symbol der Zeit viel Gewicht zugemessen: vermessen viel Gewicht? Hat uns die Schwerkraft der Erzählung, deren Grundstoff die Hypnose bildet, in eine Richtung gezogen, die wir ex post als eine Richtung der Zeit ausgeben? Fiele dieser Verdacht auf unseren Gedankengang, dann könnte er durch ein factum brutum alsbald zerstreut werden: das Wirtschaftsleben der Zeit. Was es an Neuheiten in der Weimarer Republik heraufführte, hat 1929 ein Fachmann folgendermaßen skizziert:[47] "Es sind jetzt gerade zehn Jahre her, daß kurz nach dem Kriege Psychotechnik, übertragen auf das Wirtschaftsleben, in Deutschland um sich griff. Die Bewegung ging hervor aus einer Vorlesung, die der vormals als Austauschprofessor in Berlin tätige Professor Münsterberg von der Harvard University veranstaltete. Er hat damals das erste Kolleg der Welt über 'Psychologie und Wirtschaftsleben' gehalten (. . .)." (S. 5) Für das neu entdeckte Feld wurden, wie der Autor bemerkt, "massenpsychologische Erkenntnisse" maßgebend (S. 19), etwa die "Lehre von der Mentalität des Durchschnittsmenschen": "Eben dieser Durchschnittsmensch in seinem Wesen steht hinter den Erkenntnissen der Psychotechnik, der Menschenbehandlung im Betriebe, aber auch in Reklame und Propaganda." (S. 20) Für diese drei Gebiete – Betrieb, Reklame, Propaganda – hatte derselbe Autor zwei Jahre zuvor folgende Merkmale der Massenpsyche und ihrer 'psychotechnischen Behandlung' namhaft gemacht[48]: "Suggestibilität", "Intoleranz", "Autoritätsglaube", "konservatives Hängenbleiben an Phantasieidolen", "geringe Wirkung des kritischen Urteils" und "die von allen Massenführern immer wieder mit großem Erfolg benutzten

Praktiken der Behauptung, Wiederholung und Übertragung." (S. 248) Die "suggestive Wirkung" durch "autoritatives Beispiel" sieht der Autor in der "Massenbehandlung der Reklame" wie in der industriellen Betriebsführung ihr Wesen treiben (S. 315): "Behauptung ohne Beweis, diktatorisch geäußert, schlägt gerade aus dem Munde des 'Führers' stark durch. (. . .) Natürlich dringt dabei das durch, was man auch Betriebssadismus nennen wird. Gelegentlich, und vor allem in verwickelten Großbetrieben, steht gar keine andere Art der Menschenbehandlung mehr zur Verfügung." (S. 316) Man wird hier unschwer bemerken, daß die ans Sadistische streifenden Suggestivhandlungen einer erdichteten Figur wie Cipolla eine spielerisch-theatralische Nachbildung von Alltagsfiguren und Alltagstechniken sind. Diese sind nicht für die Wirtschaft überhaupt typisch, sondern für eine ihrer bürgerlichen Spezialformen: die Privatwirtschaft im Stadium verschärfter und massierter Konkurrenz. Durch Suggestion den Käufer der Konkurrenz abspenstig zu machen, ist eines der Ziele "reklamepsychologischer Beratung", die zu einer festen Einrichtung bei einer wachsenden Zahl von "Unternehmungen, Betrieben, Firmen" geworden seien, wie ein Handwörterbuch für "Richtige Reklame" berichtet.[49] (S. VI) In dem Kapitel "Die Gesetze der Suggestion" (S. 108 ff.) handelt dieses Handwörterbuch von befehlenden Assoziationen und vom "zwingenden, gebieterischen Ausdruck" der Reklame (S. 109 f.), von der "Suggestionswirkung des Prestiges" (S. 113), von "Verführungsfaktoren" (S. 115), vom wirksamen Wechselspiel zwischen Wiederholung und bunter Abwechslung in der Werbung (S. 115 f.), vom Verzicht auf verstandesmäßige Überlegung und vernünftige Begründung (S. 206) zugunsten einer "direkten Einwirkung auf die Sinne" (S. 211). Wir begegnen hier den Anfängen einer Theorie der Waren-Ästhetik, und zwar einer auf der Suggestion errichteten Waren-Ästhetik. Eben darin beruht die Verwandtschaft des neu gegründeten Wirtschaftszweigs der Reklamepsychologie mit der gleichfalls neuen industriellen Psychotechnik: der Mensch als Käufer einer Ware und der Mensch als Ware Arbeitskraft erleiden in einem bisher ungekannten Ausmaß eine der kritischen Überprüfung sich entziehende Behandlung, die eine Vorstufe hypnotischer Behandlung ist bzw. die innere Bereitschaft für sie erhöhen kann. Im Rahmen des öden Betriebsalltags und eines zweckrational ausgerichteten Lebens appellieren wirtschaftliche Mächte in autoritär suggestiver Form an die Sinne und die Phantasie der Zeitgenossen. Ihre hohe Anfälligkeit für solche Appelle ist durch ein anerzogenes Abhängigkeitsempfinden gegeben, das in einer hierarchisch gegliederten Berufswelt und in der Undurchschaubarkeit des sozialen Daseinskampfes ständig genährt wird.

So wirken denn die alltäglichsten Verkehrsformen daran mit, daß Suggestionskünstler vom Schlage eines Cipolla leichtes Spiel mit der Masse haben – wirtschaftliche und auch politische Verkehrsformen. Hitler hat in "Mein Kampf"[50] die politische Propaganda ohne viel Federlesens als "politische Reklame" apostrophiert und die epochale Innovationstechnik in der Ökonomie systematisch für die Politik nutzbar gemacht. Er hat die suggestive Wirkung des Schlagworts mittels der Wiederholung und der vielseitigen Beleuchtung an der Geschäftsreklame beobachtet (S. 200 ff.), hat an Lloyd George die "psychologischen Meisterstücke seelischer Massenbeeinflussung" studiert (S. 533), eine christlich-soziale Partei als "Virtuosin im Einwirken auf die seelischen Instinkte der breiten Masse ihrer Anhänger" gerühmt (S. 130), hat den Marxisten "eine fabelhafte Kenntnis" der Massen nachgesagt und bei ihnen die besten "Angriffswaffen auf die Burg der öffentlichen Meinung" vermutet (S. 529). Er ist von dererlei Impressionen folgerichtig zu seiner Auffassung der politischen Propaganda als eines "Werbeprogramms" (S. 510) fortgeschritten, das die Zuhörer und Zuschauer verführe, sobald es die heimlichen unbewußten Urteilsbildner der Masse, z. B. "instinktive Abneigung, gefühlsmäßiges Empfinden, voreingenommene Ablehnung" weckt (S. 527): der Mensch, der "als Suchender in die gewaltige Wirkung des suggestiven Rausches, der Begeisterung von drei- bis viertausend anderen mitgerissen wird", unterliege dann dem "zauberhaften Einfluß" dessen, "was wir mit dem Wort Massensuggestion bezeichnen" (S. 536). Mit diesem Fingerzeig läßt Hitler die Überlegenheit einer politischen Redepropaganda über die anonyme Warenreklame hervortreten: der Redner als persönliche Autorität und seine berauschte Masse betören den Einzelnen gleichzeitig in der individuellen und kollektiven Umarmung. In die Person soll, wie es die psychotherapeutische Hypnosepraxis der Zeit vorsah, "ganz direkt und mechanisch neues und wesentliches seelisches Material so tief wie möglich eingepflanzt werden". (vgl. Anm. 42) So erfährt das Individuum durch vielfältige Hypnoseformen, sei es im medizinisch-seelenkundlichen Bereich oder in der Feierabendkultur, sei es in ökonomischen oder politischen Werbefeldzügen, fortwährend die Verlockungen der Epoche zum irrationalen Lebensersatz, zu tröstlich-trügerischer Selbstvergessenheit und okkultem Kollektivismus.

Finden zahlreiche repräsentative Zeitphänomene den ihnen gemeinsamen Ausdruck in Suggestion und Hypnose, so darf "Mario und der Zauberer" als ein Protosymbol für soziale Verkehrsformen und die Bewußtseinsgeschichte der Weimarer Epoche gelten. Die Erzählung macht die diversen

Hypnoseformen freilich nicht im einzelnen namhaft, sondern zitiert und kritisiert den ihnen gemeinsamen Ungeist in einer Spezialform: im hypnotischen Spiel Cipollas. Vermutlich war es dieser novellistische Spielcharakter, der dem zeitgenössischen Leser den Lebensernst des hypnotischen Ungeists teilweise verdeckte bzw. entrückte oder nur entfernt wahrnehmen ließ. Allerdings kennen wir lediglich die bewußten, schriftlich fixierten Wahrnehmungen damaliger Leser – und diese machen nur *eine* Dimension des Lese-Aktes aus. Die andere, umfassendere Dimension besteht aus den halbbewußten und unbewußten Wahrnehmungen, in denen die Zeiterfahrungen und Epochenstrukturen unerkannt wirksam sind. Je intensiver das Kunstwerk in seiner Zeit und Epoche siedelt, desto reicher beim zeitgenössischen Leser die Fülle der Assoziationen, Erinnerungen, Impressionen, die nicht ins bewußte Rezeptionsurteil eingehen, vielmehr in einem allgemeinen Lese-Interesse sich verdeckt äußern. In diesem Sinn dürfte das vielstimmige Echo, das die Erzählung ausgelöst hat, auf Wahrnehmungszonen der Leser schließen lassen, die mit den bewußten, schriftlich überlieferten Urteilen nicht identisch sind. Das Erscheinen der Erzählung kurz vor einer entscheidenden Zeitenwende, dem Umschlag der bürgerlichen Demokratie in die faschistische Barbarei, stellte eine Herausforderung an den bildungsbürgerlichen Leserkreis dar, welche dieser so leicht nicht loswurde, auch wenn er darauf bald reserviert, bald mit gespielter Souveränität, bald mit politischen Ausweichmanövern, seltener mit politischer Offenheit reagierte. Solche Ambivalenz der Rezeption wurde durch die ambivalente Erzählweise der Novelle gefördert, die dem Spielcharakter der Kunst ebenso zu genügen trachtete wie dem Ernst der zeitgeschichtlichen Situation.

V. REZEPTIONSPHASEN

Für die Rezeption der Erzählung charakteristisch ist ihre Widersprüchlichkeit. Schon der Autor hatte Deutungsschwierigkeiten mit seinem Produkt. Wenn Th. Mann 1930 etwas "Moralisch-Politisches" aus dem "Privaten" erwachsen sieht, 1932 jedoch die Bedeutung der Geschichte "lieber im Ethischen als im Politischen" ansiedelt, 1948 wiederum von einer "stark ins Politische hinüberspielenden Geschichte" redet, die "innerlich mit der Psychologie des Faschismus beschäftigt" sei[1], so läßt sich der widerspruchsvolle Rezeptionsspielraum der Novelle ermessen. Der Perspektivenwechsel des Autors macht deutlich, daß sein Werk keine objektive, unveränderliche Größe ist, sondern in den Begegnungen mit dem deutenden Subjekt seine Gestalt ändert, und zwar infolge der Veränderungen, die das Erkenntnisinteresse des Deuters und seine historisch-gesellschaftliche Situation erfahren. Daher sagt eine Deutung stets auch etwas über den Standort des Deutenden aus, enthüllt sie sein Selbstverständnis und die Rolle, die er als gesellschaftliches Subjekt spielt. Das kann nicht generell heißen, daß die Deutungen sich ihrem Objekt subjektiv-willkürlich aufherrschen, obgleich sich auch Beispiele subjektiver Willkür in der Rezeptionsgeschichte eines jeden bedeutenden Kunstwerks finden. Wo jedoch eine Deutung nicht in der Selbstbespiegelung und der Indienstnahme für tagespolitische Zwecke aufgeht, dürfte sie durch die Struktur des Werks selber provoziert worden sein. Im Fortgang der Rezeptionsgeschichte verändert die Werkstruktur nicht nur ihre Gestalt unter dem wechselnden Blickwinkel der Leser, sie entschleiert sich auch als unausschöpfbar. Die unausschöpfbare Sinnfülle eines Werks ist ein Gradmesser für seine immer wieder aktualisierbare und jede Aktualisierung überlebende Bedeutung.[2]

Obgleich kein Kunstwerk für die Ewigkeit hergestellt wird, sondern seine Antriebe aus der Zeit empfängt, in der es entsteht, müssen die Zeitgenossen für seine Sinnfülle keineswegs aufgeschlossener sein als nachgeborene Leser. Die Frühphase der Rezeption von "Mario und der Zauberer" lehrt, daß die Erzählung das Zeitbewußtsein der Erstleser, ihr historisch-gesellschaftliches Fassungsvermögen, entweder überstieg oder lediglich partiell darin Eingang fand. Der geschichtliche Horizont des gebildeten Bürgers umfaßte nur fragmentarisch die Tiefenbewegungen der Epoche, die in der Novelle anklangen – und dementsprechend begrenzt war sein ästhetischer Sinn, der meist für die künstlerische Gestaltung dieser Anklänge taub blieb. Aber auch den rückblickenden, die Epoche überblickenden Lesern entzogen sich immer wieder die Zusammenhänge zwischen dem gesellschaftlichen, epochenübergreifenden Gehalt der Erzählung und seiner ästhetischen Formgebung. Die der Novelle Th. Manns eigentümliche Sinnfülle ist unter anderem vermittelt durch die für sie charakteristischen Ambivalenzen: den zwischen Ironie und Betroffenheit wechselnden Stil, die zwischen Aufklärung und Mystifizierung hin und her gleitende Perspektive, den bald kritisch aufzeigenden, bald ästhetisierenden Gestus, der den Leser an die außerliterarische gesellschaftliche Wirklichkeit mit geschärftem Zweifel zurückverweisen oder auch zum innerliterarischen gesellschaftsfernen Formgenuß ermuntern kann. Bezeichnend für die einzelnen Rezeptionsphasen der Erzählung dürfte unter anderem sein, daß die unauflöslichen Ambivalenzen aufgelöst und die dem Werk immanenten Zweisinnigkeiten einsinnig ausgelegt wurden. Wir können hier nicht mehr als Schlaglichter auf die Rezeptionsgeschichte werfen – Schlaglichter, die jedoch einer detaillierteren Forschung einen Weg vorzeichnen könnten.

1. Die Frühphase

Die erste, unmittelbare Reaktion auf "Mario und der Zauberer" ist intensiv. Die im April 1930 in einer Zeitschrift[3], einen Monat später in Buchform[4] publizierte Erzählung erlebt bis Ende des Jahres allein in deutschsprachigen Zeitungen und Zeitschriften an die dreißig Rezensionen, die allesamt einer Analyse zu unterziehen hier nicht der Ort ist. Wir nehmen statt dessen eine repräsentative Beschränkung vor und konzentrieren uns auf Besprechungen, die in Berliner Tageszeitungen unmittelbar nach dem Erscheinen der Novelle veröffentlicht wurden (im Mai und im Juni 1930). Dieses Verfahren bietet den Vorteil, daß es mit den publizistischen Organen, die in der Hauptstadt des deutschen Reichs miteinander wetteifern, zugleich maßgebliche Geisteshaltungen des zeitgenössischen Bürgertums zum Ausdruck bringen kann.[5] Diese Geisteshaltungen müssen nicht identisch mit der persönlichen Kunst- und Lebensanschauung der jeweiligen Rezensenten sein. Nicht auf die spontane Kundgabe eines privaten Lektüre-Erlebnisses kommt es bei den Rezensionen an, sondern auf ihre Formung im Geiste der Zeitung, für die sie geschrieben werden. Man wird die gesellschaftspolitische Ideologie, der eine Zeitung sich verpflichtet weiß, als eine steuernde Kraft auch in ihrem Feuilletonteil in Rechnung stellen können. Bei aller Meinungsvielfalt, wie sie in liberalen Blättern zugelassen sein kann, wird eine Zeitung die von ihr bevorzugte Sozialideologie auch bei der Rezension von Kulturgütern als eine Grundmelodie erklingen lassen und so das Urteil ihrer Leser vormodellieren. Geringgeschätzt wird dieser Sachverhalt von jenen Rezeptionslehren, die so angestrengt auf der Suche nach dem spontanen, unverfälschten Lese-Erlebnis sind, das ein literarisches Werk angeblich bei seinem Erscheinen hervorgerufen hat.

An der Berliner "Deutschen Allgemeinen Zeitung" läßt sich unsere These beispielhaft nachvollziehen. Am 14. Mai 1930 erschien eine relativ ausführliche Rezension (von D.F. Werner) zu "Mario und der Zauberer", deren Schluß-Satz so lautet: "Diese Novelle ist die Schilderung eines privaten Erlebnisses und der Autor hat hinreichend subtile, gestalterische Fähigkeiten, um das Geschehnis aus der Sphäre des Persönlichen ins Allgemein-Menschliche zu steigern." Was das "Allgemein-Menschliche" sei, wird nirgends gesagt – offenbar zollt der Rezensent hier einer verbreiteten Vorstellung vom Kunstschönen Tribut. Dagegen wird mit wünschenswerter Klarheit ausgeführt, was aus dem Reich des "Allgemein-Menschlichen" allzeit verbannt sein müsse: "Wir glauben jedoch, daß es eine komische Unterschätzung der Intelligenz und des künstlerischen Gewissens Thomas Manns ist, wenn man – wie es schon geschehen ist – in dieser Novelle ein Gemälde des faschistischen Italiens sehen will, wobei Signor Cipolla gewissermaßen eine Symbolisierung Mussolinis sein soll, der ein Volk oder Auditorium zum menschenunwürdigen, willenlosen Massenwahn hypnotisiert. Eine Unterstellung solcher törichter Motive, die aus allerlei politischen und sonstigen Äußerungen des Verfassers fälschlich abgeleitet zu sein scheint, ist ein Unrecht gegen Thomas Mann." Worin liegt das Unrecht? In der falschen Ableitung ästhetischer Aspekte aus politischen Äußerungen des Autors? Dem Rezensenten gilt jegliche Verknüpfung von Ästhetik und Politik im Falle Th. Manns als grundsätzlich falsch, weil ihm, wie er eingangs verkündet, des Autors politische Stellungnahmen zuwider sind. Er wendet einigen Erzählungen Manns aus den letzten fünf Jahren "ein größeres Interesse (zu) als verschiedenen neuerlichen Manifestationen in Wort und Schrift, in denen Thomas Mann zum Zeitgeschehen eine oft nicht haltbare Stellung einnimmt. Denn diese kleinen Erzählungen – die erste aus diesem

Zeitraum hieß: 'Unordnung und frühes Leid' – haben die ganze kühle Distanz, die feine Wohlüberlegtheit, die epische Ziselierung, die urbane vernunftmäßige Haltung, die seine besten Werke auszeichnet." Der Rezensent besitzt über den Künstler Th. Mann ein Vorverständnis, dem der Politiker Th. Mann nicht entspricht. Meldet letzterer sich zu Wort, so gehen offenbar die ästhetischen Tugenden des ersteren verloren: sind umgekehrt die ästhetischen Tugenden vorhanden, so ist gottlob der Politiker abhanden gekommen. Mit anderen Worten: weil "Mario und der Zauberer" ästhetisch gelungen ist, kann der für die sozialistische Demokratie werbende und gegen den Neo-Konservatismus sich ereifernde Politiker Th. Mann in diesem Werk schlechterdings nicht präsent sein. Wer ihn dennoch darin zu entdekken vermeint, tut dem Künstler Th. Mann Unrecht an.

Soweit des Rezensenten schlaue Unterstellung. Sie treibt Politik mit den Mitteln der Literaturkritik, spielt ein fiktives Allgemein-Menschliches des Kunstwerks gegen Thomas Manns radikales Republikverständnis aus und hält auf diese Weise den Kulturteil der "Deutschen Allgemeinen Zeitung" von demokratischen Impulsen frei, mehr noch: hält ihn offen für konservative Parteilichkeit. Rechts von der Thomas-Mann-Rezension befindet sich nämlich eine Spalte "Das neue Buch", worin das letzte Produkt von Hans Grimm angezeigt wird, dem Autor des "Volks ohne Raum", eines präfaschistischen Werks von einiger Berühmtheit, und man freut sich im Kulturteil der "DAZ", daß man "wieder einmal etwas von dieser männlichen, festen Kraft zu Gesicht" bekommt. Direkt über der Thomas-Mann-Rezension steht die Würdigung eines Buchs zu lesen, das der Feder des Chefredakteurs der "DAZ" entflossen ist: "13 Männer regieren Europa". Dem Chefredakteur wird bescheinigt, daß er mittels einer "einheitlichen nationalen und staatlichen Gesamtauffassung" gesonnen sei, "auf die deutsche öffentliche Meinung *politisch* erziehend" zu wirken und daß er der Todfeind einer "risikolosen auswärtigen Politik" sei. In einem derartigen Feuilleton darf natürlich nicht der militante Neo-Nationalismus der Zeit kritisiert werden, und sei es auch nur indirekt durch Künstlermund, am Beispiel des "faschistischen Italiens". Man lauscht daher dem Künstler andere Dinge ab, manch "feine Wohlüberlegtheit" nämlich, die ihn den Lesern der "DAZ" genießbar macht, Lesern, die etwa den "Tee der Volkskonservativen Vereinigung" zu schätzen wissen. Von dieser Vereinigung wird in derselben Nummer berichtet, sie lausche am Teetisch "Kunstvorträgen", begrüße die "Zusammenarbeit aller staatsbejahenden Kräfte" sowie eine "innerlich geeinte Nation" und setze auf die Trias "Frontgeist, Familiengeist, Christentum".

Der Rezensent der "DAZ", dessen Buchbesprechung weder den Anhängern solcher Teestunden noch seinem Chefredakteur mißfallen darf, bietet im übrigen einem Konkurrenten die Stirn – dem Kollegen Ernst Weiß vom "Berliner Börsen-Courier". Weiß hatte in der Morgenausgabe vom 8. Mai 1930 unter dem Titel "Der neue Thomas Mann" eine noch heute lesenswerte Rezension zu "Mario und der Zauberer" verfaßt. Im "faschistischen Italien", so Weiß, lasse der Autor einen "schauder- und lustvollen Seelen- und Körperkrampf" abspielen, der "ein ganzes Volk unter der Wirkung eines Führers beherrscht. Massenwahn, Massenwahrheit, Massentrug, Ueberpatriotismus, ein ins religiöse sich versteigendes Nationalgefühl. Selbstvergottung, neuer Götzendienst am eigenen Altar. Gott und Gottesanbeter zugleich ist diese Nation. (. . .) Im Lande der allgemeinen Willenlosigkeit, im totenstillen Sklavenhause des menschlichen Masochismus erscheint ein Meistersadist der Seelen. Zauberer im Willenzerbrechen. (. . .) Wie läßt er, Uebermussolini, seine Opfer lustig nach seiner Pfeife tanzen! Musterexemplare 'prompter Entseelung und Willenlosigkeit' drehen sich im Kreise, glücklich in ihrer Erniedrigung (. . .)."

Gewiß – der Rezensent verliert kein Wort über die *ästhetische* Umsetzung der politischen und sozialpsychischen Realität des "faschistischen Italiens"; auch schöpft er den symbolischen Realitätsgehalt der Novelle nur zum Teil aus. Aber im Rahmen einer Rezension, die eine Neuerscheinung stets auch auf ihre Aktualität und ihre zeitgenössische Repräsentanz prüfen muß, bewährt er einen scharfen Blick: er entdeckt in dem Zauberkünstler Cipolla und seinem Verhältnis zum Publikum zeittypische Phänomene. Die wahnhafte pseudo-religiöse und sado-masochistische Seelenlage eines Theaterpublikums wird ihm zum Ausdruck einer totalitären "Bewegung, die ein Volk bis ins letzte absorbiert hat und die für Europa von der äußersten Wichtigkeit ist." Allerdings denkt der Rezensent diese totalitäre Bewegung als eine "geistige", genauer: als eine aus dem Antigeist schlechthin geborene. Blind für die sozial- und wirtschaftspolitischen Triebfedern der europäisch neuen, totalitären Bewegung, interpretiert er die "Uebermacht" Cipollas, des "Uebermussolini", als vermessenes Spiel mit der "Langeweile (!)". Parallel dazu wird die politisch und sozialpsychisch gesehene Anfälligkeit der Masse für das Führerprinzip auf eine schlechte Allerweltsmoral zurückgeführt – auf "unsere dummen Eitelkeiten". So entschärft der Rezensent unvermittelt seine herausfordernde These, die Novelle zeichne "eine echte Erscheinungsform des im Jahre 1930 führenden Geistes". Daß seine These dennoch eine Herausforderung blieb, bezeugt die Gegenrezension des Kollegen von der "DAZ". Was im "Berliner Börsen-Courier" mit demokratischer Absicht als ein Hauptproblem der Erzählung namhaft gemacht wurde: die politische Freiheit, wird in der "DAZ" mit konservativem Seitenblick ins "Allgemein-Menschliche" aufgelöst. Der Rezensent ist sich hierbei nicht zu schade, manchen Literaturhinweis seines Kollegen Weiß flugs abzuschreiben. Der Literaturkritik als einer Form politischer Gegenaufklärung ist offenbar jedes Mittel, selbst das Plagiat, recht.

Zur selben Stunde, jedoch konsequenter als Weiß, interpretiert Julius Bab die Novelle in der Berliner Volks-Zeitung (Morgenausgabe vom 8. 5. 30) als politische Parabel. Es herrsche die Luft des faschistischen Italiens! "Alles ist geschwängert von posierender Grossartigkeit, nationalistischer Unduldsamkeit und einer tyrannischen Gewalttätigkeit, die gleichsam von oben nach unten auf die ganze Nation träuft. Dieser bucklige Zauberer, der mit seiner Suggestionsstärke die Menschen vergewaltigt, mit einer wippenden Reitpeitsche jedes Selbstgefühl unterjocht, er wird schliesslich zur spukhaften Karikatur des hier viel genannten grossen Mannes, der heute mit etwas, aber nicht sehr, anderen Mitteln sein ganzes Volk und die halbe Welt in Suggestion hält." Gewiß überschätzt Bab die theatralischen Hypnosespiele Cipollas, wenn er sie zu den Gewaltmitteln eines Mussolini in eine so eindeutige Beziehung setzt. Aber in seiner Rede von Cipolla als einer "spukhaften Karikatur" des italienischen Diktators verbinden sich politischer und ästhetischer Sinn aufs genaueste. Daß Mussolini Th. Manns Novelle ob ihrer provozierenden Anzüglichkeit eigentlich auf den Index setzen müßte, ist Babs scharfsichtige Schlußfolgerung: das faschistische Italien scheint mit dem Publikationsverbot nicht gezögert zu haben![5a]

Unsicher zwischen dem aufklärerischen und dem konservativ verschleiernden Rezensionstypus schwankt die Würdigung der Berliner "Vossischen Zeitung" vom 7. Mai 1930. Eine der politischen Dimensionen in Manns Erklärung skizziert der folgende Satz: "Gebläht vom Wahne eines neuen Nationalismus, lassen Mussolinis Untertanen die Fremden fühlen, daß sie Badegäste zweiter Klasse sind." Doch ehe diese These schärferen Kontur gewinnen könnte, setzt sich beim Rezensenten ein ihm teures Thomas-Mann-Bild durch: das Bild vom Autor als Privatmann, der aus dem Persönlichen schöpft und immer wieder sein eigener Biograph ist. Populäre Erzählungen wie "Unordnung und frühes Leid" haben unseren Kritiker – und mit ihm eine zahlreiche Leser-Gemeinde – zu dieser Vorstellung verführt. Hier läßt sich neben den bereits angeführten Rezeptionsbedingungen institutioneller und sozialideologischer Art, wie eine Zeitung sie setzt, eine weitere dingfest machen: die leserlenkende Macht der Tradition und der Gewohnheitsbilder. Im Banne seiner Lektüregewohnheiten privatisiert der Rezensent Manns neue Novelle: "*Symphonica domestica,* ein Familienvater läßt Erlebnisse widerklingen."[6] Mit der Privatisierung gerät der politische Kontext aus dem Blickfeld, und Cipolla erscheint als dämonischer Tausendsassa, aller zeitgenössischen Symbolkraft beraubt. Daß er nämlich "aus dem Familienbehagen" nicht ohne wohltuenden Schrecken "allmählich in die Stimmung des tragischen Abschlusses hineingetragen" worden sei, rechnet er Thomas Manns "Erzählungskunst in ihrer Reife und in ihrer Fülle" hoch an.

Das Element solch ästhetischen, die Politik ästhetisierenden Genusses ist der Novelle selber beigemengt. Es wird zu einer Dominante in der Rezension des "Berliner Tageblatt" vom 1. Juni 1930.[7] Eine leserlenkende Funktion hat der die Rezension vorbereitende Kurztext, der sich auch auf die übrigen Besprechungen bezieht. Das "Berliner Tageblatt" hält nämlich Ausschau nach dem "Buch des Sommers 1930", worunter das Ferienbuch "für den im Winter schwer arbeitenden Menschen" firmiert. Die "ersehnte Entspannung" soll für den Leser darin bestehen, "sich mit Hilfe eines Buches irgendwie aus sich selbst heraus 'in den Geist der Zeiten zu versetzen'", wie es in gebildeter Anspielung an Goethes "Faust" heißt. Die Zeitlosigkeit, die das Ferienbuch gewähren soll, muß jedoch in einer schönen Form genießbar sein – und das "Tragische Erlebnis", das der Rezensent in der Überschrift seiner Novellen-Besprechung verheißt, scheint solchen Genuß recht eigentlich zu verbürgen. denn bei "Mario und der Zauberer" handle es sich um "ein Werkchen, vom Verlag, vom Zeichner Hans Meid in einer besonders prägsamen Form herausgebracht, durch Type, Umschlagzeichnung bis auf den farbigen Karton das Eigentümliche dieses Buches, seine übersinnlich-bizarre Wirklichkeit stilistisch in solcher äusserer Form zum Ausdruck bringend."

Bedeutsam an dieser Äußerung ist, daß sie einen neuen Rezeptionsfaktor zur Geltung bringt: die äußere Form des Buchs, seine Aufmachung und Ausstattung. In Parenthese sei angemerkt, daß dieser Rezeptionsfaktor auch andernorts das Lektüreverhalten mitsteuert. Arthur Eloesser läßt sich in der "Neuen Rundschau", einer literarischen Zeitschrift, wie folgt vernehmen: "Ein knappes Bändchen in einem hübschen Karton (. . .). Hübsch auch sonst die Zeichnungen von Hans Meid; er folgt dem Dichter mit einem schlank abschließenden Kontur, der doch wieder, mit keinem anderen Hintergrund als der weißen Papierfläche, etwas Unbestimmtes freigibt."[8]

Für Eloesser bereitet die Graphik das Vergnügen an der "Feinmechanik" des Dichters vor – und das zeichnerisch Unbestimmte wird ihm zum Hinweis auf das dichterisch "Hintergründige" und "Dämonische", ohne daß freilich sein ästhetisches Vergnügen aufhörte. Das "Tragische" der Novelle ist ihm so zeitentrückt, daß es ihn nicht verstören kann. Die "hohen Lebensfragen" dünken ihm gegenwartsfern und enthalten seinem Empfinden zufolge "den wohltätigen Rest des Unaufgelösten, der aus der elegant geführten Differentialrechnung hinuntersinkt ins Gefühlmäßige, ins Irrationale, in den Abgrund." Indem Eloesser den ästhetischen Genuß, den die Novelle ihren Lesern nicht vorenthält, zum dominanten Lese-Erlebnis hochspielt, zerrinnt ihm das epische Geschehen zu einem abgründigen Fluß, worin er mit steigendem Vergnügen, den Blick fest von Zeit und Gesellschaft abgewandt, die ewigen Lebensrätsel vorüberziehen sieht.

Schließen wir die Parenthese und kehren zum Rezensenten des "Berliner Tageblatts" zurück. Auch er ist angezogen von der äußeren "besonders prägsamen Form" des Buchs, und auch er sieht darin den sinnlichen Ausdruck der "übersinnlich-bizarren Wirklichkeit" der Novelle. Allerdings hebt er von der äußeren die innere Form der Erzählung ab, ihre vernunftgemäße, erkenntnisfördernde Sprache, ihren wohlkalkulierten Aufbau – wie er denn überhaupt eindringlicher zu interpretieren versteht als der Schöngeist von der "Neuen Rundschau". Doch ist auch für ihn die Ästhetik Thomas Manns das genußreiche Mittel, das ihm die "übersinnlich-bizarre Wirklichkeit" der Novelle von der Gegenwart fernrücken hilft. Cipollas Spiel ist aus seiner höheren Vogelsperspektive "die Verkehrung kosmisch sinnvoll geordneter Realität", und aus ähnlich luftiger Höhe erscheint ihm Thomas Mann als der kosmische Gegenspieler des umstürzlerischen Magiers, als der Dichter des "Logos und Feind des chaotisch, sinnvoll nicht zu fassenden und einzuordnenden Geschehens". Zwischen beiden Polen, Logos und Chaos, sieht er den "bürgerlichen Menschen" und Leser in peinigender Lust und lustvoller Pein wandeln, mit seiner "Angst" vor dem "Chaotisch-Metaphysischen" und seiner "doch unfassbaren Sehnsucht" danach. Der "bürgerliche Mensch" und seine Zeit werden entstofflicht, so daß die "Massierung hypnotischen Willens und magischer Beeinflussung" ihre gegenwartsnahe Symbolkraft verliert und nicht länger als politisches und sozialpsychisches Gleichnis wirken kann, vielmehr zum Medium eines ästhetisch-schmerzlichen Ewigkeitsgenusses wird. Während die reale Gegenwart sich anschickte, die poetischen Geschehnisse in ein geschichtsmächtiges Grauen zu verwandeln, verwandelte der Rezensent sie in kosmische Schauder, ungerührt vom italienischen Geschichtsverlauf der zwanziger Jahre. Nicht wenige haben dann wenig später die Anfänge des Nationalsozialismus unter solchen Schaudern ästhetisch erlebt. Ob dabei leserlenkende Rezensionen mitwirkten, läßt sich nicht mit Gewißheit ermitteln. Als Gegengift jedenfalls hat ein Rezensionstypus wie der zuletzt beschriebene nicht gewirkt, so wenig wie der erste in unserem kursorischen Überblick. Literaturkritik und antidemokratische Politik gingen mancherlei Bündnisse ein. Und wenn eine demokratisch inspirierte Kritik vor dem um sich greifenden politischen Irrationalismus warnte, rief sie sogleich die konservative Gegenaufklärung auf den Plan. So gesehen, war das um "Mario und der Zauberer" sich rankende Rezensionswesen stets auch ein Politikum. Als solches verstand es der Autor selber recht bald.[9]

Unbeschwert von solchen Überlegungen gibt sich ein neuerer Aufsatz, der ebenfalls der Frühphase der Novellenrezeption gewidmet ist.[10] Der Verfasser meint darin: "Die erste Rezeption hat das Politische als bedeuteten Gehalt entweder ignoriert oder einfach übersehen"[11], eine Meinung, die ein altes Vorurteil zu neuem Leben erweckt.[12] Offenbar sind hier aus der Fülle der Besprechungen die explizit politisch argumentierenden "entweder ignoriert oder einfach übersehen worden" – denn nicht nur in Berlin, sondern auch anderswo begegnen wir Beispielen einer politisch offensiven Würdigung der Novelle.[13] Davon weiß besagter Aufsatz wenig, will er nichts wissen.[14] Statt dessen verabsolutiert er einen Rezensionstypus, der den "gebildeten Kritiker" (S. 662) in seiner Eigenschaft als unpolitischen Ästheten zum Urheber hat, den Kritiker, der das Gesamtwerk Thomas Manns immer schon nach der privaten "Selbst-Einbeziehung" (S. 662) des Autors abgesucht und der Wiederentdeckung vertrauter Motive gefrönt habe. Wir haben schon an unseren Berliner Beispielen gesehen, in welcher Weise sich solche feinsinnigen Kritiker betätigten. Daß ihnen allesamt die politische Dimension der neuen Erzählung Thomas Manns gleichgültig war, läßt sich nicht behaupten, ist doch schon die eifernde Verleugnung jener Dimension ein literaturpolitischer Akt. Daß darüber hinaus um 1930 die "politische Ebene" der Erzählung weniger denn je einen den Leser herausfordernden Aktualitätsgrad besessen hätte, daß "eine psychologische Studie des italienischen Faschismus jener Jahre" geradezu obsolet gewesen wäre, ist vollends als These unhaltbar: "Warnende Funktion, wie die Forschung gerne behauptet, konnte die Novelle ebenfalls kaum noch besitzen." (S. 673) Die "liberal-bürgerliche Reaktion auf den Faschismus" (S. 673) sei nämlich um 1930 längst festgelegt, der "Anspielungsraum aktuell-politischer Aufforderungen, Warnungen und Denkhandlungen überholt" (S. 674) gewesen. Die republikanisch orientierten Rezensionen, mögen sie auch in der Minderheit sein, sprechen da eine andere, eben eine *warnende* Sprache, die in dieser Zeit auch der Politiker Th. Mann pflegt.[15] Er hat dazu allen Grund; knapp ein halbes Jahr nach dem Erscheinen seiner Novelle, bei den Reichstagswahlen im September 1930, werden die schlimmen Ahnungen der liberal-bürgerlichen Intelligenz durch den kometenhaften Aufstieg der nationalsozialistischen Partei bestätigt. Th. Mann reagiert noch im Oktober mit einer Rede darauf ("Deutsche Ansprache"), die von Rechtsradikalen und Nationalsozialisten gestört und von "Unruhe und Schlägerei" begleitet wird.[16] Die Rede liest sich an einigen Stellen wie die politisch-rhetorische Nutzanwendung novellistischer Schilderungen auf die aktuelle Situation in Deutschland. Was der Autor im Rahmen eines Spiels als würdelosen Massentaumel imaginiert hatte, tritt ihm verschärft im historischen Prozeß entgegen – in der Gestalt des Scharlatans Hitler und seiner hypnotischen Massenveranstaltungen. Die Nationalsozialisten haben aus der Dichtung Wahrheit, aus der poetischen Figur Cipollas und seiner Masseneffekte Realität werden lassen. Der kolloquiale und mehrdeutige, halb ironische, halb distanzierte Ton in "Mario und der Zauberer" weicht in der "Deutschen Ansprache" bald beschwörender Anklage, bald kritischer Sachlichkeit – und dieser Stilwechsel zeigt an, daß aus dem künstlerischen Spiel Ernst geworden, daß an die Stelle des politischen Charakters des Ästhetischen (bei Cipollas Veranstaltung) der ästhetische Charakter des Politischen (bei Hitler und seinen Komplicen) getreten ist. Th. Mann registriert "Losbändigkeit der Instinkte, Emanzipation der Rohheit, Diktatur der Gewalt" – ein zugleich politischer und sozialpsychischer Prozeß im verlockenden Gewande der Pseudo-Ästhetik: "eine Politik im Groteskstil mit Heilsarmee-Allüren, Massenkrampf, Budengeläut, Halleluja und derwischmäßigem Wiederholen monotoner Schlagworte, bis alles Schaum vor dem Munde hat."[17]

Diese drei Gesichtspunkte – "Diktatur der Gewalt" bei den Führern, "Losbändigkeit der Instinkte" bei den Massen, täuschender Schleier der Ästhetisierung – werden mit gutem Grund in "Mario und der Zauberer" und der "Deutschen Ansprache" beschworen: sie sind nämlich seit den Anfängen der Weimarer Republik zu einem sozial relevanten Dreigestirn zusammengetreten. Das dürfte unser Kapitel "Das Werk im sozio-kulturellen Umfeld" hinreichend erhellt haben. Nicht nur die sozialistisch orientierte und die radikaldemokratische, auch die liberal-bürgerliche Intelligenz begegnete in unregelmäßigen Abständen dem Schreckensgespenst des Faschismus. Dieser hatte um 1930 nichts von der Aktualität früherer Jahre eingebüßt – im Gegenteil. Das italienische Beispiel wurde durchaus nicht als eine isolierte, europäisch einmalige Besonderheit erfahren, sondern vielerorts als eine Herausforderung an die deutsche Republik empfunden.

2. *Nach dem Zweiten Weltkrieg*

Verglichen mit der kontroversen Deutungsvielfalt einer Handvoll Rezensionen um 1930 nimmt sich das Deutungsspektrum seit 1945 eher bescheiden aus. Der Berliner Journalismus der Weimarer Republik jedenfalls hat in der gebotenen Kürze von Feuilletonartikeln Einblicke in Th. Manns Erzählung geworfen, die den sogenannten wissenschaftlichen an Vielseitigkeit überlegen, an Tiefe mindestens ebenbürtig sind. Das zeugt, negativ ausgedrückt, von den stereotypen und oberflächlichen Verfahrensweisen der Forschung. Seit Hatfield im Jahre 1947 die Novelle "as an allegory of Italian fascism"[18] zu lesen versucht hat, fühlten sich alle Interpreten bemüßigt, es ihm gleichzutun, und das heißt: den Faschismus in der Erzählung allerorten aufzuspüren, ihre allegorische (oder auch symbolische) Darbietungskunst jedoch als gegeben vorauszusetzen und ansonsten keines Blicks zu würdigen. Gleich, welchem Erkenntnisinteresse die Interpreten verpflichtet waren, ob einem marxistischen oder allgemein-menschlichen, einem literaturimmanenten oder gesellschaftsbewußten – es schien nachgerade zum guten Ton zu gehören, die Faschismus-Kritik Manns zu bestätigen, begrüßenswert zu finden und den Kunstcharakter der Erzählung allenfalls mit verstohlenen Seitenblicken zu streifen oder ihn, isoliert vom zeitgeschichtlichen Befund, zu etwas bloß Technischem, Stilistischem, Motivkundlichem auszudünnen. Man tat gerade so, als sei der gesellschaftliche Gehalt eines Werks ohne das ästhetische Medium erfaßbar, in dem er sich bricht, – in der westdeutschen Germanistik vermutlich aus schlechtem Gewissen und weil man nicht in den Verdacht geraten wollte, eine blanke antifaschistische Botschaft erneut zu unterschlagen; in der ostdeutschen mag die Vorstellung mitgewirkt haben, es sei des Guten genug getan, wenn man einen Dichter zunächst ideologisch als Antifaschisten beerbe. Damit setzte sich eine Methode durch, die ein triviales und schrankenloses Widerspiegelungsverständnis bezeugt: trivial, weil der gesellschaftliche Gehalt des Werks ohne Rücksicht auf seine ästhetischen Vermittlungen bestimmt wurde; schrankenlos, weil man eine Spezialform der bürgerlichen Gesellschaft, eben den Faschismus, an allen Ecken und Enden zu entdecken glaubte, so daß eine bedenkenlose Zerdehnung des Begriffes 'faschistisch' um sich griff. Unversehens geriet der Dichter Thomas Mann zu einem politischen Propheten einerseits und einem tiefblickenden Soziologen andererseits – und seine Ästhetik erschien als der pure Abdruck gesellschaftlicher Sachkunde bzw. antifaschistischer Gesinnung. Wir haben diese drei Kardinalfehler der Forschung – ihre kunstfremde, ihre politisierende und ihre soziologisierende Methode – in den Anmerkungen ausführlich belegt.

Es finden sich innerhalb der Forschungsrichtung, von der hier die Rede ist, unterschiedliche Verfahrensweisen, was die philologische Beweisführung und die Intensität der Vergegenwärtigung des Textes angeht; so zeichnet sich etwa die Interpretation von Egon Schwarz darin vor anderen aus, daß sie ihre politisch-soziologischen Thesen in einer intersubjektiv kontrollierbaren Weise benennt und auf den Wortlaut des Textes bezieht. Sie macht eben darum auch in beispielhafter Weise deutlich, wie forciert die Thesenbildung vonstatten geht: so, wenn ein irrationales Verhalten, wie es bei der Keuchhusten-Affäre zu Beginn der Erzählung waltet, schlicht mit Faschismus identifiziert oder wenn selbst das "Wetter" als "faschistisch" bezeichnet wird.[19] Gerade der philologisch höhere Rang, den die Interpretation von Schwarz gegenüber Deutungen mit vergleichbarer methodischer Prämisse besitzt, erforderte eine eingehendere Auseinandersetzung in den Anmerkungen. (Vgl. Anm. 62, Kap. III)

Interpretationen, die das hier skizzierte Deutungsmuster nicht tradiert haben, bilden ein Rarissimum, wenn auch nicht durchweg ein wegweisendes. Den entpolitisierenden und ästhetisierenden Versuch von Freese diskutierten wir auf den vorhergehenden Seiten (siehe auch Anm. 14); die formbezogene Arbeit von Rehfeld-Kiefer wurde in Kap. III (Anm. 18) charakterisiert; auf die ergiebigere Stilanalyse von Weiss und ihre Grenzen sind wir von Fall zu Fall eingegangen.[20] Die zwischen einer metaphysischen und einer psychoanalytischen Deutung unsicher schwankende Arbeit von McIntyre sieht das Werk als Abbildung tradierter Ideologeme (Kap. III, Anm. 49); ihr geistesgeschichtliches Widerspiegelungsverständnis zeitigt das forschungsgeschichtlich seltenere Extrem: Entpolitisierung des Textes. Die sowohl politisch als auch sozialpsychologisch ausgerichtete und zugleich formanalytisch bemühte Untersuchung von Böhme ist die bisher interessanteste und mutigste; sie stellt eine lange vermißte Belebung der Forschung dar. Eine ausführliche kritische Würdigung schien uns daher in der folgenden Anmerkung geboten.[21] – An Böhme anknüpfend, macht Dierks zu Recht darauf aufmerksam, wie ein sozialpsychologisches Deutungsspektrum durch geistesgeschichtliche Fragestellungen relativiert und ergänzt werden kann. Vorzüge und Nachteile dieser Fragestellungen (die Dierks als positivistische mißversteht) benennen wir in Kap. II (S. 29 f.) und Kap. III (S. 70 ff.).

3. *Thomas Manns Selbstbefragung: "Bruder Hitler"*

Die Forschung neigt dazu, in dem nationalfaschistisch inspirierten Halbkünstler Cipolla Wesenszüge des Künstlers Thomas Mann bzw. des Künstlers schlechthin widergespiegelt zu sehen.[22] Unvereinbar mit dieser Sehweise ist die von uns in Kap. II und III skizzierte Entwicklung Thomas Manns vom konservativen Volksideologen und Kriegsästheten zum Anwalt der europäischen Aufklärungsideen und der Weimarer Sozialdemokratie. Gewiß – Thomas Mann setzt seine demokratische und sozialkritische Zeitgenossenschaft nicht einfach mit seinem Künstlertum in eins, vielmehr hebt er das Spannungsverhältnis beider Pole hervor; nie jedoch läßt er den Künstler zum Parteigänger des antidemokratischen Irrationalismus werden. Verweist die Forschung auf Thomas Manns Aufsatz "Bruder Hitler"[23], um eine geheime Wesensverwandtschaft zwischen Künstlertum und faschistischer Politik festzuhalten[24], dann mißversteht sie den Kunstbegriff Thomas Manns, dem ein Hitler so ganz und gar nicht entspricht. Auch Cipolla entsprach diesem Begriff nicht, wie man sich erinnern wird. Indem der Zauberer seine 'Kunst' politisierte, verlieh er dem Politischen ästhetischen Reiz: politische Gewaltverhältnisse wie das zwischen Führer und Volk, Befehlen und Gehorchen erhielten durch Cipolla einen (schein-) künstlerischen Status, der das Publikum zum Genuß des Geschehens einlud. Der Novellenerzähler machte diesen Genuß in dem Maße suspekt, wie er durch das Medium der Groteske den "Führer" als Halbkünstler und zuletzt als barbarischen Formzerstörer, das von ihm gelenkte "Volk" als verblendete, fremdbestimmte Masse entzauberte. Mit der Kritik an der Pseudo-Kunst als einer Ästhetisierung realer Gewalt wandelt das künstlerische Werk Th. Manns ein Motiv früherer Erzählungen ab: In "Gladius Dei" erhebt sich ein asketischer Mönch kraft seiner narzißtischen Phantasie zum massenbeherrschenden Diktator; in der novellistischen Skizze "Beim Propheten" kommt politischer Terror auf den Flügeln visionärer Ekstase und in ästhetischer Vermummung daher. In beiden Fällen schlägt der Erzähler den Ton kritischer Ernüchterung an. Diesen Ton verschärft Thomas Mann satirisch in "Bruder Hitler". Der Schriftsteller unterwirft hier seinen "Haß" auf Hitler einer disziplinierten Selbstbefragung, und zwar auf die Gefahr hin, daß eine geheime "Neigung zum Wiedererkennen, zur Identifikation, zum Solidaritätsbekenntnis" zum Vorschein kommen könnte (S. 222 f.). Die Forschung hat aus der *möglichen* Gefahr auf eine faktische Verwandtschaft zwischen dem Künstler und dem Politiker geschlossen, zu Unrecht. Th. Mann schmäht nämlich Hitler sehr bald als einen "Viertelskünstler", den "eine unsäglich inferiore, aber massenwirksame Beredsamkeit" auszeichne (S. 223). Mit dem Hinweis auf Hitlers marktschreierische Ästhetisierung der Politik könnte sich Thomas Mann von dem heruntergekommenen 'Bruder' wieder abwenden – die qualitative Differenz ist offensichtlich geworden. Im Zuge seiner Selbsterforschung überprüft der Schriftsteller jedoch Künstlertum und faschistische Herrschaft auch individualpsychologisch, unter dem Blickwinkel der seelischen Antriebe, der inneren Motivation. Und hier entdeckt Thomas Mann einen gemeinsamen Ursprung: der Künstler und der Faschist sind soziale Außenseiter, denen aus "tiefster sozialer und seelischer Boheme" der "Drang zur Überwältigung, Unterwerfung" der Welt erwächst (224). Allerdings benennt Mann den gemeinsamen psychologischen Ursprung nur, um sogleich ihre auseinanderstrebende Entwicklung hervorzukehren: der Künstler unterwirft sein Herrschaftsbegehren dem "Geist", der Faschist lebt es in geistverlassener "Primitivität" aus (225).[25] Gewiß – von der zeitspezifischen Tendenz zur "Primitivität" und zur "Vereinfachung der Seele" (226) war auch Thomas Mann einmal gefesselt, wie er mit einem Hinweis auf den "Tod in Venedig" bekundet. Doch hatte er schon damals, 1912, in selbstkritischer Ironie seine Sympathie "mit den Hängen und Ambitionen der Zeit" durch den Untergang Gustav Aschenbachs "tragisch" enden lassen (226). Inzwischen ist aus der schwankenden Sympathie mit dem Zeitgeist, den er in Hitler verleiblicht sieht, die entschiedenste Gegnerschaft geworden. Der "Führer" ist ihm nichts weiter als die geniale "Verhunzung des großen Mannes", eines Napoleon beispielsweise (227). Thomas Mann, der ausgezogen war, eine geheime Verwandtschaft zwischen Künstlertum und faschistischem Führertum zu erfragen, reißt am Ende die tiefste Kluft zwischen beidem auf.[26] Hier den "ironisch-antipolitischen Ästhetizismus" aus dem Frühwerk Thomas Manns am Werk zu sehen, ist ein Mißverständnis.[27] Die Solidaritätserwägungen gegenüber dem faschistischen Viertelskünstler sind in diesem Essay Reflexionsstufen, die Thomas Mann im Prozeß seiner Selbstbefragung hinter sich läßt, um den magisch-primitiven Ästhetizismus eines Hitler – und auch eines Cipolla – ein für allemal zu stigmatisieren. Er sieht darin nur "schwarze Magie und hirnlos unverantwortliche Instinktgeburt": "Kunst ist freilich nicht nur Licht und Geist, aber sie ist auch nicht nur Dunkelgebräu und blinde Ausgeburt der tellurischen Unterwelt, nicht nur 'Leben'. Deutlicher und glücklicher als bisher wird Künstlertum sich in Zukunft als einen helleren Zauber erkennen und manifestieren: als ein beflügelt-hermetisch-mondverwandtes Mittlertum zwischen Geist und Leben. Aber Mittlertum selbst ist Geist." (227)

Mit welcher Klarheit Thomas Mann in seinem Essay den faschistischen Realpolitiker als Viertelskünstler bloßstellt, mag ein Blick auf Hitlers künstlerisch-politisches Selbstverständnis in "Mein Kampf" lehren. Mit seinen massenverächterischen Lobreden auf die "Genialität der Persönlichkeit" (S. 397), auf die "schöpferischen Kräfte" und "schöpferischen Köpfe" als die "einzigen Wohltäter des Menschengeschlechts" (S. 497), auf die "Kultur" als das ausschließliche Produkt der "schöpferischen Tätigkeit der Person" (S. 498) erzeugt Hitler wohlberechnete rhetorische Faltenwürfe: er schlüpft in das Gewand des romantisch-genialen Künstlers, um seiner faschistischen Politik einen ästhetischen Schleier überzuwerfen. Der faschistischen Politisierung der Kunst durch einen Cipolla entspricht die faschistische Ästhetisierung der Politik in Hitlers "Mein Kampf". Dort entsteht, von der Forschung noch kaum bemerkt, der Künstler-Politiker als integrales Element faschistischer *Staatskunst*.[28] Wie entschieden Thomas Mann *seine* Kunst davon abhebt, bezeugen bei aller Widersprüchlichkeit einige briefliche Selbstdeutungen zum "Mario".

4. *Briefliche Selbstdeutungen*[29]

Thomas Mann an Otto Hoerth München, 12. 6. 1930

(. . .) Etwas Kritisch-Ideelles, Moralisch-Politisches ist mir freilich im Lauf der Erzählung aus dem Privaten und zunächst Unbedeutenden erwachsen, was eine bestimmte Abneigung erkennen läßt und der anfangs nur irritierenden Atmosphäre zuletzt den unheimlichen und explosiven Charakter gibt. Da es Sie interessiert: Der "Zauberkünstler" war da und benahm sich genau, wie ich es geschildert habe. Erfunden ist nur der letale Ausgang: In Wirklichkeit lief Mario nach dem Kuß in komischer Beschämung weg und war am nächsten Tage, als er uns wieder den Thee servierte, höchst vergnügt und voll sachlicher Anerkennung für die Arbeit "Cipolla's". Es ging eben im Leben weniger leidenschaftlich zu, als nachher bei mir. Mario liebte nicht wirklich, und der streitbare Junge im Parterre war nicht sein glücklicherer Nebenbuhler. Die Schüsse aber sind nicht einmal meine Erfindung: Als ich von dem Abend hier erzählte, sagte meine älteste Tochter:[30] "Ich hätte mich nicht gewundert, wenn er ihn niedergeschossen hätte." Erst von diesem Augenblick war das Erlebte eine Novelle, und um sie auszuführen, brauchte ich das Atmosphäre gebende anekdotische Detail vorher, – ich hätte sonst keinen Antrieb gehabt, davon zu erzählen, und wenn Sie sagen: ohne den Hotelier hätte ich Cipolla am Leben gelassen, so ist die Wahrheit eigentlich das Umgekehrte: um Cipolla töten zu können, brauchte ich den Hotelier – und das übrige vorbereitende Ärgernis. Weder Fuggiero noch der zornige Herr am Strande, noch die Fürstin hätten sonst das Licht der Literatur erblickt.

Thomas Mann an Bedřich Fučik — München, 15. 4. 1932

Was "Mario und der Zauberer" betrifft, so sehe ich es nicht gern, wenn man diese Erzählung als eine politische Satire betrachtet. Man weist ihr damit eine Sphäre an, in der sie allenfalls mit einem kleinen Teil ihres Wesens beheimatet ist. Ich will nicht leugnen, daß kleine politische Glanzlichter und Anspielungen aktueller Art darin angebracht sind, aber das Politische ist ein weiter Begriff, der ohne scharfe Grenze ins Problem und Gebiet des Ethischen übergeht, und ich möchte die Bedeutung der kleinen Geschichte, vom Künstlerischen abgesehen, doch lieber im Ethischen als im Politischen sehen.

Thomas Mann an Hans (?) Flesch — (Pacific Palisades), 26. 6. 1941

Sie stellen mir eine Frage, die mir aus der Zeit, als "Mario und der Zauberer" erschien, schon vertraut ist[31]. Ich kann nur sagen, daß es viel zu weit geht, in dem Zauberer Cipolla einfach eine Maskierung Mussolinis zu sehen, aber es versteht sich andrerseits, daß die Novelle entschieden einen moralischpolitischen Sinn hat. Der europäische Faschismus war damals im Heraufziehen, seine Atmosphäre lernte ich bei dem Besuch in Italien, der die Erzählung zeitigte, kennen, und die Tendenz der Novelle gegen menschliche Entwürdigung und Willenszwang ist denn auch in der vorhitlerisch(en), nationalistisch-faschistischen Sphäre Deutschlands klar genug empfunden worden, so daß in diesen Kreisen die Erzählung heftig abgelehnt wurde. Immerhin, sie ist in ihrer Gesamtheit als Kunstwerk zu betrachten, nicht als tagespolitische Allegorie.

Thomas Mann an Henry Hatfield — Pacific Palisades, 20. 4. 1947

Dank für ihre feine, gescheite Analyse von "Mario und der Zauberer"[32]. Ich selbst habe immer noch etwas übrig für diese Geschichte. Als ich sie schrieb, glaubte ich nicht, daß Cipolla in Deutschland möglich sei. Es war eine patriotische Ueberschätzung meiner Nation. Schon die gereizte Art, in der die Kritik die Erzählung aufnahm, hätte mir zeigen sollen, wohin die Reise ging, und was alles auch in dem "gebildetsten" Volk – gerade in ihm – möglich sein werde.
Uebrigens zweifle ich heute an meinem guten Glauben. Im Grunde war die Novelle wohl eine erste Kampfhandlung gegen das, was damals schon die europäische Gesamtatmosphäre erfüllte und durch den Krieg nicht restlos aus ihr vertrieben worden ist.

Thomas Mann in "Sechzehn Jahre. Zur amerikanischen Ausgabe von 'Joseph und seine Brüder' in einem Bande".* — März 1948

(. . .) und sogar mit einer selbständigen Erzählung unterbrach ich mich damals gleich im Erzählen: nämlich mit "Mario und der Zauberer", einer stark ins Politische hinüberspielenden Geschichte, die mit der Psychologie des Faschismus – und derjenigen der 'Freiheit', ihrer Willensleere, die sie gegen den robusten Willen des Gegners so sehr in Nachteil setzt, innerlich beschäftigt ist.

---

* Diese Selbstdeutung fehlt in "Dichter über ihre Dichtungen". Sie wird zitiert nach Thomas Mann: Werke. Das essayistische Werk in acht Bänden, hrsg. v. Hans Bürgin, Band "Autobiographisches". Frankfurt/M. 1968 (Fischer Bücherei), S. 361.

Anmerkungen

I. Einführung. Zur Methode

[1] Die Novelle wird zitiert nach Thomas Mann: Die Erzählungen. Bd. 2, Frankfurt/M. 1975 (Fischer Taschenbuch 1592).

II. Zeitgeschichte als ästhetische Produktivkraft

[1] Die folgende Darstellung beruht auf meinem Aufsatz "Widersprüchlicher Antifaschismus. Thomas Manns politische Schriften (1914–1945)". – Vgl. auch: Helmut Mörchen: Schriftsteller in der Massengesellschaft. Zur politischen Essayistik und Publizistik Heinrich und Thomas Manns, Kurt Tucholskys und Ernst Jüngers während der Zwanziger Jahre, S. 29–47.

[2] Vgl. dazu Winfried Hellmann: Das Geschichtsdenken des frühen Thomas Mann (1906 –1918), Diss. Tübingen 1972; vor allem S. 67 ff.

[3] Th. Manns politische Schriften werden, soweit möglich, zitiert nach Thomas Mann: Essays, Bd. 2. Politische Reden und Schriften, ausgewählt, eingeleitet und erläutert von Hermann Kurzke, Frankfurt/M. 1977.

[4] Vgl. hierzu und zu den folgenden zeitgeschichtlichen Bemerkungen die im Literaturverzeichnis (2) angeführten Epochendarstellungen von Rosenberg, Ruge, Erdmann, Gatzke (z. B. S. 344).

[5] Zur vieldiskutierten "Wandlung" Thomas Manns vgl. besonders André Gisselbrecht: Vom Geist der Musikalität zur Bürgerpflicht, in: Sinn und Form. Sonderheft Thomas Mann 1965, S. 291–334. – Außerdem Lothar Pikulik: Die Politisierung des Ästheten im Ersten Weltkrieg, in: Beatrix Bludau u. a. (Hrsg.): Thomas Mann. 1875–1975, Frankfurt/M. 1977, S. 61–74.

[6] Vgl. zu dieser These die vorzügliche Darstellung von Hans-Albert Walter: Deutsche Exilliteratur 1933–1950, Bd. 1. Bedrohung und Verfolgung bis 1933, S. 49 f.

[7] Das Interesse Thomas Manns an diesem zeitgenössischen Phänomen belegt André Gisselbrecht, S. 307.

[8] Zum Erscheinungsjahr dieser unterschiedlich datierten Schrift vgl. Hans Bürgin/Hans-Otto Mayer: Thomas Mann, S. 92.

[9] Der Essay "Die Stellung Freuds in der modernen Geistesgeschichte" wird zitiert nach Band X der "Gesammelten Werke" Thomas Manns ("Reden und Aufsätze 2"), Frankfurt/M. 1974.

[10] Die Rede für Pan-Europa "Die Bäume im Garten" wird zitiert nach dem 2. Band des "Essayistischen Werks" von Thomas Mann (hrsg. v. Hans Bürgin), betitelt "Politische Schriften und Reden", Frankfurt/M. 1968.

[11] Trotz eines fanatisierten Publikums blieb Mann seiner Polemik treu. Siehe unsere Zeittafel und den entsprechenden Nachweis bei Bürgin/Mayer: Thomas Mann, S. 68. – Vgl. auch Walter: Deutsche Exilliteratur 1933–1950, Bd. 1, S. 46 f.

[12] Vgl. Georg Lukács: Die Zerstörung der Vernunft. Bd. II. Irrationalismus. Die zitierte Wendung entstammt dem Klappentext unserer Ausgabe.

[13] Die Erfahrung der relativen Stabilisierung des Kapitalismus Mitte der zwanziger Jahre war nur ein trügerischer Ruhepunkt zwischen der Inflationszeit zu Beginn der zwanziger Jahre und der Weltwirtschaftskrise am Ende des Jahrzehnts, auf die Th. Manns Wendung von der "neuen Welle wirtschaftlicher Krisis" anspielt. Zu den ökonomischen Vorgängen in dieser Zeit vgl. besonders Hans Mottek/Walter Becker/Alfred Schröter (Literaturverzeichnis 2).

[14] Dazu Wolfgang Ruge (Literaturverzeichnis 2) S. 322–331. Zur weiterführenden Problematisierung siehe Eike Hennig: Zum Verhältnis von Industrie und Faschismus in Deutschland, in: Reinhard Kühnl (Hrsg.): Texte zur Faschismusdiskussion (1974), S. 143 ff.

[14a] Vgl. dazu das Urteil Karl Dietrich Erdmanns (Literaturverzeichnis 2) über das linke "Niemandsland" in der Weimarer Republik (S. 259). – Ähnlich das Urteil Arthur Rosenbergs (Literaturverzeichnis 2), das aus einer anderen politischen Einstellung entwickelt ist (S. 210 f.).

[15] Für mich ist die Beziehung zwischen politischer Reflexion und künstlerischer Praxis bei Thomas Mann komplizierter, verschlungener und dialektischer als für Mörchen, dessen entsprechendes Kapitel "Kunstauffassung" (S. 29–35) im übrigen sehr informativ ist.

[16] Thomas Mann: Über die Lehre Spenglers, in: Gesammelte Werke, Bd. X, S. 172.

[17] Ebda, S. 173.

[18] So der in den "Gesammelten Werken", Bd. X angegebene Titel der Rede Th. Manns (S. 299–306). Die folgenden in Klammern gesetzten Seitenzahlen verweisen auf diese Rede.

[19] So heißt es im Essay "Die Stellung Freuds in der modernen Geistesgeschichte" (Gesammelte Werke, Bd. X, S. 280).

[20] Vgl. die neuere Untersuchung von Werner Frizen: Zaubertrank der Metaphysik. Quellenkritische Überlegungen im Umkreis der Schopenhauer-Rezeption Thomas Manns, Frankfurt/M., Bern, Cirencester/U.K., 1980.

[21] In: Arthur Schopenhauer: Sämtliche Werke, Bd. 4, Wiesbaden 1950².

[22] Thomas Mann: Okkulte Erlebnisse, in: Gesammelte Werke, Bd. X, S. 135–171.

[23] Vgl. unsere Interpretation S. 28 f. – Auf das mutmaßliche italienische Modell für Cipolla macht Lore Hergershansen in ihrem Aufsatz aufmerksam.

[24] So die These des ob seiner Schopenhauer-Hinweise wertvollen Aufsatzes von Manfred Dierks: Die Aktualität der positivistischen Methode am Beispiel Thomas Mann, S. 179. Anstelle des von Dierks zitierten Schopenhauer-Essays "Versuch über das Geistersehen und was damit zusammenhängt" würden wir als Einführung in den Problemkreis den einprägsameren und bündigeren Aufsatz "Animalischer Magnetismus und Magie" vorschlagen.

[25] Dierks, S. 177.

III. Interpretation

[1] Vgl. dazu "Dichter über ihre Dichtungen" (Literaturverzeichnis 1), S. 366.

[1a] Ebda, S. 368. Wir zitieren die Stelle ausführlicher in Kap. V., 4.

[2] Benno von Wiese: Novelle. Stuttgart, 7. Aufl. 1978, S. 5.

[3] Ebda, S. 15.

[4] Vgl. etwa Sigmund Freud: Massenpsychologie und Ich-Analyse. Das entsprechende Kapitel in Freuds Studie aus dem Jahre 1921 lautet "Verliebtheit und Hypnose". Freud, der auf Ferenczis 1909 erschienene Hypnose-Studie verweist (S. 113), ist nur ein Beispiel unter vielen.

[5] von Wiese, S. 7 bzw. S. 6.

[6] Ebda, S. 11 u. S. 2 f.

[7] Ebda.

[8] Ebda, sowie S. 8 u. S. 17.

[9] Ebda, S. 15.

[10] Ebda, S. 16.

[11] Ebda, S. 19.

[12] Ebda, S. 7, vgl. auch S. 6.

[13] Eine Analyse, die dem Kunstcharakter des novellistischen Aufbaus gerecht würde, hat die Forschung bislang nur sporadisch geleistet. Im allgemeinen hat sie sich entweder im Schweigen geübt oder pauschale Beobachtungen wiederholt. Die wenigen zutreffenden Ansätze, die sich finden lassen, blieben – Ansätze:
Henry C. *Hatfield:* Thomas Mann's Mario und der Zauberer: An Interpretation. – Hatfield hat nach dem Krieg die wissenschaftliche Beschäftigung mit der Erzählung eingeleitet. Das ist nicht sein einziges Verdienst: er hat auch auf knappem Raum Beobachtungen zum Aufbau gemacht, die als provisorische Ansätze einer Analyse gelten dürfen. Hatfields wenige Sätze wurden endlos wiederholt. Nennenswerte Differenzierungen bzw. Neuheiten finden sich erst bei:
Werner *Zimmermann:* Thomas Mann, Mario und der Zauberer. – Zimmermann ist der erste, der die novellistische Bauart genauer in Augenschein nimmt: "Steht so die Struktur des Ganzen unter dem Gesetz einer stufenförmigen Steigerung, so werden die dadurch ausgegliederten Erzählabschnitte auch wieder in sich durch einen mehrfachen Wechsel von crescendo und decrescendo deutlich profiliert." (S. 277) Allerdings wird diese Profilierung nur vereinzelt kenntlich, Zimmermanns richtige Blickrichtung bleibt undifferenziert.
Hartmut *Böhme:* Mario und der Zauberer. Position des Erzählers und Psychologie der Herrschaft. – Neben Zimmermann hat nur Böhme eine präzisere Vorstellung vom Kunstmittel der Steigerung vermittelt. Er strukturiert die Novelle nach Zeitfolgen und zeigt, daß relativ viel Zeit (Erzählzeit) vergeht, ehe Cipollas Veranstaltung herannaht: dann jedoch geht es Schlag auf Schlag, ballen sich die Ereignisse (die erzählte Zeit). Diese zeitlich gedehnte Reihung von Situationen mit einer dramatisch zugespitzten Handlungssequenz nennt Böhme novellistisch; für beide Sequenzen gibt er Cipolla als Integrationsachse an. (S. 288) Bei diesem strukturierenden Ansatz beläßt es Böhme: es geht ihm jetzt nur noch um die These, daß der von Anfang an eingeblendete Cipolla dem Erzähler dazu diene, die beiden Sequenzen unter "ein fatalistisches Denkmuster" zu subsumieren (S. 289): unter das vom Erzähler antizipierte "vorgezeichnete und im Wesen der Dinge liegende Ende."

[14] Einige feinsinnige Bemerkungen zum Motiv des Wetters macht Walter *Weiss:* Thomas Manns Kunst der sprachlichen und thematischen Integration. – Nach Weiss werden "menschliche Vorgänge und Erscheinungen sprachlich den Naturerscheinungen angenähert": "Das Wetter stimmt physiognomisch mit dem

menschlich-politischen Zustand überein, es ist thematisch!" (S. 83). – Jedoch übergeht Weiss bei dieser Gelegenheit das naheliegende Problem, was diese Konstruktion einer Identität von Natur und Politik bedeutet. Erhält Th. Manns ästhetischer Konstruktivismus nicht einen mythisierenden Akzent, wenn die Politik nicht nur von Menschen, sondern zugleich vom Wetter gemacht wird? Die Leitmotiv-Technik Th. Manns neigt dazu, alles in ihre Fänge zu ziehen: sie schreibt den Gegenständen gelegentlich eine ihnen fremde Bedeutung, eben die Leitmotiv-Bedeutung, zu, so daß eine poetisch perfekt durchgebildete, aber auch künstlich-mythische Welt entstehen kann. Es ist daher bemerkenswert, daß die Novelle am Ende den Leitmotiv-Bann durchbricht: Marios Pistolenschüsse, die wie Blitze in den geschlossenen Stromkreis der Hypnose-Veranstaltung Cipollas fahren, finden keine Entsprechung in der Natur. Das könnte ein Hinweis darauf sein, daß freies, spontanes Handeln sich selbst genügt und vom Naturgeschehen emanzipiert ist – im Gegensatz zum reglementierten, quasi-hypnotischen, massenhaft-unfreien Handeln, das wie unter einem Bann erfolgt, gleichsam naturhaft: so gesehen hätte das Wetter eingangs der Novelle weniger mythisierenden, als vielmehr metaphorisch-kritischen Charakter; es würde menschlich-politisches Handeln, wie es sich am Strand ereignet, als zwanghaft und unfrei, als Gehandeltwerden symbolisieren: die Menschen hätten das Politische sowenig in ihrer Gewalt wie das Wetter.
Unberührt von derartigen Überlegungen zur Natur ist der Aufsatz von Allan J. *McIntyre:* Determinism in Mario and the Magician. – McIntyre etabliert eine metaphysische Natur. Sie hat eine schwankende Physiognomie. Da ist erstens "some imbalance in the flux of nature" (S. 208), woraus das unerträgliche Wetter und Cipollas Willenspotenz bzw. die Willensleere des Publikums entspringen. Dieselbe Natur bringt alle Extreme wieder ins rechte Lot, denn: "nature abhors a moral vacuum as much as a physical one" (S. 208). In dieser mystifizierten Natur lauert außerdem ein "universal Will" à la Schopenhauer (S. 211), dessen Werkzeuge Cipolla einerseits, Mario andererseits sind: letzterer ist die "logical nemesis" des ersteren (S. 211). So wird nach der Natur auch der Wille eine metaphysische Größe – Textbelege hierfür erspart sich McIntyre.

15 Die Namen der Figuren sind nicht durchweg eindeutig gemeint. Weiss, der auf S. 24 Angiolieri auf "angelo" (Engel) zurückführt und darin "ein besseres Italien" angedeutet sieht, muß auf S. 86 konzedieren, daß dieses Italien vor dem "Cipolla-geist" nicht "gefeit" ist.

16 Eine plausible Deutung des Namens Cipolla ("Zwiebel") bietet Weiss: "Dieser Name paßt genau zu seiner äußeren Erscheinung, die durch einen Gesäßbuckel verunstaltet ist." (S. 24 f.)

17 Weiss hat darauf hingewiesen, daß der Name Mario an Marius und das heißt: sowohl an die römisch-antike Vergangenheit erinnert, die Cipolla so geflissentlich heraufbeschwört, als auch an den Tyrannenmord, den Marius an Sulla verübte. (S. 88)

18 Die bisher vorliegenden Analysen der erzählerischen Stilformen und des Erzählerbewußtseins sind unzulänglich. Das gilt auch für die einschlägige Dissertation von Margarete Rehfeld-Kiefer: Groteske Züge in der Personengestaltung des mittleren und späten Werkes Thomas Manns, Marburg/München 1965. Das Interesse der Vf. für das Groteske wird, im Hinblick auf "Mario und der Zauberer", zur Manie, es in Cipollas Soirée allenthalben nachzuweisen. Unterscheidungen zum Komischen,

Tragi-Komischen, Skurrilen etc. werden nicht vorgenommen – die Bestimmung des Grotesken selbst ist schwankend, gelegentlich widersprüchlich. Vor allem aber bleibt außer Betracht, was das ästhetische Medium der Groteske im Hinblick auf die zeitgeschichtliche Realität bedeutet, inwiefern es Realität zur Kenntlichkeit entstellen oder ins Dämonische überführen kann, ihre Entfremdung pointiert hervortreten oder ins Unwirkliche verschwimmen läßt.

19 Dies ist ein Grund mehr, warum die Rede von der Novelle als einer politischen "Satire" bei Zimmermann (S. 290) nicht einleuchtend wird. Die Satire setzt die Souveränität gegenüber dem Gegenstand und dessen bewußte Durchdringung voraus.

20 Georg Lukács: Thomas Mann, S. 35.

21 Vgl. dazu Kap. V, S. 136.

22 Die These der Forschung, am Strand ginge nicht irgendwie "Politisches", sondern der Faschismus um, stützt sich auf die sonderbarsten Konstruktionen: *Hatfield* will glauben machen, daß bereits Patriotismus ein Charakteristikum des Faschismus sei (S. 307). *Zimmermann* möchte den "faschistischen Irreweg" in der "Pubertätserscheinung", z. B. in Fuggieros "Empfindlichkeit und Bosheit" erkennen (S. 280), so, als könnte man den Faschismus mit einem Lebensalter gleichsetzen. Egon *Schwarz:* Fascism and Society: Remarks on Thomas Mann's Novella Mario und der Zauberer, macht den vermeintlichen Faschismus in der Novelle durch Wesenszüge dingfest, die ebensogut eine konservativ-autoritäre Gesellschaft oder irrationales Verhalten schlechthin charakterisieren können, ohne daß damit auch schon das Attribut 'faschistisch' angebracht ist: "rhetorical eloquence" (die Philippika des Herrn im Schniepel), "reporting things to authorities" (die Beschwerde über die Erzählerfamilie bei der heimischen Polizei), "repulsiveness and malice", "cowardice and whining" (das Verhalten Fuggieros), "vulgarity" und "loss of innocence" (das Verhalten der Kleinbürger am Strand).

23 Adolf Hitler: Mein Kampf (Bd. I, erstmals erschienen 1925, Bd. II 1927). Wir zitieren hier und in den folgenden Kapiteln nach der Ausgabe eines Bandes von 1938 (330.–334. Aufl.). Der "Nationalisierung der Massen" sind dort explizit die Seiten 369–377 gewidmet.

24 Benito Mussolini: Die Lehre des Faschismus, in: Ernst Nolte (Hrsg.): Theorien über den Faschismus, S. 217 u. 219 f.

25 Darüber unterrichten in wünschenswerter Klarheit und Ausführlichkeit die Kap. 4, 5, 6 u. 11 in der einschlägigen Untersuchung von Karin Priester: Der italienische Faschismus. Ökonomische und ideologische Grundlagen.

26 Maria-Antonietta Macciocchi: Jungfrauen, Mütter und ein Führer, S. 74.

27 Vgl. ebda, S. 82–86.

28 Zit. nach Macciocchi, S. 97.

29 Zit. nach Macciocchi, S. 52.

30 Wilhelm Reich: Massenpsychologie des Faschismus.

31 Marcella und Maurizio Ferrara: Palmiro Togliatti, S. 128.

32 Vgl. unser Kap. VI, S. 124 f.

33 Mit den einzelnen Varianten dieser These setzen wir uns in Anm. 62 eingehend auseinander. Offenbar entwickelten sie sich aus der Überinterpretation einer winzigen Soziogeographie, die der Erzähler auf S. 512 beiläufig skizziert, in der Folgehandlung aber nicht schichtenspezifisch profiliert. Der Weg zum Saale

Cipollas, so heißt es dort, führe von einem "Palazzo" über die "gebräuchlichsten Einkaufsläden" bis zu "ärmlichen Fischerwohnungen", also "gleichsam vom Feudalen über das Bürgerliche ins Volkstümliche" (S. 512).

[34] Giovanni Zibordi: Der Faschismus als antisozialistische Koalition, in: Nolte (Anm. 24), vgl. S. 79 f. u. S. 85.

[35] Vgl. Wolfgang Schieder (Hrsg.): Faschismus als soziale Bewegung. – In seinem Aufsatz "Der Strukturwandel der faschistischen Partei Italiens in der Phase der Herrschaftsstabilisierung" (S. 69–98) geht Schieder selbst auf Zibordi und Salvatorelli ein. – Jens Petersen ("Wählerverhalten und soziale Basis des Faschismus in Italien zwischen 1919 und 1928", S. 119 – 156) zeigt die Aktualität Salvatorellis nachdrücklich in demselben Band auf (S. 140 ff.). – Zur bedeutenden Rolle der kleinbürgerlich-mittelständischen Schichten und damit zur Triftigkeit der erzählerischen Hinweise auf die "inländische Mittelklasse" vgl. Schieder S. 78 ff. und Petersen S. 140 ff.

[36] Luigi Salvatorelli: Nationalfaschismus, in: Nolte (Anm. 24), S. 134. Salvatorellis Schrift stammt aus dem Jahre 1923.

[37] Den Realitätscharakter dieses erzählerischen Einfalls bestätigt Petersen. Zusammenfassend schreibt er über die Aufstiegsphase des Faschismus: "Der Kern der Bewegung aber, der 'fünfte Stand', die 'piccola borghesia umanistica' Salvatorellis, die mit den Reserveoffizieren auch die Kader für die paramilitärischen Organisationen der squadre stellte, war nicht 'kleinbürgerlich' in der deutschen Wortbedeutung, sondern rekrutierte sich aus jenen wenigen hunderttausend jüngerer Italiener, die über höhere Schulbildung oder Universitätsstudium verfügten." (S. 150) Vgl. dazu auch Schieder, S. 82.

[38] So ist etwa Togliattis Idee einer breiten antifaschistischen Bewegung durch jene "Massenbewegung" von 1930 und 1931 bestätigt worden, die "einer bedeutenden Veränderung in der Stellung der Mittelschichten Ausdruck verlieh." (Ferrara, S. 143)

[39] Vgl. dazu die Aussagen von Schieder, S. 88 und von Petersen, S. 133, 147 u. S. 151.

[40] Hans Mayer: Thomas Mann. Werk und Entwicklung, S. 192.

[41] Inge Diersen: Thomas Mann. Episches Werk, Weltanschauung, Leben, Berlin (DDR), 1975, S. 215.

[42] Seymour Martin Lipset: Der 'Faschismus', die Linke, die Rechte und die Mitte, in: Nolte (Anm. 24), vgl. besonders S. 462 f.

[42a] Ernst Noltes Urteil: "(. . .) immer kamen ihm (Mussolini) gerade die einfachsten Volksmassen mit genuinem Vertrauen entgegen" ist zwar reichlich pauschal, doch keineswegs aus der Luft gegriffen, in: Ernst Nolte: Faschismus. Von Mussolini zu Hitler, München 1968, S. 106. Vgl. zum Problem auch die Untersuchungen von Schieder und Petersen (Anm. 39).

[43] Vgl. unsere Ausführungen S. 68 f. – Die politisierenden und soziologisierenden Versuche der Forschung stellen wir in Anm. 49 u. 62 dar.

[44] Schieder verweist auf zeitgenössische Beobachter, die dem Faschismus einen "sozialen Mischcharakter" zuschrieben, und plädiert dafür, über die These "schichten- bzw. klassenspezifischer Unbestimmtheit" des italienischen Faschismus prinzipiell nachzudenken (S. 70). Bedenkt man, daß dieser Faschismus über eine geraume Zeit hinweg auch "proletarische Randgruppen" umfaßte (Schieder, S. 78) und daß die *erzwungene* Mitgliedschaft der meisten Arbeiter (Schieder,

S. 76 f.) nicht ohne weiteres erkennbar war, so dürfte die These von der soziologischen Unbestimmtheit der neuen Bewegung immerhin bis in die Mitte der zwanziger Jahre anwendbar sein – bis zu dem Zeitpunkt also, da die Arbeiterschaft sich immer entschiedener von dem sozialen Mischcharakter des Faschismus abhob (vgl. Schieder, S. 88). Kein Zweifel also, daß der soziale Mischcharakter der für Cipolla anfälligen Publikumsteile ein unvermutetes Körnchen realhistorischer Wahrheit enthält!

45 Zum Verhalten der Kinder in Cipollas Soirée vgl. auch die klugen Überlegungen Böhmes, S. 293.

46 Sigmund Freud: Massenpsychologie und Ich-Analyse, S. 108.

47 Mayer, S. 192.

48 Diersen, (Anm. 41), S. 214.

49 So Weiss auf S. 98 bzw. in der dazugehörigen Anmerkung 17. Zu seiner für die Forschung typischen Politisierung von Cipollas Schauspiel gelangt Weiss, indem er den Zauberer zum "konservativen Revolutionär" und "Dämon der Macht" stilisiert (S. 91). *Weiss* und *Diersen* sind bezeichnende Beispiele für die üblich gewordene Methode, ästhetische Darstellungsart und politische Realität miteinander zu identifizieren. Die wissenschaftliche Rezeption der Erzählung bezeugt durchgehend eine platte Anwendung der Widerspiegelungsmethode, gleichgültig, welcher Sozialideologie die Interpreten anhängen. Die einzelnen Varianten dieses kunstfremden Verfahrens:

Hatfield möchte als erster nach dem Krieg die Novelle "as an allegory of Italian fascism" lesen. Worin ihr allegorischer Charakter bestehe und wie der Faschismus in allegorischer Verarbeitung aussieht, legt er nicht dar. Auch die Stilzüge des Komischen, Grotesken und Schrecklichen zitiert er nur flüchtig als Reflexe eines "fascist mind" (S. 307).

Eugen *Imhof* (Thomas Mann: Mario und der Zauberer) isoliert einige beiläufig genannte Stilzüge wie das Komische, das Groteske, den Plauderton (S. 61 f.) oder Kompositionsmittel wie das der Steigerung (S. 63) von der "Hauptfrage" (S. 64): "ob dem 'Zauberer' vielleicht Symbolcharakter zukommen könnte." (S. 66) Seine Antwort darauf reduziert den Symbolcharakter auf einen bloßen Abbildcharakter: Cipolla sei der "raffinierte Verführer der Nation" (S. 66), "nackte Brutalität" sei eines seiner Hauptmittel (S. 67), er verkörpere die reale "Diktatur zur Bezwingung des Volkes" (S. 67). So entgleitet die ästhetische Verhüllung der "Brutalität" ebenso dem Blick wie die ästhetische Umsetzung der realpolitischen Diktatur ins theatralische Spiel.

Harry *Matter* (Mario und der Zauberer. Die Bedeutung der Novelle im Schaffen Thomas Manns) nennt wie Imhof die "Symbole der Gewalt": "Dies sind Alkohol und Peitsche, Rausch und nackte Gewalt. Dies sind die Attribute, die auch später in Deutschland zum Symbol des ganzen Staates wurden." (S. 585) Hier sind die Stilfehler aufschlußreich: Symbol der Gewalt sei die "nackte Gewalt" (Reduktion des Symbols auf das factum brutum); nackte Gewalt sei "Symbol des ganzen Staates" (Reduktion des factum brutum auf das bloße Symbol). Die Hilflosigkeit der Forschung im Umgang mit dem Symbolbegriff, einer elementaren ästhetischen Kategorie, tritt schlagend zutage.

Bernt *Richter* (Psychologische Betrachtungen zu Thomas Manns Novelle "Mario und der Zauberer") läßt das ästhetische Gleichnis umstandslos in die politische

Realität münden: Die Novelle apostrophiere Cipolla "wiederholt als Faschist" (was nirgends der Fall ist) und stelle in Cipollas Publikum die "spätbürgerliche Gesellschaft" insgesamt dar (S. 106): eine den Text entstellende Übertreibung.
Eberhard *Hilscher* (Thomas Mann. Leben und Werk) erklärt zwar, daß die Novelle "in gleichnishafter Form die faschistischen Tendenzen jener Jahre widerspiegelt". (S. 65) Das "wahre Gleichnis" aber ist für ihn, wie für die Forschung insgesamt, bloß eine Gleichung: "denn ebenso wie der Herr aus Rom kapitulierte später der überwiegende Teil des Bürgertums (trotz innerer Protesthaltung) vor dem Faschismus (. . .)." (S. 66) Im "ebenso" ist ein Kurzschluß verborgen: Wenn insgeheim protestierende Bürgerliche vor dem Faschismus kapitulierten, so wußten sie, aufgrund welcher Zwänge und Nötigungen – der Römer dagegen weiß nicht, wie ihm geschieht. Davon abgesehen, kapituliert er ja nicht vor dem Faschismus, sondern vor seinem "Gleichnis". Vor welchem bleibt Hilschers Geheimnis.
Helmut *Spelsberg* (Thomas Manns Durchbruch zum Politischen in seinem kleinepischen Werk) treibt Hilschers Gleichung noch viel weiter. Im römischen Herrn deute Th. Mann die "Situation der 'Inneren Emigration'" an: "Der Römer vertritt das Prinzip der Verweigerung, er will in Ruhe gelassen werden, während Cipolla ihn permanent angreift." (S. 36) Der Römer will gerade nicht in Ruhe gelassen werden; ausdrücklich kündigt er seinen Widerstand an, fordert er den 'Führer' zum Duell heraus. Der innere Emigrant im Faschismus verhielt sich anders. Spelsberg indes nimmt es mit der 'Wahrheit des Dichters' nicht so genau – er glättet sie auch andernorts zu einer bloßen Kopie der Realität: Cipolla sei "ein Führer mit realer Macht" und übe die Gewalt aus, die für Th. Mann "das Wesen des Faschismus" ausmache (S. 34). Das Spiel eines Halbkünstlers wird dem Lebensernst faschistischer Gewalt gleichgesetzt, das ästhetische Gleichnis in eine Gleichung aufgelöst.
Schwarz nimmt ebenfalls die Kunst für die bare Münze der Realität: "the sociological structure of fascism as Thomas Mann presents it in Mario and the Magician" (S. 48) – das gilt ihm als die Wirklichkeit selbst. Die daraus folgenden Überzeichnungen benennen wir in der Anm. 62.
Böhme erfährt eine kritische Würdigung in Kap. V, Anm. 21.
McIntyre ist trotz eines radikal anderen, unpolitischen Ansatzes dem trivialen Widerspiegelungsverständnis gleichfalls verhaftet. Er sieht in Cipollas "personal will" im Sinne Schopenhauers "a direct manifestation of universal Will" (S. 211), "of the irrational world Will" (S. 212): nun wird das ästhetische Gleichnis in eine philosophische Gleichung aufgelöst. Ihr folgt eine psychoanalytische Gleichung: der Weltwille in Cipolla sei gleichzeitig das Äquivalent für das Freudsche Es (S. 213 f.). Dichtung wird zum Abziehbild der Schopenhauer- und der Freud-Lektüre Th. Manns. Die Unvereinbarkeit beider Lektüre-Ideologeme stört McIntyre nicht: ist der Weltwille einmal ins Es übersetzt, wofür McIntyre auf S. 213 (Anm.) plädiert, so ist er seiner metaphysischen Geltung beraubt und zum uneigentlichen Ausdruck für eine verborgene und verbogene Triebwelt verblaßt – er taugt dann nicht mehr als metaphysisches Deutungsmuster per se, wie es McIntyre verwendet (S. 206 ff.). Dieser fundamentale Widerspruch darf allerdings nicht blind machen für McIntyres triftige Auskünfte über Cipollas 'Es'.
Dierks sieht wie McIntyre geistesgeschichtliche Abbilder in der Novelle, "ideelle Grundorientierungen" (S. 179) Schopenhauers und Nietzsches. Zu unserer Skepsis gegenüber dieser nicht hinreichend zeitgeschichtlichen und ästhetischen

Betrachtungsweise vgl. die Seiten 70 ff.

50 Salvatorelli, S. 118.

51 Walter Benjamin: "Nachwort" zur Abhandlung "Das Kunstwerk im Zeitalter seiner technischen Reproduzierbarkeit", S. 175.

52 Vgl. dazu den grundlegenden Aufsatz von Wolfgang Emmerich: 'Massenfaschismus' und die Rolle des Ästhetischen. Faschismustheorie bei Ernst Bloch, Walter Benjamin, Bertolt Brecht. – Mit Grund betont Emmerich im Anschluß an Wolfgang Fritz Haug: "Ästhetisierung ist das Fundament der bürgerlichen, warenproduzierenden Gesellschaft, nicht nur in der Politik." (S. 252) Bereits der Akt der Ästhetisierung, den wir an Thomas Mann beim Ausbruch des 1. Weltkriegs beschrieben haben (Kap. II), dürfte diese These bestätigen. Ebenso triftig ist aber Emmerichs differenzierendes Argument: "Gleichwohl, in der totalen, technisch-massenkommunikativ perfektionierten *Organisation* des ästhetischen Scheins als Instrument politischer Herrschaftssicherung, deren Kehrseite die ebenso vollständige Stillstellung des Ästhetischen als sinnlich-praktischer Tätigkeit der Massen ist, hat der Faschismus innerhalb der bürgerlichen Gesellschaft eine neue Qualität erreicht. Benjamins Verdienst ist es, diese neue Qualität, wie immer hermetisch, dingfest gemacht zu haben." (S. 252) – Als eine Vorwegnahme dieser neuen Qualität der Ästhetisierung politischen Lebens begreifen wir Cipollas Soirée.

53 Vgl. dazu Rainer Stollmann: Ästhetisierung der Politik. Literaturstudien zum subjektiven Faschismus, vor allem S. 12–47.

54 Mussolini, S. 84.

55 Nolte (Anm. 42a), S. 114.

56 Ebda.

57 Benjamin, S. 175.

58 Macciocchi, S. 38.

59 Ebda, S. 53.

60 Siehe Freud: Massenpsychologie und Ich-Analyse. – Aus dieser Abhandlung wird nachfolgend zitiert.

61 Vgl. Jochen Vogt: Diederich Heßlings autoritärer Charakter. Marginalien zum "Untertan", in: Text + Kritik Sonderband Heinrich Mann, München 1971, S. 58 ff.; Wolfgang Emmerich: Heinrich Mann: "Der Untertan", München 1980. Zu Feuchtwangers "Erfolg" vgl. unser Kap. IV.

61a Vgl. dazu Anm. 37.

62 Im einzelnen äußert sich die *opinio communis* der Forschung wie folgt:
Imhof beschränkt sich noch auf eine eher moralische Charakteristik (S. 64). Bemerkenswert seine Rede vom "leicht lenkbaren biederen und selbständigen Volk der Fischer": sie ist bei aller Flüchtigkeit nicht unrichtig. Just an dieser Stelle setzt die Umstilisierung der Forschung ein:
Mayer redet vom Volk bereits mit idealisierendem Akzent. Wenn er sich dabei auf den schönen Burschen mit der Kriegsfrisur beruft, dann vergißt er, daß dieser sich als Konkurrent gegenüber einem 'Volksgenossen', nämlich Mario, aufführt: "roh und höhnisch" lachend (S. 539), mit "brutalem Lachen" und mit der Preisgabe des Namens Silvestra (S. 540) denunziert er den Kellner bei dem Verführer – von irgendeinem solidarischen Widerstand im Volk keine Spur.
Inge *Diersen* (Untersuchungen zu Thomas Mann. Die Bedeutung der Künstlerdarstellung für die Entwicklung des Realismus in seinem erzählerischen Werk, Berlin-

Ost 1959) vergißt ihrerseits diesen Sachverhalt: "In der Figur des Mario dagegen weist Thomas Mann in die Richtung, aus der die aktive und entscheidende Kraft des Widerstandes, die positive Gegenkraft kommt." Diersen meint damit "die Werktätigen des Ortes, die Fischer sowie die niederen Bediensteten der Fremdenindustrie". (S. 179) Wie brüchig Diersens Volksideologie ist, verrät ihre einschränkende Parenthese, Cipolla werde "der Opposition nur dadurch Herr, daß er unter Ausnützung privater Zwistigkeiten die einzelnen gegeneinander ausspielt." (S. 179) Wie reimt sich das auf den heroischen Volksbegriff? Haben faschistische Verführer so leichtes Spiel mit den "Volksmassen" (S. 180)?

Matter spielt auf derselben volksideologischen Klaviatur wie Diersen: "Die einzigen, mit denen Cipolla seine Mühe hat, sind die Zuschauer auf der Galerie, das Volk, die sozial minder Bemittelten. (. . .) Das vornehme Parkettpublikum zeigt sich den Einflüssen Cipollas gegenüber viel anfälliger. Hier ist das Bürgertum versammelt." (S. 585) Die Mühe, die Cipolla mit dem vornehmen Römer hat, vergißt Matter um des Volkes willen; er übersieht auch, daß auf Cipollas Bühne sich die Schichten einträchtig mischen, wenn z. B. "ein schlicht und ein gut gekleideter Jüngling" (535) gemeinsam das Tanzbein schwingen.

Richter enthält sich soziologischer Feindifferenzierungen. Daß er en passant den römischen Herrn als "Aristokraten aus Rom" charakterisiert (S. 114), ist ein aufschlußreiches Detail: andere charakterisieren ihn als höheren Bürger – ein Beweis mehr für die soziologische Sorglosigkeit des Erzählers bei der Zeichnung seines Personals. Im übrigen führt Richter anstelle eines Bevölkerungsquerschnittes eine neue Kategorie ein: die des Kulturbürgers. Diesen sieht er im Erzähler dargestellt, dem er politische Handlungsunfähigkeit, "Willensschwäche und Entschlußlosigkeit" (110) vorwirft. Vergißt Richter die zahlreichen antifaschistischen aktiven Kulturbürger der Weimarer Republik, z. B. auch linksbürgerliche Schriftsteller? So abstrakt wie die Rede vom Kulturbürger schlechthin ist die von den "europäischen Völkern", deren "Ohnmacht" gegenüber dem Faschismus Richter in den Zuschauern Cipollas zu entdecken wähnt (114). Zählt Vf. zu diesen Völkern vielleicht auch das französische mit seiner antifaschistischen Volksfront-Regierung? Zur Kategorie des "Handelns" bezogen auf den Erzähler vgl. Kap. V, Anm. 21.

Hilscher resümiert Diersen und Matter (66 f.).

Schwarz systematisiert die Forschungstradition: "The principle of differentiation among the social classes, whose dissimilar attitudes towards the central theme of fascist dictatorship comprise an important facet of Thomas Manns's experiment, is sustained through the entire novella." (S. 53) Dieses globale, den Gesamtverlauf der Novelle betreffende Lob muß Schwarz bald in zweifacher Hinsicht einschränken: 1. "Although Mario and other members of the working class are mentioned on the first pages, the reader does not really make the acquaintance of the proletariat until Cipolla's magic show (. . .)." (S. 53) 2. "by this point the nobility, significantly, has completely disappeared from sight. (. . .) We do not learn very much about these aristocrats except that everything in the hotel revolves around them to the detriment of the other guests." (S. 54) Demnach würden die aristokratische und die "proletarische" Klasse vor Cipolla, der Verkörperung "of fascist dictatorship", nicht aufeinandertreffen. Erschwert dies nicht erheblich eine gehaltvolle Aussage über ihre "dissimilar attitudes", zumal wenn wir nichts weiter über die Aristokratenklasse erfahren? Und was erfahren wir über die "proletarische"? Offenbar führt Schwarz diesen Begriff (anstelle des bisher dominierenden "Volks" und der "Volksmassen") unter dem Zwang zur Klassenkonstruktion ein. Denkt er bei "proletarian" (S. 53) an die "ärmlichen Fischerwohnungen"? Wenn ja: Sind die Fischer angestellte Arbeiter, bilden sie eine Art Kooperative, sind sie verarmte Kleineigentümer? Der Erzähler schweigt sich hierüber aus und stützt damit den Begriff des "Proletarischen" ebensowenig wie die Formulierung "Mario and other members of the working class" (S. 53). Falls hiermit das Dienstleistungspersonal überhaupt gemeint ist, wird man schwerlich von einer proletarisch-antifaschistischen Klasse reden können. (Vgl. Anm. 26) Schwarz dagegen versichert: "We are left in no doubt as to the fact that effective class opposition can be expected only from the proletariat, from the unspoiled children of the people, who have remained in a state of innocence." (S. 56) Unschuld und Kindlichkeit als Kennzeichen des "Proletariats"? Zu dieser moralischen Kennzeichnung zwingt offenbar der Mangel an sozial-ökonomischen Charakteristika in der Novelle. Und wie steht es um die "effective class opposition"? Schwarz: "The 'giovanetto' also belongs to the rebels among the common people; his will is broken, however, since he has shown himself from the start to be infected by the zeitgeist (. . .)". (S. 57) Was also bleibt von der proletarischen Opposition, sieht man einmal von Mario ab (der kein Proletarier ist)? Die beiden lümmelstarken Burschen, zwei Analphabeten, möchte selbst Schwarz nicht wirklich dazu rechnen (S. 57). So scheint sich denn das oppositionelle Proletariat unter der Feder, die sie eben erst ins Leben gerufen hat, wieder zu verflüchtigen. Umgekehrt schien uns die Charakteristik der "inländischen Mittelklasse" durch Schwarz den Begriff "faschistisch" nicht zu rechtfertigen (Anm. 22). Bliebe "the haute bourgeoisie" (S. 57). Schwarz nennt zunächst den Römer als scheiternden Widerstandskämpfer, ehe er in terminologischer Begriffsveränderung auf den Arzt als "another middle-class figure" zu sprechen kommt (S. 58). Schwarz charakterisiert ihn zutreffend als widerstandsfähigen Diener der Wissenschaft – im Gegensatz zu Frau Angiolieri, die Schwarz zufolge trotz hoher Kultur bzw. gerade wegen allzu hoher, rückwärtsgewandter Kultiviertheit dem fingernden Buckligen verfällt, der seinerseits den Kult abgelebter Vergangenheit treibt. Insgesamt ergibt sich, vergleicht man die von Schwarz namhaft gemachten Reaktionen der drei Personen, ein uneinheitliches Bild vom besseren Bürgertum, vielleicht verzichtet der Interpret daher auf eine Schlußfolgerung. Man könnte allenfalls sagen, daß letztlich kein Angehöriger dieser Schicht etwas gegen den faschistischen Geist ausrichten kann. Was aber wäre mit einer derartigen Aussage gewonnen? So verdünnt sich der vielgerühmte schichten- und klassenspezifische Erkenntnisreichtum der Erzählung auch hier fast ebensosehr wie bei der "Aristokratie" und dem "Proletariat"; einige kräftigere bürgerliche Akzentsetzungen können die aristokratische und "proletarische" Unbestimmtheit nicht vergessen machen – und man wird schwerlich der conclusio von Schwarz zustimmen können: Thomas Mann "demonstrates a remarkable understanding of the complicated and sharply demarcated roles the various social groups play within that (fascist) movement". (S. 61)

63 Macciocchi, S. 62.

64 Vgl. dazu Gert Sautermeister: Zur Grundlegung des Ästhetizismus bei Nietzsche. Dialektik, Politik und Metaphysik in der "Geburt der Tragödie", in: Christa

Bürger, Peter Bürger, Jochen Schulte-Sasse: Naturalismus/Ästhetizismus, Frankfurt/M. 1979, S. 224–243.

65 J.P. Stern: Hitler. Der Führer und das Volk, S. 68–75. – Wir verweisen mit Nachdruck auf dieses bedeutende Buch, das mit geistesgeschichtlichen, politischen und sozialen Fragestellungen das Phänomen des Nationalsozialismus teilweise neu erhellt.

66 Stern vermerkt kritisch, daß der Erzähler die Macht der Hypnose übertreibe, wenn er sogar ausgesprochene Widerstandskämpfer in ihren Bannkreis ziehe. Die Kritik stützt indirekt unsere These: weil im Wirkungsfeld der novellistischen Hypnose die individual- und sozialgeschichtlichen Motive der ihr sich Unterwerfenden undurchsichtig bleiben, muß ihre grenzenlose Wirkung auch nicht erklärt werden.

67 Vgl. Wolfgang Fritz Haugs Dokumentation und Analyse des "hilflosen Antifaschismus".

68 Vgl. Reinhard Kühnl: Faschismustheorien (bes. das Kapitel "Faschismus als Produkt des Führers" in Bd. 2).

69 Vgl. in "Mein Kampf" etwa die Seiten 317–328.

70 Die gesellschaftliche Schranke der Individualtat Marios verschweigt die Forschung einträchtig. Statt dessen wird Marios Tat als gesellschaftlich repräsentativ ausgelegt: sie gilt als prophetische, antifaschistisch verbindliche, historisch beglaubigte Anweisung zu politischem Handeln.

Hatfield, der Marios Tat zutreffend aus einem instinktiven Sinn für persönliche Würde erklärt, sieht in ihr die politische Lehre Manns. (S. 312).

Mayer koppelt Marios Tat an Manns angebliche politische Sehergabe und an eine historische Gesetzmäßigkeit (S. 192 f.).

Imhof sieht in Marios Tat a) eine Darstellung des "schicksalhaft Notwendigen", b) einen subjektiv bewußten "Kampf gegen die Gewaltherrschaft", c) eine überindividuelle symbolkräftige "Passivität" (S. 68). Wie lassen sich drei derart widersprüchliche Auskünfte sinnvoll miteinander verknüpfen?

Diersen (Anm. 62) merkt kritisch an, daß Marios Tat "rein subjektiv-individuell" motiviert sei, was die "Grenze des Realismus" bei Th. Mann anzeige: indes erledigt sich für sie dieses Problem, weil Mario "aus den Reihen der Volksmassen kommt", so daß, vermöge dieses interpretatorischen Phantasiegebildes, Marios Tat nun doch "eine breitere soziale Fundierung" erhält (S. 179 f.).

Matter verschärft Diersens These zur Formel vom "politischen Aktivismus" der Novelle und wiederholt Mayers Rede von Th. Manns prophetischem Weitblick (S. 586 u. 596).

Hilscher verzahnt in einem einzigen Abschnitt bedenkenlos vier divergierende Deutungen der Tat Marios: 1. die Prophetie-Deutung, 2. die geschichtliche Notwendigkeits- und Volksmassen-Deutung, 3. die Individualismus- und Menschlichkeitsdeutung, 4. die private (Th. Mann-)Deutung (S. 67).

Spelsberg sieht die "moralisch-politische Lehre Thomas Manns" in Marios Tat so: gegen die "faschistische Suggestion" müsse man gewappnet sein "durch ein positives Ideal, einen Glauben, eine Liebe" (S. 37). Wo aber werden Marios "positives Ideal" und sein "Glauben" greifbar? Und gesetzt, sie würden greifbar: wie kann dann Spelsberg wenig später sagen, Mario habe *kein* "positives Programm" und handle als "dumpf Reagierender" (S. 39)?

Schwarz siedelt Marios Tat in der proletarischen Antifaschismus-Deutung an

(S. 56) und tradiert die Formel vom prophetischen Weitblick Manns (S. 61).
Ausnahmen von der Forschungs-Regel bilden:
Richter hält Marios Tat für "eine verzweifelte, aber befreiende Gegenwehr geschändeter Menschlichkeit" und "verletzter Menschenwürde" (S. 116). Angesichts der bei Richter (und anderen Interpreten) vorherrschenden Politisierungs-Tendenz eine wohltuend textadäquate Wendung!
Rehfeld-Kiefer faßt, unter dem Zwang ihrer Fragestellung, das Ende als "grotesk" auf, nimmt dabei jedoch seinen charakteristischen Zwiespalt wahr: Marios befreiende Tat könne die "Gefährdung, die ja allgemein vorhanden ist, keineswegs bannen (. . .)." (66)
Böhme löst die Aktivismus-These der Forschung durch eine Fatalismus-These ab: durch Marios Tat werde das anonyme Schicksal als oberste Handlungsinstanz ins Erzählungsgeschehen eingeführt. (Vgl. Kap. V, Anm. 21.)
Dierks sieht in Marios Tat eine "ethisch bestimmte Wertungsreaktion" im Sinne des späten Nietzsche: d. h. eine lebensbejahende Reaktion gegen die "Metaphysik" und den "dionysischen Rausch" eines Cipolla (178 f.). – Die Konstruktion dürfte nicht ganz stimmig sein. Th. Mann entwickelt nach dem 1. Weltkrieg zunehmend Bedenken gegen Nietzsches Lebensphilosophie einer unethischen "Stärke", die ja vom "Dionysischen" nicht frei ist (vgl. u. a. Manns Schopenhauer-Essay).

71 Rolf Hochhuth: Tell 38. Dankrede für den Basler Kunstpreis 1976, Reinbek bei Hamburg 1979.

72 Stern, S. 128–145 ("Der Mann ohne Ideologie: Hitlers wahrer Antagonist").

73 Die Ambivalenz des erzählerischen Wirkungspotentials ignoriert Weiss. Das ist umso erstaunlicher, als gerade er für Ambivalenzen im Werk Thomas Manns hellhörig ist, ja, seiner Untersuchung die methodische Prämisse zugrunde legt: "Bei Thomas Mann herrscht dagegen eine starke Spannung zwischen zwei gegensätzlichen Tendenzen (. . .)." (S. 7) Teilweise dürfte sich der schwindende Sinn für ambivalente Erzählstrukturen aus jener vordergründigen Politisierung erklären lassen, deren massiver Einfluß sich auch gegen die methodischen Prämissen von Weiss und seine interpretatorischen Erkundungen der Ambivalenzen Th. Manns durchsetzt. So legt denn Weiss das Erzählende eindimensional als operative Anleitung zu antifaschistischem Handeln aus. Mit den Pistolenschüssen wolle Mann den "Menschen, der in einer ähnlich 'unangenehmen' Atmosphäre und unter dem Druck eines ähnlich 'unangenehmen Mannes' wie Cipolla lebt, auffordern: Tu das gleiche! Reinige die Atmosphäre, wie Mario, oder unterstütze und billige zumindest eine solche Reinigung! Die Erzählung verwandelt sich am Schluß in einen mittelbaren Aufruf zum politischen Handeln. Der militante Humanismus des Emigranten Thomas Mann im zweiten Weltkrieg zeichnet sich hier bereits ab." (S. 100)
Die Formel vom "militanten Humanismus" bezeugt hier den direkten Einfluß der Forschungstraditon; vgl. Matter, S. 586.

IV. Das Werk im kulturellen und sozialen Umfeld

1 Die amerikanische Originalausgabe erschien 1947. Die nachfolgenden Zitate nach der Ausgabe Hamburg 1958.

[2] Bertolt Brecht: Anmerkungen zur Oper "Aufstieg und Fall der Stadt Mahagonny". Zitiert wird nach dem 2. Band der "Schriften zum Theater".

[3] Vgl. ebda., S. 116 f. Die Wendungen Brechts sind geringfügig umformuliert worden.

[4] Die folgenden Ausführungen zum Theater der Weimarer Republik verdanken sich vor allem dem instruktiven Theater-Kapitel in der Epochendarstellung von Jost Hermand/Frank Trommler: Die Kultur der Weimarer Republik, S. 193–260.

[5] Vgl. ebda. S. 208 ff.

[6] Edelgard Abenstein: Alle Tage ist kein Alltag. Massenunterhaltung zwischen Kommerz und Kreativität, S. 441–455. – Das Zitat im Haupttext findet sich auf S. 443 f; die folgenden Zitate aus Abensteins Essay.

[7] Vgl. dazu Hermand/Trommler, S. 218 ff.

[8] Reinhard Hippen: Was ist das eigentlich: Kabarett? Eine Untersuchung am Beispiel der Anfänge des politischen Kabaretts, in: folk magazin (Hrsg. Wilhelm G. Reinheimer). Nr. 14 (April 1976, 1. Folge). Edition Venceremos, 6090 Rüsselsheim 1. S. 19.

[9] Ebda. Nr. 15 (April 1976, 2. Folge). S. 15.

[10] Vgl. hierzu den Band X "Reden und Aufsätze 2" der "Gesammelten Werke" Thomas Manns, 1974. Darin finden sich eine Huldigung "Freund Feuchtwanger" (S. 533–538) und einige Frank-Würdigungen.

[11] Thomas Mann: 'Politische Novelle', S. 12. Manns Würdigung ist im Band X der "Gesammelten Werke" enthalten (S. 685–700); außerdem ist sie als einführender Essay wieder abgedruckt in der Nymphenburger Ausgabe von Franks Erzählband "Tage des Königs und andere Erzählungen", München 1975. Wir zitieren Mann nach dieser Ausgabe, ebenso Franks "Politische Novelle".

[12] Die in Klammern gesetzten Seitenzahlen beziehen sich auf die in Anm. 11 angegebene Nymphenburger Ausgabe der "Politischen Novelle".

[13] Thomas Mann nimmt Frank gegen diesem Vorwurf auf S. 19 seiner Würdigung in Schutz.

[14] Ebda, S. 19 f.

[15] Ebda, S. 17.

[16] Die in Klammern gesetzten Seitenzahlen beziehen sich auf Lion Feuchtwangers "Erfolg" in der Ausgabe des Aufbau-Verlags, Berlin und Weimar (DDR), 1973.

[17] Karl Jaspers: Die geistige Situation der Zeit. – Zitiert wird nach der im Sommer 1932 bearbeiteten 5. Auflage. Deren 8. Abdruck besorgte der Verlag de Gruyter (Berlin, New York) 1979.

[18] Friedrich Tomberg: Konservative Wegbereitung des Faschismus in der politischen Philosophie Carl Schmitts, in: Das Argument 87. 16. Jg. 1974. H. 7–9. S. 604. – Anders als Tomberg erläutern wir Schmitts Gedankengänge vor allem anhand seiner Parlamentarismus-Schrift (s. Anm. 19) und ziehen andere Schriften nur ergänzend heran.

[19] Carl Schmitt: Die geistesgeschichtliche Lage des heutigen Parlamentarismus. Die Seitenzahlen in Klammern beziehen sich auf diese Schrift.

[20] Carl Schmitt: Der Begriff des Politischen, Hanseatische Verlagsanstalt Hamburg 1933. Die Seitenzahlen in Klammern beziehen sich auf diese Ausgabe. Die erste Ausgabe war im August 1927 im Heidelberger Archiv für Sozialwissenschaft und Sozialpolitik erschienen, die zweite 1931 bei Duncker und Humblot in München und Leipzig.

[21] Ebda, S. 7 (Unsere Kursivierungen sind im Original gesperrt gedruckt.)

[22] Der Aufsatz ist enthalten in Carl Schmitts Sammelband "Verfassungsrechtliche Aufsätze aus den Jahren 1924–1954. Materialien zu einer Verfassungslehre", S. 359–366. Wir zitieren aus dem unveränderten Nachdruck (Berlin 1973) der 1958 erschienenen ersten Auflage.

[23] Hier und im folgenden zitieren wir aus dem im März 1933 erschienenen Aufsatz Carl Schmitts "Machtpositionen des modernen Staates", neu abgedruckt in dem oben genannten Sammelband.

[24] Zitiert nach Paul Engelen: Suggestion und Hypnose, München 1920², S. 4.

[25] Albert Moll: Der Hypnotismus. Mit Einschluß der Psychotherapie und der Hauptpunkte des Okkultismus. Vgl. etwa S. 24–30.

[26] Sigmund Freud: Massenpsychologie und Ich-Analyse. Aus dieser Schrift – sie ist nicht zufällig 1921 erschienen – haben wir bereits das Kapitel "Verliebtheit und Hypnose" für unsere Interpretation herangezogen (vgl. Kap. III).

[27] Engelen, S. 4.

[28] Hans Theodor Sanders: Hypnose und Suggestion, Stuttgart 1921, S. 7 f.

[29] J.H. Schultz: Hypnose und Suggestion, Prien am Chiemsee 1924, S. 10 (im Original gesperrt gedruckt).

[30] Ebda, S. 11 f.

[31] Vgl. dazu Abenstein (Anm. 6), S. 447 ff.

[32] Siegfried Kracauers "Die Angestellten. Aus dem neuesten Deutschland" faßt in dem Kapitel "Asyl für Obdachlose" einige Hauptelemente zeitgenössischer Feierabend-Kultur prägnant zusammen. Eindringliche Analysen der Weimarer Zerstreuungs- und Berauschungskultur liefern besonders Kracauers Essays "Das Ornament der Masse".

[33] Ernst Bloch: Erbschaft dieser Zeit. Frankfurt/M. 1962. Blochs Buch ist in wesentlichen Partien in der Weimarer Republik entstanden. Sein erster Teil "Angestellte und Zerstreuung" enthält eine Hommage ("Künstliche Mitte") an Kracauers "Die Angestellten"; sein zweiter Teil "Ungleichzeitigkeit und Berauschung" zeigt programmatisch die neben und nach der Zerstreuungskultur dominierende Epochentendenz an.

[34] Engelen, S. 51.

[35] Bloch, S. 69.

[36] Ebda, S. 110.

[37] Ebda.

[38] Erich Fromm: Theoretische Entwürfe über Autorität und Familie – Sozialpsychologischer Teil. – Fromm dürfte seinen Aufsatz Anfang der dreißiger Jahre konzipiert haben.

[39] Paul Friede: Hypnose und Verbrechen, Kempten im Allgäu 1924, S. 56 f.

[40] Ebda, S. 19.

[41] Schultz (Anm. 29), S. 32 (im Original gesperrt gedruckt).

[42] Ebda, S. 33

[43] Fromm, S. 106 f.

[44] Engelen, S. 18.

[45] Sanders, S. 50.

[46] Ebda, S. 51.

[47] Fritz Giese: Wirtschaft und Psychotechnik, Erfurt 1929. – Die folgenden drei Zitate

sind Gieses Aufsatz entnommen.

[48] Fritz Giese: Methoden der Wirtschaftspsychologie. Die folgenden Zitate stammen aus diesem Werk.

[49] Harry Tipper u. a.: Richtige Reklame. Die Zitate S. VI sind dem Vorwort von W. Moede entnommen; die folgenden Zitate stammen aus dem Werk selbst.

[50] Adolf Hitler (Kap. IV, Anm. 26).

V. Rezeptionsphasen

[1] Zitatnachweise in Teil 4 dieses Kapitels (S. 134 ff.).

[2] Aktualisierungen im Dienst tagespolitischer Zwecke schränken die Bedeutungsfülle des Werks vorzeitig ein. Vgl. dazu Alfred Hartwig: Problemhafte Gestaltung des Unterrichts. Einige Gedanken zu "Thomas Mann in Klasse 10".
Neben einigen plausiblen Argumenten entwickelt Hartwig auch die Idee einer politischen Ertüchtigung der DDR-Jugend, indem er aus Th. Manns Novelle eine Kritik an Manipulationstechniken in der BRD und der kapitalistischen Ordnung überhaupt ableitet! (S. 173 u. 175)

[3] Thomas Manns Erzählung erschien erstmals unter dem Titel "Tragisches Reiseerlebnis. Novelle" in Velhagen Klasings Monatsheften, Bielefeld u. Leipzig, Jg. 44, H. 8, April 1930, S. 113–136.

[4] Unter dem Titel "Mario und der Zauberer. Ein tragisches Reiseerlebnis" erschien die Novelle im Mai 1930 bei Fischer (Berlin) in Buchform.

[5] Dieses Verfahren kann einige Resultate von Dieter Wuckel verbindlicher machen und objektivieren (Dieter Wuckel: "Mario und der Zauberer" in der zeitgenössischen Kritik). Indem Wuckel seine lesenswerten Befunde aus Zeitungen und Zeitschriften der unterschiedlichsten Art und regionalen Herkunft gewinnt, könnte der Vorwurf einer zufälligen oder willkürlichen Auswahl erhoben werden.

[5a] So jedenfalls hat es Viktor Mann, der Bruder des Schriftstellers, überliefert. Siehe dazu: Viktor Mann: Wir waren fünf. Bildnis der Familie Mann, (Fischer Taschenbuch), Frankfurt/M. 1979, S. 364. – Eine verbindliche Bestätigung dieser Auskunft konnten wir nicht finden!

[6] Die kursivierte Wendung ist im Original gesperrt gedruckt.

[7] Es handelt sich um das "6. Beiblatt". Als Verf. zeichnet Peter Flamm.

[8] Arthur Eloesser: "Mario und der Zauberer". In: Neue Rundschau 41 (November 1930), S. 718-719. Aus dieser Besprechung entnehmen wir das vorliegende und die folgenden Zitate.

[9] Vgl. Th. Manns Briefe in Teil 4 dieses Kapitels (S. 134 ff.).

[10] Wolfgang Freese: Zum Verhältnis von Antifaschismus und Leseerwartung in "Mario und der Zauberer".

[11] Ebda, S. 660.

[12] Die Forschung beruft sich offensichtlich gern auf die von Hans Mayer 1950 ausgestreute Behauptung, man habe das Werk bei seinem Erscheinen entweder nach den privaten und familialen Implikationen Th. Manns oder nach psychologischen Entwicklungen erkundet. Vgl. Mayer (Kap. III, Anm. 44) S. 183.

[13] Vgl. Wuckel (Anm. 5).

[14] Zu dieser Annahme zwingt uns Freeses Umgang mit der am 8. Mai 1930 erschiene-

nen Rezension von Alfred Kantorowicz (in: "Die literarische Welt", Nr. 25, 6. Jg. S. 5). Freese zitiert nur jenen Teil der Rezension, wo Kantorowicz allzu kühne politische Spekulationen zurückweist und statt dessen zum unbefangenen Genuß der Novelle einlädt. Dagegen ignoriert Freese, um seiner vorgefaßten These willen, jene Passagen, in denen Kantorowicz selber eine verbindliche, explizit politische Deutung versucht: "Das atmosphärisch Unangenehme dieser Sommerwochen kam aus der kleinbürgerlichen Ueberbetonung eines neuen nationalen Selbstgefühls und aus den etwas aggressiv sich darstellenden neuen Ordnungsprinzipien des faschistischen Regimes." Solche Sätze sind für Kantorowicz charakteristisch. Am 30. Mai 1930, also 3 Wochen vor seiner Thomas-Mann-Rezension, schreibt er als sympathisierender Berichterstatter in Nr. 22 der "Literarischen Welt" über eine "Paneuropäische Offensive" (S. 1 f) – über jene Tagung, die "eine moralische Union Europas" forderte, in der sich "*nationale Souveränität*" und "*kollektive Solidarität*" verbinden sollten. Kantorowicz nennt in seinem Bericht auch Thomas Mann, der bei der Tagung als Redner auftrat. (Vgl. unser Kap. II, S. 21) Aus Manns Vortrag "Europa als Kulturgemeinschaft" (später unter dem Titel "Die Bäume im Garten" abgedruckt) zitiert Kantorowicz den Satz, worin Th. Mann kritisch die konservative Assoziation "'Deutschland, Volk, Nation'" an der "'gesellschaftlichen und rationalen Idee'" Europa mißt. Der gesamte Vortrag Th. Manns wendet sich gegen einen neuen irrationalen Nationalismus und einen "heroischen Sklavensinn" (vgl. unser Kap. II, S. 21). Mit Bedacht hebt Kantorowicz als europäischer Humanist diese politische Dimension wenig später an Th. Manns Novelle hervor.

15 Vgl. dazu unser Kap. II.

16 So Bürgin/Mayer, S. 105.

17 Thomas Mann: Essays (Kap. 2, Anm. 3), S. 116 f.

18 Hatfield, S. 306. – Vgl. auch Anm. 49 (Kap. III).

19 Schwarz, S. 54 u. S. 56.

20 Weiss (Kap. III, vgl. Anm. 14–17, 49, 73).

21 Das Erkenntnisinteresse Böhmes ist unserem zum Teil verwandt; die Gesichtspunkte, die wir gemeinsam haben, lauten in formelhafter Verkürzung: "Analyse und Kritik der ästhetischen Konstruktion der Novelle"/Entfaltung "einer politischen Interpretation" und eines "sozialpsychologischen Begriffsinstrumentariums"/Überprüfung, wie in der Novelle "der Faschismus symbolisch widergespiegelt" wird (S. 287). Der methodische Weg, den wir beschreiten, um solche und andere Gesichtspunkte zur Geltung zu bringen, unterscheidet sich allerdings von demjenigen Böhmes. Ihn interessiert vor allem, inwiefern "der Status der bürgerlich-humanistischen Intelligenz vor Irrationalismus und Gewalt reflektiert und verteidigt wird" (ebd.). Am Beispiel des Erzählers beschreibt Vf. diesen Status als "handlungsgehemmte Reflexionsinstanz" (S. 293), womit er "Handlung" zur Hauptkategorie seiner Novellenkritik macht. Dem Erzähler wirft er vor, er unterlasse praktisch "jeden Widerstand" (S. 290), als er erstens mit seiner Familie in eine Dependance des Grand Hotel umquartiert werden soll, als zweitens die inländische Mittelklasse ihn wegen der Nacktheit seines Töchterchens zur Rede stellt, als er sich drittens von der "Merkwürdigkeit" des Ferienorts zum Bleiben überreden läßt, als er viertens die Kinder nicht aus Cipollas Veranstaltung entfernt, sondern sich seinerseits der Merkwürdigkeit des Geschehens hingibt: "Als Ersatzhandlung entwickelt er aus verinnerlichter Rückzugsposition in Ironie und kriti-

scher Reflexion fiktive Medien der Selbstbehauptung (. . .)." (S. 291 f.) Diese Erzählerkritik mittels der Kategorie "Handlung" hatte in unsystematischer Form bereits Richter geübt. Methodisch scheint sie uns aus folgenden Gründen problematisch:

1. Hätte der Erzähler in dem geforderten Sinne praktisch gehandelt, wäre er also abgereist oder vor Cipollas Veranstaltung zurückgewichen, dann wäre die vorliegende Novelle nicht entstanden. Der Vorwurf der "Handlungshemmung" (S. 290 f.) richtet sich, konsequent zu Ende gedacht, gegen die Existenz der Novelle, d. h. gegen den Interessensgegenstand Richters und Böhmes. Da die Novelle sich einer "Handlungshemmung" verdankt und damit die Interpretationen Richters und Böhmes erst ermöglicht, müßte deren Hauptfrage eigentlich lauten, wie die sogenannte Hemmung sich erklären lasse.

2. Praktisch handeln im Sinne eines Widerstands kann einer in angemessener Weise dann, wenn er den Gegner oder das feindliche Objekt durchschaut hat und sich durch sein Wissen aktiv leiten läßt: ein anderes Handeln wäre blind oder träfe den Gegner oder die Sache nicht an der Wurzel. Dem Erzähler geht es nun gerade darum, die Merkwürdigkeiten, die ihn einst bannten und ihm eine befreiende Urteilsbildung verwehrten, im Medium der Erinnerung und des Schreibens zu enträtseln: den "Ortsdämon" und die "Dämonie" Cipollas. (Demgegenüber wäre eine Abreise aus dem Ort oder ein Rückzug von Cipollas Soirée eine zwar 'praktische', aber ohnmächtige Tat gewesen: was hätte sie denn bewirkt?)

3. So gesehen, sind "Ironie" und "kritische Reflexion" keine "fiktiven Medien der Selbstbehauptung", sondern höchst reale – und obendrein notwendige. Wenn es schon darum gehen soll, die "bürgerlich-humanistische Intelligenz" zu beurteilen, dann müßte zuvörderst das *ihr* gemäße Handeln in Betracht gezogen werden – also ihr Sprachhandeln. Sprachlich handelt der Erzähler z. B. durch seine Beteuerungen gegenüber dem Hotel-Manager und den aufgebrachten Strand-Italienern. (Daß er überdies praktisch handelt, bezeugt sein Umzug in die Pension der Signora Angiolieri, den Böhme als "ein Ausweichen" kritisiert, S. 290). Die eigentliche Sprachhandlung des Erzählers jedoch, und zwar des erzählenden, nicht des erzählten Ichs, besteht in der Niederschrift einer zeit- und gesellschaftsbezogenen, zum Teil auch zeit- und gesellschaftskritischen Erzählung. Im Medium der Erinnerung und der ästhetischen Selbstvergewisserung will der Erzähler Einsichten in die zeitgeschichtliche Situation um 1930 gewinnen – was die Möglichkeit weiterführenden Handelns nicht ausschließt, sondern zu seinen Voraussetzungen gehört. Wenn Böhme dem Erzähler "praxisferne Abstraktheit" attestiert und erläutert: "Wo Handlung gefordert, aber nicht geleistet wird, sind Reflexivität und soziale Distanz bloßer Schein" (S. 294), so müßte diese Aussage umgekehrt werden: Wo "Reflexivität" gefordert, aber nicht geleistet wird, kann Handeln blind werden und in abstrakte Praxis münden.

Der Reflexivität des Erzählers sind freilich Grenzen gesetzt, und zwar aufgrund der Hypnose: ihre Undurchdringlichkeit ist identisch mit der Undurchschaubarkeit Cipollas und der von ihm erzeugten Massenbildung. So plastisch die Hypnose das *Phänomen* einer faschistisch reagierenden Masse ausbreiten kann, so sehr verdunkelt sie die individual- und sozialpsychischen, historisch-sozialen und -politischen *Ursachen* faschistischer Massengenese. Als der Grundstoff, aus dem die Erzählung gefertigt ist, gehört die Hypnose wesentlich zur "ästhetischen Organisation der

Novelle", deren Erkundung Böhmes Absicht ist. Indem er jedoch den Doppelcharakter der Hypnose, ihre aufklärerische und ihre antiaufklärerisch-mystifizierende Seite, auf sich beruhen läßt, kann er die dem Erzähler eigentümlichen Erkenntnisschranken nicht aus dem Text selber erklären, sondern nur von außen, mittels textexterner Erklärungsmuster, vor allem der Psychoanalyse Freuds, erläutern und kritisieren. Hierbei verschwimmen zwei wesentliche Differenzen zwischen dem Novellenerzähler und Freud: 1. die erzählerische Intention ist keineswegs jener "archaischen Erbschaft" zugewandt, die Freud als konstitutiv für jede massenpsychologische Basis erachtet: auf Urvater und Urhorde; vielmehr transformiert der Erzähler diese Erbschaft in das zeitgeschichtliche Führer-Volk-Verhältnis. 2. Anders als Freud, der die "passiv-masochistische Haltung" der Masse gegenüber dem Führer absolut setzt (wie auch Böhme, S. 312), entdeckt der Novellenerzähler bei seiner zeitgeschichtlichen Transformation den geheimen Sadismus zwischen den Massenindividuen und beschreibt ihn als dynamisches Element bei der Entstehung und Festigung autoritären Führertums. (Vgl. dazu unseren entsprechenden Exkurs in Kap. IV, 2). Der Mangel an derartigen Unterscheidungen läßt Böhmes Analyse stellenweise unscharf werden – trotz der psychologischen Tiefenblicke, wie sie vor ihm niemand in die Gestalt Cipollas und sein Verhältnis zum Publikum geworfen hat.

Erwähnenswert auch Böhmes Beschreibung des Verhältnisses zwischen Cipolla und Erzähler. Daß letzterer seine "intellektuell-moralische Ordnung" verliere (S. 236) und einer "Identifikation" mit Cipolla erliege, ja dessen "Irrationalismus" sich vollständig zu eigen mache (S. 303), ist eine der Hauptthesen Böhmes. Als Beweis für die totale Kapitulation des Erzählers zieht Vf. die Erschießung Cipollas heran. Sie suggeriere, daß die vom Erzähler angekündigten "Schicksalsfügungen", die im Wesen der Dinge liegenden Verhängnisse, tatsächlich eingetroffen seien, was wiederum auf einen Fatalismus hinauslaufe, der von "praktischem Widerstand" entlaste. (S. 302) Gegen diese These spricht eines der einprägsamsten Bilder der Novelle: die Schluß-Szene zeigt in heftigem Kontrast zu Mario das dem Zauberer blind hingegebene Publikum. Während der Kellner Cipollas Herrschaft ein Ende setzt, wünscht sich die Masse offenbar ihre Fortdauer – die Möglichkeiten der Vernichtung und der Erhaltung von Gewalt geraten in ein unschlichtbares Spannungsverhältnis. Diese Offenheit des Erzählendes birgt weniger einen lähmenden Fatalismus als vielmehr eine herausfordernde Frage an den Leser in sich.

Dem Fatalismus-Vorwurf gesellt Böhme den des "elitären Individualismus" hinzu: der Erzähler leiste einem "privatistischen Selbstverständnis" Vorschub, wenn er meine, daß die Verletzung der Privatsphäre auch schon den Untergang von Herrschaft im Gefolge habe (S. 302). Wir haben bereits ausgeführt, warum uns das Private hier nicht als privatistisch und elitär erscheint: Wäre (wie im Falle Marios) die individuelle Würde in der Tat ein unüberwindliches Hindernis für den alles ergreifenden Totalitarismus, so blitzte darin ein Funke gesellschaftlicher Hoffnung auf: daß in den Individuen widerstandskräftige Impulse sich am Leben erhalten.

Man mag einen derartigen Einwand als bloß sozialphilosophischen abtun – umso wichtiger ist es daher, ihn durch die Pfeiler der Ästhetik zu stützen. Böhme bindet seine ideologiekritische These vom intellektuell-moralischen Zusammenbruch des Erzählers in eine Struktur- und Stil-These ein: der inhaltliche Zusammenbruch drücke sich als "Formzerstörung" aus (S. 298): die "erinnernde Reproduktion" des Erzählers stehe "so vollständig unter dem verwirrenden Zauber Cipollas (. . .), daß sie dem Erinnerten gegenüber ihr elementarstes Ordnungsprinzip, die Zeitordnung, verliert." (S. 298) Als Zeugnis dafür zitiert Vf. eine Auskunft des Erzählers: "Mein Kopf ist heute noch voll von Erinnerungen an des Cavaliere Duldertaten, nur weiß ich nicht mehr Ordnung darin zu halten, und es kommt auf sie auch nicht an." (S. 532) Ist dies nicht vielmehr ein Zeugnis für die überlegene Koketterie eines Erzählers, der sich auf die genaueste ästhetische Ordnung versteht? Und bezeugt nicht die Rede von des "Cavaliere Duldertaten" eine erzählerische Ironie gegenüber Cipolla, wie sie schon der vorhergehende Satz signalisierte? Schließlich: relativiert nicht der Erzähler den angeblich "verwirrenden Zauber" Cipollas durch die Stilformen der Komik und der Groteske, ohne ihn freilich je zu durchschauen? In jedem Fall aber sperrt sich die erzählerische Ästhetik gegen die von Böhme formulierte Rezeptionsthese: der Erzähler würde die Lektüre des Lesers einem "fatalistischen Denkmuster" unterordnen (S. 289), indem er ein "vorgezeichnetes und im Wesen der Dinge liegendes Ende" voraussage (S. 502). Nicht zufällig blendet der Erzähler vor diese Ankündigung die relativierende Wendung "wie uns nachträglich schien" ein, wie er ja auch im Satz zuvor das "schien" hinsichtlich Cipollas verwendet: solche Einschränkungen der Erzähleraussage laden den Leser zu selbständiger Überprüfung ein und fördern die "diskursive Urteilsbildung", die Böhme in Abrede stellt (S. 289). Daß der Erzähler sich in Ambivalenzen ergeht, seine Auskünfte in eine ironische Schwebe bringt und Mehrdeutiges evoziert, daß er zwischen souveräner Gesprächigkeit und mühsam verborgener Fassungslosigkeit, zwischen Ich-Befangenheit und politischer Diagnose, beginnender Selbstvergessenheit und sozialpsychologischer Zeitkritik vielsagend hin und her wechselt – solchen und anderen Stilprinzipien galt unsere Aufmerksamkeit. Ihnen ist eine Offenheit eigentümlich, die den Leser gleicherweise in Bann schlagen wie in Freiheit setzen kann – eine herausfordernde oder doch irritierende Offenheit.

Es scheint, daß die einsinnige Frage nach dem hilflosen Status der bürgerlich-humanistischen Intelligenz vor politischer Gewalt diese Offenheit eines mehrsinnigen Erzählstils vielerorts verdeckt; so begründet die Frage historisch-politisch ist, so sehr sie eine bislang unbekannte Seite des Erzählerverhaltens trifft, lenkt sie doch über die vielschichtige Formgebung der Novelle hinweg: erst aus den Schauplätzen und dem Gang der Handlung, aus den Stilformen der Komik und Groteske, aus den ästhetischen Analogien und Gleichnissen, Brechungen und Vermittlungen, aus dem novellistischen Grundstoff der Hypnose in ihrem eigentümlichen Spielcharakter läßt sich die Physiognomie des Gesellschaftlichen im Werk bestimmen.

22 Vgl. Weiss, S. 93 und Dierks, S. 172 f.

23 So lautet der ursprüngliche Titel anstelle des vom Autor zuletzt gewählten "Ein Bruder". Wir zitieren den Aufsatz nach Thomas Mann: Essays. Bd. 2 Politik (Kap. II, Anm. 3). Die folgenden in Klammern gesetzten Seitenzahlen beziehen sich auf diese Ausgabe.

24 So eine opinio communis, die sich noch bei Dierks findet (S. 173).

25 Von einer "Karikatur echten Künstlertums" spricht Hilscher auf S. 67, was den Sachverhalt besser trifft als die Rede von den heimlichen künstlerischen Affinitäten zwischen Cipolla, Hitler und Thomas Mann.

[26] Diesen Argumentationsverlauf verkennt Schwarz, der an Thomas Manns "self-identification with the fascinating sorcerer" festhält (S. 50 u. die entsprechende Anm. 17).

[27] So Hermann Kurzke, Herausgeber von Thomas Mann: Essays. Bd. 2 Politik (Kap. II, Anm. 3), S. 365.

[28] Vgl. Stern, S. 41.

[29] Zitiert nach "Dichter über ihre Dichtungen". (s. Kap. VII, Literaturhinweise 1)

[30] Erika Mann.

[31] Fleschs Brief ist nicht auffindbar.

[32] Vgl. Kap. III, Anm. 16.

Thomas Mann: Literarisches und kulturpolitisches Leben (1920–1930)

1922 Rede "Von deutscher Republik". Konservative Parteinahme gegen Manns "Idee der Humanität"

Teilnahme an einer spiritistischen Sitzung bei Frhr. Schrenck-Notzing (vgl. den Essay "Okkulte Erlebnisse")

1923 Wiederholte Lesung der "Okkulten Erlebnisse" in Augsburg, Österreich, Ungarn, Tschechoslowakei, Spanien, München u. Berlin

Fertigstellung des "Schnee"-Kapitels des "Zauberbergs"

Ansprache bei der Rathenau-Gedächtnisfeier der republikanischen Studenten in München: "Geist und Wesen der deutschen Republik"

1924 Lesung aus dem "Felix Krull"

Vortrag "Okkulte Erlebnisse" in Frankfurt/M., Mannheim, Heidelberg, Stuttgart

Essay über Spenglers "Untergang des Abendlandes"

Vollendung des "Zauberberg". Die ersten Auflagen sind schnell vergriffen

1925 Nachruf auf Reichspräsident Ebert. Protest gegen die Kandidatur des konservativen Hindenburg.

Niederschrift der Novelle "Unordnung und frühes Leid"

Offizielle Feier der Stadt München zum 50. Geburtstag (6. Juni). "Kurze, ergreifende Ansprache" Heinrich Manns.

Beitrag zu Hermann Keyserlings "Ehe-Buch". Bekenntnis zur kosmopolitischen Idee.

Erste Vorstellungen über die Gestalt Josephs (Plan einer Josephs-Novelle als Vorform des späteren Joseph Romans)

Erstausgabe des Essaybandes "Bemühungen"

1926 Vortrag an der Sorbonne (Paris): "Die geistigen Tendenzen des heutigen Deutschlands". – Begegnung mit Graf Coudenhove-Kalergi, dem Präsidenten der europäischen Friedensbewegung 'Pan Europa'

Aufsatz "Die Todesstrafe"

Die Novelle "Unordnung und frühes Leid" erscheint bei S. Fischer

Festvortrag anläßlich der 700-Jahrfeier Lübecks ("Lübeck als geistige Lebensform")

Vorarbeiten zum Joseph-Roman

Ferienaufenthalt in Forte dei Marmi; aus den Ferienerlebnissen an diesem

Badeort sollte “Mario und der Zauberer” hervorgehen

Th. Mann tritt dem ‘Komitee der Paneuropäischen Union’ bei

Rede gegen die Münchner Reaktion bei der Kundgebung ‘München als Kulturzentrum’ (“Bleibt München Kulturzentrum?”)

1927 Niederschrift der “Worte an die Jugend”

In der Sitzung der ‘Sektion für Dichtkunst’ verliest Th. Mann den Protest Heinrich Manns gegen das Zensurgesetz, das im Reichstag vorbereitet wird

Intensiver Dialog mit der polnischen Sektion des PEN-Clubs in Warschau. Vortrag “Freiheit und Vornehmheit”

Vortrag anläßlich der Festaufführung des “Amphitryon” im Münchner Schauspielhaus: “Die große Szene in Kleists Amphitryon”

Lesung aus dem Joseph-Roman sowie Vorabdruck der “Höllenfahrt” und der Eingangskapitel von “Die Geschichte Jaakobs”

1928 Lesungen in Berlin und Wien aus dem Joseph-Roman

Scharfe Polemik in der “Literarischen Welt” mit der nationalistischen und nationalsozialistischen Presse, u. a. der “Berliner Nachtausgabe”, dem “Tag” und dem “Völkischen Beobachter” über sein Verhältnis zu Frankreich

Essay “Kultur und Sozialismus”

Weiterarbeit am Joseph-Roman

Festrede zum hundertjährigen Jubiläum des Verlages Philipp Reclam jun. (Leipzig)

Vortragsreise nach Österreich und in die Schweiz und durch Deutschland. Lesungen aus dem Joseph-Roman

1929 Festrede auf der Lessing-Feier der Preußischen Akademie der Künste in Berlin

Essay “Die Stellung Sigmund Freuds in der modernen Geistesgeschichte”

Rede: “Ansprache an die Jugend”

Eröffnung der Heidelberger Festspiele mit der “Rede über das Theater”

Arbeit an einer neuen Novelle: “Mario und der Zauberer”

T. M. erhält den Nobelpreis. Huldigungs- und Gratulationsartikel in der Weltpresse

Lesung aus “Mario und der Zauberer”, dem Joseph-Roman, des “Felix” und Rede über “Bürgerlichkeit” anläßlich von Nobelpreisfeiern

“Rede in Stockholm” anläßlich des Nobelpreis-Festakts

Niederschrift: “Lebensabriß”

1930 Reise nach Ägypten und Palästina

“Mario und der Zauberer” erscheint zuerst in “Velhagen und Klasings Monatshefte”, dann bei S. Fischer

Rede auf dem Pan-Europa-Kongreß in Berlin: “Die Bäume im Garten”

Einleitung zu Theodor Storms “Gesammelten Werken”

Lesungen aus dem Joseph-Roman

Rede im Rotary-Club in Den Haag: “Die geistige Situation des Schriftstellers in unserer Zeit”

Teilnahme an einer Vollversammlung des Völkerbundes

Festvortrag auf der Tagung der Platen-Gesellschaft: "Platen – Tristan – Don Quichotte"

Der Essayband "Die Forderung des Tages" erscheint (Reden und Aufsätze aus den Jahren 1925–1929)

T. M. warnt in einer Rede im Beethovensaal zu Berlin vor der aufsteigenden Gefahr des Nationalsozialismus: der politische Platz des Bürgertums sei heute an der Seite der Sozialdemokratie. Rechtsradikale und Nationalsozialisten versuchen, die Veranstaltung zu stören. Trotz Unruhe und Schlägerei im Saal führt T. M. seine Ansprache zu Ende (›Deutsche Ansprache, Ein Appell an die Vernunft‹)

Wahrscheinlich Beendigung des ersten Bandes des Joseph-Romans: "Die Geschichte Jaacobs"

Die Zeittafel stützt sich auf die Angaben bei Bürgin/Mayer (s. unser Kap. II, Anm. 11) – Vgl. auch den synchronoptischen Überblick von Herbert Wiesner ("Thomas Mann und seine Zeit") in dem Band "Thomas Mann. 1875/1975" (Heinz Moos Verlag, München 1975).

VII. LITERATURHINWEISE

1. Thomas Mann

Ausgaben

Thomas Mann: Tragisches Reiseerlebnis, in: Velhagens und Klasings Monatshefte, Bielefeld, Leipzig, April 1930, Jg. 44, H. 8, S. 113–136.

–: *Mario und der Zauberer. Ein tragisches Reiseerlebnis (Mit 13 Illustrationen von Hans Meid), Berlin (S. Fischer) Mai 1930, 143 S.*

–: *Sämtliche Erzählungen, Frankfurt/M. (S. Fischer) 1963.*

–: "Tonio Kröger/Mario und der Zauberer", Frankfurt/M. 1973 (Fischer Taschenbuch 1381).

–: *Gesammelte Werke (in 13 Bde.). Bd. VIII, Erzählungen, Frankfurt/M. (S. Fischer) 1974.*

–: *Die Erzählungen. Bd. 2, Frankfurt/M. 1975 (Fischer Taschenbuch 1592). – Danach wird in vorliegender Interpretation zitiert.*

–: *Reden und Aufsätze. Gesammelte Werke (in 13 Bde.). Bd. IX-XII, Frankfurt/M. (S. Fischer) 1974.*

–: *Ausgewählte Essays in drei Bänden, Frankfurt/M. 1977 (Fischer Taschenbuch 1907).*

Dokumentationen und Materialien

Hans Bürgin/Hans-Otto Mayer: Thomas Mann. Eine Chronik seines Lebens, Frankfurt/M. 1965 (u. 1974). – Unentbehrliches Nachschlagewerk über den literarischen und politisch-kulturellen Werdegang des Schriftstellers.

Ilsedore B. Jonas: Thomas Mann und Italien, Heidelberg 1969. – Wichtiger als die Kurzinterpretationen von J. sind die mitgeteilten Fakten und Belege aus dem italienischen Werkzusammenhang.

Klaus Schröter: Thomas Mann im Urteil seiner Zeit. Dokumente 1891 bis 1955, Hamburg 1969.

Dieter Wuckel: "Mario und der Zauberer" in der zeitgenössischen Kritik, in: Deutschunterricht 28 (1975) H. 3, S. 159–164.

"Dichter über ihre Dichtungen." Band 14/II: Thomas Mann (1918–1943), hrsg. v. Hans Wysling unter Mitwirkung von Marianne Fischer, München/Frankfurt/M. 1979.

Thomas Mann: Mario und der Zauberer. Erläuterungen und Dokumente, Stuttgart 1980. (Reclam Nr. 8153), hrsg. v. Karl Pörnbacher. – Der Herausgeber versammelt nützliche Wort- und Sacherklärungen zur Novelle, Stichworte zum historischen Hintergrund und Belege zur Entstehungsgeschichte. – Der umfangreiche Teil IV liefert einige lesenswerte Dokumente zur Wirkungsgeschichte, breitet jedoch erneut den Gemeinplatz von der angeblich unpolitischen Erstphase der Rezeption aus (S. 32 u. 43; vgl. dazu unser Kap. V). Die nachfolgenden Texte zur "Theorie des

Faschismus" und "Äußerungen Mussolinis" leisten, kommentarlos präsentiert, den leidigen politisierenden Deutungen Vorschub. Recht unbefriedigend ist auch die Auswahl der Forschungsliteratur.

Bibliographien

Hans Bürgin: Das Werk Thomas Manns. Eine Bibliographie unter Mitarbeit von Walter A. Reichardt und Erich Neumann, Frankfurt/M. 1959.

Erich Neumann: Fortsetzung und Nachtrag zu Hans Bürgins Bibliographie, in: Betrachtungen und Überblicke. Zum Werk Thomas Manns, hrsg. v. Georg Wenzel, Berlin und Weimar 1966.

Die Literatur über Thomas Mann. Eine Bibliographie 1898–1969, bearbeitet von Harry Matter, Bd. 1, Berlin und Weimar 1972.

Die Thomas-Mann-Literatur. Bibliographie der Kritik, bearbeitet von Klaus W. Jonas in Zusammenarbeit mit dem Thomas-Mann-Archiv Zürich, Bd. I 1896–1955, Berlin 1972, Bd. II 1956–1975, Berlin 1979.

Übersetzungen von "Mario und der Zauberer" bis 1964 bei Inter Nationes, Bonn (Titel "Thomas Mann"); für die darauf folgenden Jahre bei Heinz Moos Verlag, München 1975 (Titel "Thomas Mann. 1875/1975").

Forschungsberichte

Systematische Hinweise speziell zu "Mario und der Zauberer" fehlen in den einschlägigen Forschungsberichten. Hingewiesen sei besonders auf:

Herbert Lehnert: Thomas-Mann-Forschung. Ein Bericht. Stuttgart 1969.

Thomas Hollweck: Thomas Mann, München 1975.

Hermann Kurzke: Thomas-Mann-Forschung 1969–1976. Ein kritischer Bericht, Frankfurt/M. 1977.

Interpretationen zu "Mario und der Zauberer"

Da ein spezieller, der Erzählung gewidmeter Forschungsüberblick nicht vorliegt, haben wir uns in den Kap. III u. IV in den Anmerkungen relativ ausführlich mit der Forschung auseinandergesetzt.

Die wissenschaftlichen Bemühungen zum "Mario" setzen erst nach 1945 ein. Hinsichtlich der Rezensionen und Zeitschriftenaufsätze zwischen 1930 und 1945 verweisen wir auf Dieter Wuckel, Klaus Schröter und auf das Reclam-Bändchen von Karl Pörnbacher. (Vgl. dazu auch unser Rezeptionskapitel.)

Henry C. Hatfield: Thomas Mann's Mario und der Zauberer: An Interpretation, in: The Germanic Review 21 (1946) S. 306–312.

Georg Lukács: Thomas Mann, Berlin 1953.

Hans Mayer: Thomas Mann. Werk und Entwicklung, Berlin 1950, S. 183–193.

Eugen Imhof: Thomas Mann: Mario und der Zauberer, in: DU 4 (1952) H. 6, S. 59–69.

Inge Diersen: Untersuchungen zu Thomas Mann. Die Bedeutung der Künstlerdarstel-

lung für die Entwicklung des Realismus in seinem erzählerischen Werk, Berlin 1965[5] (1. Auflage 1959), S. 177–180.
Harry Matter: Mario und der Zauberer. Die Bedeutung der Novelle im Schaffen Thomas Manns, in: Weimarer Beiträge 6 (1960), S. 579–596.
Bernt Richter: Psychologische Betrachtungen zu Thomas Manns Novelle "Mario und der Zauberer", in: Georg Wenzel (Hrsg.): Vollendung und Größe Thomas Manns. Beiträge zu Werk und Persönlichkeit des Dichters, Halle 1962.
Walter Weiss: Thomas Manns Kunst der sprachlichen und thematischen Integration. Beihefte zur Zeitschrift "Wirkendes Wort" 13 (1964).
Margarete Rehfeld-Kiefer: Groteske Züge in der Personengestaltung des mittleren und späten Werkes Thomas Manns, Marburg/München 1965.
Eberhard Hilscher: Thomas Mann. Leben und Werk, Berlin 1966.
Werner Zimmermann: Thomas Mann, Mario und der Zauberer, in: W.Z.: Deutsche Prosadichtungen unseres Jahrhunderts. Interpretationen, Teil I, Düsseldorf 1966, S. 274–295.
Lore Hergershansen: Au sujet de "Mario und der Zauberer" de Thomas Mann: Cesare Gabrielli – Prototype de Cipolla? in: Etudes Germaniques 23 (1968), S. 268–275.
Herbert Wiesner: Mario und der Zauberer, in: Kindlers Literatur Lexikon, München 1968, Sp. 2091–2093.
Helmut Spelsberg: Thomas Manns Durchbruch zum Politischen in seinem kleinepischen Werk. Untersuchungen zur Entwicklung von Gehalt und Form in "Gladius Dei", "Beim Propheten", "Mario und der Zauberer" und "Das Gesetz", Marburg 1972.
Hartmut Böhme: Mario und der Zauberer. Position des Erzählers und Psychologie der Herrschaft, in: Orbis Litterarum 30 (1975), S. 286–316.
Alfred Hartwig: Problemhafte Gestaltung des Unterrichts. Einige Gedanken zu "Thomas Mann in Klasse 10", in: Deutschunterricht 28 (1975), H. 3, S. 165–176.
Egon Schwarz: Fascism and Society: Remarks on Thomas Mann's Novella Mario und der Zauberer, in: Michigan Germanic Studies 2 (1976), S. 47–67.
Wolfgang Freese: Zum Verhältnis von Antifaschismus und Leseerwartung in "Mario und der Zauberer", in: DVj S. (51), 1977, S. 659–675.
Allan J. McIntyre: Determinism in Mario and the Magician, in: The Germanic Review 52 (1977), S. 205–216.
Manfred Dierks: Die Aktualität der positivistischen Methode am Beispiel Thomas Mann, in: Orbis Litterarum 33 (1978), S. 158–182.

2. *Zur Weimarer Republik und zum deutschen Faschismus*

Kommentierte Quellensammlungen

Der Nationalsozialismus. Dokumente 1933–1945, hrsg. u. kommentiert v. Walther Hofer, Frankfurt/M. 1957 (Fischer Bücherei 172).
Die Zerstörung der deutschen Politik. Dokumente 1871–1933, hrsg. u. kommentiert v. Harry Pross, Frankfurt/M. 1959 (Fischer Bücherei 264). – Eine noch immer

unverzichtbare, durch eindringliche Kommentare und beredte Zeugnisse sich auszeichnende Darstellung.
Der Aufstieg der NSDAP in Augenzeugenberichten, hrsg., eingeleitet u. mit verbindenden Texten versehen v. Ernst Deuerlein, München 1974 (1980[4], dtv 2701).
Der deutsche Faschismus in Quellen und Dokumenten, hrsg. u. mit einleitenden Kurzanalysen versehen v. Reinhard Kühnl, Köln 1975.
Faschismus – Renzo Vespignani, hrsg. v. d. Neuen Gesellschaft für bildende Kunst und dem Kunstamt Kreuzberg, Berlin 1976. – Anläßlich einer Ausstellung über die schockierende bildende Kunst des italienischen Faschismuskritikers Vespignani wurden hier eindrucksvolle Faschismus-Dokumente gesammelt und mit Kurzanalysen vorgestellt.
Die ungeliebte Republik. Dokumente zur Innen- und Außenpolitik Weimars 1918–1933, hrsg. u. kommentiert v. Wolfgang Michalka u. Gottfried Niedhart, München 1980 (dtv. 2918).

Sozial- und wirtschaftspolitische Epochendarstellungen

Propyläen Weltgeschichte, hrsg. v. Golo Mann. Bd. IX, Das zwanzigste Jahrhundert, Berlin/Frankfurt, M./Wien 1960. – Darin die u. a. der Weimarer Republik (und Italien) geltenden Aufsätze von Hans W. Gatzke, Robert Nöll von der Nahmer u. Karl Dietrich Bracher.
Arthur Rosenberg: Geschichte der Weimarer Republik, Frankfurt/M. 1961.
Wolfgang Ruge: Deutschland von 1917 bis 1933, Berlin (DDR) 1974[2].
Hans Mottek/Walter Becker/Alfred Schröter: Wirtschaftsgeschichte Deutschlands. Ein Grundriß. Bd. III. Von der Zeit der Bismarckschen Reichsgründung 1871 bis zur Niederlage des faschistischen deutschen Imperialismus 1945, Berlin 1975[2].
Karl Dietrich Erdmann: Die Weimarer Republik (Gebhardt – Handbuch der deutschen Geschichte, Bd. 19), München 1980 (erstmals 1973) dtv 4219).

Zum kulturellen, politischen und gesellschaftlichen Leben in der Weimarer Republik

Die in chronologischer Reihenfolge zitierten Werke waren für unsere Themenkreise in Kap. II, III und vor allem Kap. IV von Belang. Sie verweisen nicht auf die gesamte Kultur- und Sozialgeschichte der Weimarer Epoche, sondern auf repräsentative Ausschnitte.

Sigmund Freud: Massenpsychologie und Ich-Analyse, in: Studienausgabe Bd. IX (Fragen der Gesellschaft. Ursprünge der Religion), Frankfurt/M. 1974 (S. Fischer). – Erstmals erschienen 1921.
Albert Moll: Der Hypnotismus. Mit Einschluß der Psychotherapie und der Hauptpunkte des Okkultismus, Berlin 1924[5].
Carl Schmitt: Die geistesgeschichtliche Lage des heutigen Parlamentarismus. München und Leipzig 1926[2].
Carl Schmitt: Der Begriff des Politischen. 1927 (Heidelberger Archiv für Sozialwissenschaft und Sozialpolitik).
Fritz Giese: Methoden der Wirtschaftspsychologie, Berlin und Wien 1927.

Harry Tipper u. a.: Richtige Reklame, Berlin 1928 (Übersetzung der 2. Auflage von "Principles of advertising").
Bruno Frank: Politische Novelle, Berlin 1928.
Siegfried Kracauer: Die Angestellten. Aus dem neuesten Deutschland, Frankfurt/M. 1930. – Erstveröffentlichung 1929 in der "Frankfurter Zeitung".
Siegfried Kracauer: Das Ornament der Masse, Frankfurt/M. 1963. – Sammlung von Feuilletons und Essays, die zwischen 1921 und 1931 erschienen sind.
Lion Feuchtwanger: Erfolg, 1930.
Karl Jaspers: Die geistige Situation der Zeit, Berlin 1931.
Bertolt Brecht: Schriften zum Theater 2, 1918–1933, Frankfurt/M. 1963.
Ernst Bloch: Erbschaft dieser Zeit, Frankfurt/M. 1962. – Blochs Buch (1. Auflage 1935) ist in wesentlichen Partien in der Weimarer Republik entstanden.
Erich Fromm: Theoretische Entwürfe über Autorität und Familie – Sozialpsychologischer Teil, in: Autorität und Familie, Paris 1936. – Die Konzeption des Aufsatzes reicht in die Weimarer Epoche zurück.
Georg Lukács: Die Zerstörung der Vernunft. Bd. II. Irrationalismus, Darmstadt und Neuwied 1974. – Zuerst 1954 ungarisch und gleichzeitig deutsch erschienen.
Siegfried Kracauer: Von Caligari bis Hitler. Eine Geschichte des deutschen Films, Hamburg 1958. – Die amerikanische Originalausgabe erschien 1947. – Eine neue, gegenüber der alten verbesserte Auflage erschien 1979 (Frankfurt/M.)
Hans-Albert Walter: Deutsche Exilliteratur 1933–1950, Bd. 1: Bedrohung und Verfolgung bis 1933, Darmstadt und Neuwied 1972.
Helmut Mörchen: Schriftsteller in der Massengesellschaft. Zur politischen Essayistik und Publizistik Heinrich und Thomas Manns, Kurt Tucholskys und Ernst Jüngers während der Zwanziger Jahre, Stuttgart 1973.
Gert Sautermeister: Widersprüchlicher Antifaschismus. Thomas Manns politische Schriften (1914–1945), in: Lutz Winckler (Hrsg.): Antifaschistische Literatur, Bd. 1, Kronberg/Ts. 1977, S. 142–222.
Edelgard Abenstein: Alle Tage ist kein Alltag. Massenunterhaltung zwischen Kommerz und Kreativität, in: Wem gehört die Welt – Kunst und Gesellschaft in der Weimarer Republik (Katalog der Neuen Gesellschaft für bildende Kunst), Berlin 1977, S. 441–455.
Jost Hermand/Frank Trommler: Die Kultur der Weimarer Republik. München 1978.
Weimarer Republik, hrsg. v. Kunstamt Kreuzberg u. dem Institut für Theaterwissenschaft der Universität Köln, Berlin 1977. – Eine das soziale und kulturelle Leben der Epoche analysierende, mit klug ausgewählten Dokumenten versehene und überdies preiswerte Darstellung, deren bevorzugtes Interesse dem Theater gilt.

Zu ausgewählten Problemen des Faschismus

Wir nennen hier lediglich Darstellungen, die für unsere Novellenanalyse von Belang waren: Darstellungen des italienischen Faschismus, der faschistischen Ästhetisierung der Politik, der Massenpsychologie im Faschismus, der faschistischen Ideologie.

Adolf Hitler: Mein Kampf (Bd. I erstmals erschienen 1925, Bd. II 1927).
Wilhelm Reich: Massenpsychologie des Faschismus. Kopenhagen/Prag/Zürich 1933.
Walter Benjamin: "Nachwort" zur Abhandlung "Das Kunstwerk im Zeitalter seiner

technischen Reproduzierbarkeit", in: W. B.: Illuminationen, Frankfurt/M. 1961, S. 175. – Erstdruck in: Zeitschrift für Sozialforschung, Jg. 5, 1936, S. 40 ff.
Marcella und Maurizio Ferrara: Palmiro Togliatti, Berlin (DDR) 1956.
Wolfgang Fritz Haug: Der hilflose Antifaschismus, Frankfurt/M. 1968² (edition suhrkamp 236).
Ernst Nolte: Faschismus. Von Mussolini zu Hitler, München 1968.
Wilhelm Alff: Der Begriff Faschismus und andere Aufsätze zur Zeitgeschichte, Frankfurt/M. 1971 (edition suhrkamp 456).
Karin Priester: Der italienische Faschismus. Ökonomische und ideologische Grundlagen, Köln 1972.
Wolfgang Schieder (Hrsg.): Faschismus als soziale Bewegung. Deutschland und Italien im Vergleich, Hamburg 1976.
Ernst Nolte (Hrsg.): Theorien über den Faschismus, Köln 1976.
Maria-Antonietta Macciocchi: Jungfrauen, Mütter und ein Führer. Frauen im Faschismus, Berlin 1976.
Wolfgang Emmerich: 'Massenfaschismus' und die Rolle des Ästhetischen. Faschismustheorie bei Ernst Bloch, Walter Benjamin, Bertolt Brecht, in: Lutz Winckler (Hrsg.): Antifaschistische Literatur. Programme, Autoren, Werke, Bd. 1, Kronberg/Ts. 1977, S. 223–290.
Rainer Stollmann: Ästhetisierung der Politik. Literaturstudien zum subjektiven Faschismus (Diss. Bremen), Stuttgart 1977.
Ansgar Hillach: "Ästhetisierung des politischen Lebens" – Benjamins faschismustheoretischer Ansatz – eine Rekonstruktion, in: Burkhard Lindner (Hrsg.): ". . . links hatte noch alles sich zu enträtseln". Walter Benjamin im Kontext, Frankfurt/M. 1978, S. 127–167.
J.P. Stern: Hitler. Der Führer und das Volk, München 1978.
Reinhard Kühnl: Faschismustheorien. Texte zur Faschismusdiskussion 2, (rororo aktuell 4354) 1979. – Bd. 1 der Texte wurde von Kühnl 1974 herausgegeben (rororo aktuell 1824).

Inhalt

Great Poets Die in Steaming
Pots of Shit.
Charles Bukowski